D0970742

ESSENTIAL
German

© 1992 Berlitz Publishing Company, Inc.

Berlitz Publishing Company, Inc., 257 Park Avenue South, New York, NY 10010, USA

Berlitz Publishing Company, Ltd., Peterley Road, Oxford OX4 2TX, UK

All rights reserved. No part of this book may be reproduced or transmitted in any form or by any means, electronic or mechanical, including photocopying, recording or by any information storage and retrieval system without permission in writing from the Publisher.

Berlitz International, Inc., and its affiliates are the sole proprietors for the name Berlitz in connection with language instruction, language textbooks, language tapes and cassettes, and language schools throughout the world. The use of the name Berlitz in such connection is hereby specifically prohibited unless formally authorized by contract with Berlitz. The purchase or repurchase of this book or any other Berlitz publication in no way entitles the purchaser or any other person to the use of the name Berlitz in connection with the teaching of languages.

Berlitz Trademark Reg. U.S. Patent Office and other countries

ISBN 2-8315-1797-4

Second Printing. Printed in U.S.A. - November 1994.

ESSENTIAL GERMAN

CONTENTS

Vocabulary
Exercises

INTRODUCTION

For over a century, Berlitz language courses and books have helped
people learn foreign languages for business, for pleasure, for travel -
and helped people improve their ability to communicate with their
fellow human beings all over the world. With more than 30 million
students to date, Berlitz has maintained a tradition of excellence in
language instruction that goes back to the founding of the company
in 1878 by Professor Maximilian Berlitz.

Professor Berlitz's great innovation in the teaching of a foreign
language was to modify the old practice of teaching grammar and
vocabulary by rote, concentrating instead on the dynamic application
of the living language from the moment a student begins his or her
study. This Berlitz Essential book continues this successful method of
foreign language teaching through dialog, phonetics and vocabulary.

Whether you're a beginner who's never studied a foreign language or
a former student brushing up on old skills, Berlitz Essential German
will provide you with all the tools and information you need to
speak a foreign tongue easily and effectively. Furthermore, the book
is designed to permit you to study at your own pace, based on your
level of expertise.

*   Lively bilingual dialogs describe actual, everyday situations
in which you might find yourself when travelling in a foreign
country.

*   A phonetic guide to pronouncing words allows you to
acquire the sounds of the language through the use of this book
alone.

*   Basic grammar is taught through actual phrases and
sentences, which help you develop an instinctive sense of correct
grammar without having to study long lists of rules and exceptions.

*   An exercise section at the end of each lesson gives you the
opportunity to pinpoint your strengths and weaknesses, and enables
you to study more efficiently.

*   The glossary at the end of the book gives you an easy
reference list of all the words used in the book.

HOW TO USE THIS BOOK

The best way to learn any language is through consistent daily study.
Decide for yourself how much time you can devote to the study of
Essential German each day - you may be able to complete two
lessons a day or just have time for a half-hour of study. Set a realistic
daily study goal that you can easily achieve, one that includes
studying new material as well as reviewing the old. The more
frequent your exposure to the language, the better your results will
be.

THE STRUCTURE OF THE BOOK

*   Read the dialog at the beginning of each lesson aloud, slowly
and carefully, using the translation and the pronunciation guide.

*   When you have read the dialog through enough times to get
a good grasp of the sounds and sense of it, read the grammar section,
paying particular attention to how the language builds its sentences.
Then go back and read the dialog again.

*   When studying the vocabulary list, it is useful to write the
words down in a notebook. This will help you remember both the
spelling and meaning, as you move ahead. You might also try writing
the word in a sentence that you make up yourself.

*   Try to work on the exercise section without referring to the
dialog, then go back and check your answers against the dialog or by
consulting the answer section at the end of the book. It's helpful to
repeat the exercises.

By dedicating yourself to the lessons in Berlitz Essential German
course, you will quickly put together the basic building blocks of
German, which will help you to continue at your own pace. You will
find in this book all you need to know in order to communicate
effectively in a foreign language; and you will be amply prepared to
go on to master German with all the fluency of a native speaker.

GUIDE TO PRONUNCIATION

The sounds of the language have been converted into phonetic guides in parentheses under the words in the beginning lessons and in the Pronunciation section of every lesson. Instead of using complicated phonetic symbols, we've devised recognizable English approximations that, when read aloud, will give you the correct pronunciation of the foreign words. You don't need to memorize the phonetics; just sound the word out and practise pronunciation (which may differ greatly from the actual spelling of the word) until you're comfortable with it.

The phonetic guide is there to help you unlock the basic sound of each word; the accent and cadence of the language will eventually best be learned by conversation with someone who is already fluent.

GUTEN TAG!
HELLO!

Herr Schmidt	**Guten Tag, Paul!**
	(goo-ten targ, powl!)
	Hello, Paul!
Paul	**Guten Tag, Herr Schmidt! Wie geht es Ihnen?**
	(goo-ten targ, hair sshmitt! vee gate es ee-nen?)
	Hello, Mr. Smith! How are you?
Herr Schmidt	**Danke, mir geht es gut. Und wie geht es Ihnen, Paul?**
	(dan-keh, meer gate ess goot. oont vee gate es ee-nen, powl?)
	Thanks, I'm fine. And how are you, Paul?
Paul	**Sehr gut, danke.**
	(zehr goot, dan-keh)
	Very well, thank you.
Herr Schmidt	**Eine Frage, Paul!**
	(eye-neh frah-geh, powl!)
	A question, Paul!

Paul	Ja? *(yah?)* Yes?
Herr Schmidt	**Was ist das? Ist das ein Kugelschreiber?** *(vass eesst dass? eesst dass eyen kooghel-sshreye-ber?)* What is that? Is that a pen?
Paul	**Ja. Das ist ein Kugelschreiber.** *(yah. dass eesst eyen kooghel-sshreye-ber)* Yes. That is a pen.
Herr Schmidt	**Und dies? Ist dies ein Kugelschreiber oder ein Schlüssel?** *(oont dees? eesst deess eyen kooghel-sshreye-ber ohdair eyensshlew-ssel?)* And this? Is this a pen or a key?
Paul	**Dies ist ein Schlüssel!** *(dees eesst eyen sshlew-ssel!)* This is a key!
Herr Schmidt	**Richtig! Aber ist das <u>auch</u> ein Schlüssel?** *(rikh-tig! ah-burr eesst dass owkh eyen sshlew-ssel?)* Correct! But is that also a key?
Paul	**Nein. Das ist kein Schlüssel!** *(nine. dass eesst kine sshlew-ssel!)* No. That is not a key!
Herr Schmidt	**Und was ist das?** *(oont vass eesst dass?)* What is it?
Paul	**Das ist ein Buch! Es ist ein deutsches Buch.** *(dass eesst eyen bookh! ess eesst eyen doitchess bookh)* It is a book! It is a German book.
Herr Schmidt	**Sehr gut, Paul! Auf Wiedersehen!** *(zehr goot, powl! owff veeder-zeh-en)* Very good, Paul! Goodbye!
Paul	**Auf Wiedersehen, Herr Schmidt! Bis demnächst!** *(owff veeder-zeh-en, hair sshmitt! biss damenekhst!)* Goodbye, Mr. Smith! Until next time!/See you soon!

1. FRAGEN UND ANTWORTEN

frage: Was ist das?
(vass eesst dass?)
What is it?

antwort: Das ist ein Kugelschreiber.
(dass eesst eyen kooghel-sshreye-ber)
It is a pen.

ein Kugelschreiber
(eyen kooghel-sshreye-ber)
a pen

frage: Was ist das?
(vass eesst dass?)
What is that?

antwort: Das ist ein Buch.
(dass eesst eyen bookh)
It is a book.

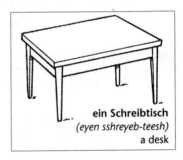

ein Buch
(eyen bookh)
a book

frage: Was ist das?

antwort: Das ist ein Schreibtisch
(dass eesst eyen sshreyeb-teesh)
It's a desk.

ein Schreibtisch
(eyen sshreyeb-teesh)
a desk

2. JA ODER NEIN

frage: Ist das ein Schreibtisch?
(eesst dass eyen sshreyeb-teesh?)
Is that a desk?

antwort: Ja.
(yah)
Yes.

Ja, das ist ein Schreibtisch.
(yah, dass eesst eyen sshreyeb-teesh)
Yes, that is a desk.

frage: Ist das ein Kugelschreiber?
(eesst dass eyen kooghel-sshreye-ber?)
Is that a pen?

antwort: Ja, das ist ein Kugelschreiber.
(yah, dass eesst eyen kooghel-sshreye-ber)
Yes, that is a pen.

frage: Ist das ein Kugelschreiber?
(eesst dass eyen kooghel-sshreye-ber?)
Is that a pen?

antwort: Nein.
(nine)
No.

Nein, das ist kein Kugelschreiber.
(nine, dass eesst kine kooghel-sshreye-ber)
No, it is not a pen./No, it isn't.

frage: Was ist es denn?
(vas eesst ess denn?)
What is it then?

antwort: Es ist ein Buch.
(ess eesst eyen bookh)
It is a book.

3. DER, DIE ODER DAS?

There are three genders in German - masculine, feminine and neuter -
and three words for "the" - **der, die,** and **das.** Words use **der**
(pronounced "*dair*") when they are masculine, they take **die**
(pronounced "*dee*") when they are feminine, and **das** (pronounced
"*dass*") when they are neuter.

Always learn the gender of the word (masculine, feminine and
neuter) at the same time as you learn the word itself (not just **Buch**
but **das Buch** (neuter), not just **Schreibtisch**, but **der Schreibtisch**
(masculine), etc.).

Notice that all nouns (**Buch, Schreibtisch,** etc.) begin with a capital letter in German.

Here are some words which take **die** (feminine):

die Schachtel	**die Frage**	**die Antwort**
(dee shakh-tell)	*(dee frah-geh)*	*(dee ant-vort)*
the box	the question	the answer

Ist dies eine Schachtel?
eesst dees eyen-eh shakh-tell?)
Is this a box?

Nein, dies ist keine Schachtel.
(nine, dees eesst kin-eh shakh-tell)
No, it is not a box.

Was ist es denn?
(vas eesst ess denn?)
What is it then?

Es ist ein Stuhl.
(ess eesst eyen shtool)
It's a chair.

Ist das ein Schlüssel oder ein Kugelschreiber?
eesst dass eyen sshlew-ssel oh-dair
eyen kooghel-sshreye-ber?)
Is that a key <u>or</u> a pen?

"**Das**" to mean "it" as in "**was ist das?**" is used where something has not been introduced before. ("**Es**" also meaning "it" can be used where you have already talked about the object.)

Was ist das?
What is that?

Das ist ein Kugelschreiber
It is a pen.

Wer ist das?
Who is that?

Das ist Herr Schmidt!
It is Mr. Schmidt!

4. EIN ODER EINE?

The indefinite article "a" is translated into German by:

ein (pronounced *eyen*) when the noun is masculine, or neuter; **eine** (pronounced *eye-neh*) when the noun is feminine; **nicht ein** ("not a") becomes **kein** and **nicht eine** becomes **keine.**

Both the indefinite ("a") and definite ("the") articles in German decline. That is, they change their endings depending on how the noun is being used in the sentence. We will examine these changes, and the plural "the" (**die**), in later lessons.

WORTSCHATZ

der Wortschatz (*dair vort-shats*): the vocabulary
die Grammatik (*dee gram-ah-tik*): the grammar
guten Tag: hello
guten Morgen: hello / good morning
guten Abend (*goo-ten arbent)*: hello / good evening
Grüß Gott (*grewss gott)*: hello (in Bavaria, Austria, Switzerland)
auf Wiedersehen: goodbye / until we see each other again
bis demnächst: until the next time / see you soon

der Herr: the gentleman
Frau Schmidt: Miss Schmidt / Ms Schmidt or Mrs. Schmidt
"Fräulein X" to mean "Miss X" is now completely obsolete in German. In cases where the first name cannot be used, use "**Frau**" plus the name.
die Frau (*dee frow):* the woman

klein (or **kleiner, kleine, kleines**): small / little
groß (or **großer, große, großes**): big / large

In our next lesson, we will take a closer look at the masculine, feminine and neuter forms of adjectives (**klein - kleiner - kleine - kleines / groß - großer - große - großes,** etc.)

das Gespräch: the conversation
ein Gespräch: a conversation
die Frage: the question   **eine Frage:** a question
die Antwort: the answer   **eine Antwort:** an answer

ja: yes
nein: no
danke: thank you

dies: this
das: that
wie geht es?: how goes it? / how are things?

gut: good / well

schlecht *(sshlekht)*: bad / badly

sehr: very
sehr gut: very well / very good
sehr schlecht: very bad / very badly

wie geht es Ihnen?: how are you?
wie: how
Sie *(zee)*: you
Ihnen: to you
denn: then, else (adverb)

der Schreibtisch: the desk
ein Schreibtisch: a desk
der Kugelschreiber: the pen
ein Kugelschreiber: a pen
das Buch: the book
ein Buch: a book
das Deutsch *(doitch)*: the German language
die Schachtel: the box
eine Schachtel: a box
der Stuhl: the chair
ein Stuhl: a chair
der Schlüssel: the key
ein Schlüssel: a key
das Wort: the word
ein Wort: a word

ANDERE WÖRTER

andere Wörter *(ann-de-reh vurr-ter)*: other words
Also, los! *(al-zoe, lohss)*: so, let's go!
Nur Mut! *(noor moot)*: take courage / never say die!
andere: other, another (plural)
eine Lektion: a lesson
und *(oont)*: and
was?: what?
oder: or
deutsch: German (as an adjective)
auch: also

bald: soon
demnächst: soon, shortly, in the near future
bis: until
die Übung *(ew-bung)*: exercise
aus *(owss)*: out of, from

ÜBUNGEN

1. DER, DIE oder DAS?

1. _der_ Stuhl
2. ___ Frage
3. ___ Schreibtisch
4. ___ Gespräch
5. ___ Schachtel

6. ___ Schlüssel
7. ___ Buch
8. ___ Herr
9. ___ Antwort
10. ___ Kugelschreiber.

2. DAS IST oder DAS IST NICHT?

1. Ja, _das ist_ Paul!
2. Nein, ___ Ulrike!
3. Ja, ___ Herr Schmidt!
4. Ja, ___ der Lehrer (teacher)!
5. Nein, ___ Frau Schmidt!

3. WAS IST DAS?

1. A pen: _ein Kugelschreiber_
2. A box: _____
3. A gentleman: _____
4. A book: _____
5. An answer: _____

DARF ICH VORSTELLEN . . .
MAY I INTRODUCE . . .

Herr Schmidt	**Guten Tag! Ich bin Thomas Schmidt. Und wer sind Sie?** *(goo-ten targ! ikh bin toe-mass sshmitt. oont vair zeent zee?)* Hello! I am Thomas Schmidt. And who are you?
Frau Constanze	**Ich bin Ulrike Constanze. Ich bin Deutsche. Und Sie?** *(ikh bin ool-ree-keh con-stants-eh. ikh bin doitch-eh. oont zee?)* I am Ulrike Constanze. I am German. And you / What about you?

Herr Schmidt	**Ich bin kein Deutscher. Ich bin kein Holländer und auch kein Engländer!** *(ikh bin kine doitch-er. ikh bin kine holl-ender oont owkh kine en-glender!)* I am not a German. I am not Dutchman and I am not even an Englishman!
Frau Constanze	**Was sind Sie denn?** *vass zeent zee denn?)* What (nationality) are you then?
Herr Schmidt	**Ich bin Österreicher. Aber ich wohne in Berlin. Wo kommen Sie her?** *(ikh bin er-ster-reye-kher. ah-bair ikh voh-neh in bear-leen. voh kom-men zee hair?)* I am from Austria. But I live in Berlin. Where do you come from?
Frau Constanze	**Ich bin aus Hamburg. Jetzt arbeite ich hier in Berlin, in einer Bank. Es ist eine sehr große Bank. Wo arbeiten Sie?** *(ikh bin owss ham-boorg. jetst ahr-bite-eh ikh heer in bear-leen, in eye-ner bank. ess eesst eye-neh zehr groh-seh bank. voh ahr-bite-en zee?)* I am from Hamburg. Now I am working here in Berlin, in a bank. It's a very large bank. Where do you work?
Herr Schmidt	**Ich arbeite in einer Schule. Ich bin Lehrer.** *(ikh ahr-bite-eh in eye-ner shool-eh. ikh bin layer-rer)* I work in a school. I am a teacher.
Frau Constanze	**Und wer ist dieser junge Mann?** *(oont vaihr eesst deez-er yoong-eh man?)* And who is this young man?
Herr Schmidt	**Er heißt Paul. Er lernt Deutsch. Paul! Paul, bitte kommen Sie her!** *(air heye-sst powl. air lair-nt doitch. powl! powl, bitteh kom-men zee hair!)* His name is Paul. He is learning German. Paul! Paul, please come here.
Paul	**Guten Tag, Herr Schmidt! Guten Tag!** *(goot-en targ, hair sshmitt! goot-en targ!)* Hello, Herr Schmidt! Hello!

Herr Schmidt	Frau Constanze, darf ich Ihnen Paul vorstellen. Paul, darf ich Ihnen Frau Constanze vorstellen. *(frow con-stants-eh, darff ikh een-en powl for-shtell-en. powl, darff ikh een-en frow con-stants-eh for-shtell-en)* Miss Constanze, I want you to meet Paul. Paul, I want you to meet Miss Constanze.
Paul	**Freut mich sehr!** *(froit meekh zehr)* (It) pleases me very much / Pleased to meet you.
Frau Constanze	**Freut mich sehr!** *(froit meekh zehr)* (It) pleases me very much / Pleased to meet you.

When describing yourself, you leave out the indefinite article in German; hence: **"Ich bin Lehrer"** and not **"Ich bin ein Lehrer,"** in the preceding dialogue.

1. ICH BIN/ICH BIN NICHT

Ich bin Thomas Schmidt.
(ikh bin toe-mass sshmitt).
I am Thomas Schmidt.

Ich bin nicht Paul.
(ikh bin nee-kht powl).
I am not Paul.

The negative is formed in general by putting **nicht** after the verb of the sentence (as above). However, **nicht ein** becomes **kein** as in: **das ist ein Kugelschreiber — das ist kein Kugelschreiber** (it is not a pen).

Ich bin Paul.
I am Paul.

Ich bin nicht Herr Schmidt.
I am not Mr. Schmidt.

Ich bin Ulrike Constanze.
I am Ulrike Constanze.

Ich bin nicht Frau Schmidt
I am not Mrs. Schmidt

2. SIE SIND/ SIE SIND NICHT

Sind Sie Thomas Schmidt?
(zeent zee toe-mass sshmitt?)
Are you Thomas Schmidt?

Sind Sie Ulrike Constanze?
(zeent zee ool-ree-keh constants-eh?)
Are you Ulrike Constanze?

Sind Sie Paul?
(zeent zee powl?)
Are you Paul?

Questions based on the above examples are formed by inverting the personal subject pronoun (**Sie**) - written with a large **s** - and the verb (**sind**). **Sind Sie?**

Sie sind Deutscher.	**Sind Sie Deutscher?)**
You are German.	Are you German?

Another way to form the interrogative is by putting **nicht wahr** after a statement. **wahr** *(vah-r)* means true, **nicht wahr?** means "is it not true?" or "isn't that so?" The speaker is generally assuming the question to betrue.

Nicht wahr? is often shortened to just **nicht?.**

Sind Sie Amerikaner.	Sie sind Amerikaner, nicht?
(zee zeent am-erik-ahn-er?)	*(zee zeent am-erik-ahn-er, neekht?)*
You are an American.	You are (an) American, isn't that so? / Aren't you (an) American?

Other examples:

Sie sind Thomas Schmidt, nicht wahr?
(zee zeent toe-mass sshmitt, neekht vah-r?)
Aren't you Thomas Schmidt?

Sie sind Paul, nicht wahr?
(zee zeent powl, neekht vah-r?)
Aren't you Paul?

So! Sie sind nicht Thomas Schmidt.
(zoe! zee zeent neekht toe-mass sshmitt)
Ah! You are not Thomas Schmidt.

Sie sind nicht Ulrike Constanze.
(zee zeent neekht ool-re-keh con-stants-eh)
You are not Ulrike Constanze.

Sie sind nicht Paul.
(zee zeent neekht powl)
You are not Paul.

Also, WER sind Sie?	**Antwort:**	**Ich bin . . .**
(al-zoe, vair zeent zee?)	*(ant-vort:*	*ikh bin . . . .)*
So, WHO are you?	Answer:	I am . . .
	Gut! Danke.	
	(goot! dan-keh)	
	Good! Thank you.	

3. SIE SIND KANADIER, NICHT WAHR?

Sie sind Kanadier, nicht wahr?
(zee zeent can-ah-dee-er, neekht vah-r?)
Aren't you a Canadian? / I assume you are a Canadian?

So! Sie sind kein Kanadier.
(zoe! zee zeent kine can-ah-dee-er)
Ah! You are not a Canadian.

Sind Sie Amerikaner?
(zeent zee am-erik-ahn-er?)
Are you an American?

Nein? Also, was sind Sie denn?
(nine? al-zoe, vass zeent zee denn?)
No? So, what (nationality) are you then?

Antwort: **Ich bin Italiener.**
                  (ant-vort): (ikh bin it-al-ee-eh-ner)
                  I am an Italian (man).

In all the examples given so far, the nationality referred to has been masculine. To express the feminine, you generally put **-in** at the end of the masculine word.

e.g. **der Amerikaner** (masculine)   **die Amerikanerin** (feminine)
     the American   *(am-erik-ah-ner-in)*

     der Kanadier (masculine)   **die Kanadierin** feminine)
     the Canadian   *(dee can-ah-dee-er-in)*

     and so on.

Ich bin Spanier.   **Ich bin Spanierin.**
(sh-pahn-ee-er)   *(sh-pahn-ee-er-in)*
I am a Spaniard/Spanish man.   I am a Spaniard/Spanish woman.

Ich bin Engländer.   **Ich bin Engländerin.**
(en-glen-der)   *(en-glen-der-in)*
I am an Englishman.   I am an English woman.

Ich bin Japaner.   **Ich bin Japanerin.**
(yap-ah-ner)   *(yap-ah-ner-in)*
I am a Japanese (man).   I am a Japanese (woman).

Ich bin Deutscher.   **Ich bin Deutsche.**
(doitch-er)   *(doitch-eh)*
I am a German (man).   I am a German (woman).

This is an exception, as **Deutscher / Deutsche** derives from the adjective <u>deutsch</u>.

Other words describing people can be made feminine in the same way. For example:

der Lehrer	**die Lehrerin**
(dair leh-rer)	*(dee leh-rer-in)*
the teacher (man)	the teacher (woman)
der Arbeiter	**die Arbeiterin**
(dair ah-r-biter)	*(dee ah-r-biter-in)*
the worker (man)	the worker (woman)

4. ER IS/ER IST NICHT/ER IST KEIN

er ist	**er ist nicht**	**er ist kein**
(air eest)	*(air eesst neekt)*	*(air eesst kine)*
he is	he is not	he is not a

Herr Schmidt ist Österreicher.
(hair sshmitt eesst erst-er-reye-kher)
Mr. Schmidt is an Austrian.

Er ist Österreicher.
(air eesst erst-er-reye-kher)
He is an Austrian.

Er ist kein Japaner.
(air eesst kine yap-ah-ner)
He is not a Japanese.

Er ist kein Russe.
(air eesst kine roo-sseh)
He is not a Russian.

Er ist nicht Paul.
(air eest neekht powl)
He is not Paul.

5. SIE IST/SIE IST NICHT/SIE IST KEINE

sie ist	**sie ist nicht**	**sie ist keine**
(zee eesst)	*(zee eesst neekht)*	*(zee eesst kine)*
she is	she is not	she is not a

Ist Frau Constanze Russin?
(eesst frow con-stants-eh roo-ssin?)
Is Miss Constanze a Russian?

Nein, Sie ist keine Russin.
(nine, zee eesst kine-eh roo-ssin)
No, she is not a Russian.

Frau Constanze ist Deutsche, nicht wahr?
(frow con-stants-eh eesst doitch-eh, neekht vah-r?)
Isn't Miss Constanze a German? / I assume Miss Constanze is a German?

Sie ist keine Italienerin.
(zee eesst kine-eh it-al-ee-eh-ner-rin)
She is not an Italian.

Sie ist nicht Frau Schmidt.
(zee eesst neekht frow sshmitt)
She is not Mrs. Schmidt.

Welche Staatsangehörigkeit hat sie?
(vell-sheh shtarts-an-geh-her-ikh-kite hat zee?)
What nationality is she?

Sie ist Deutsche.
(zee eesst doitch)
She is German.

6. DEUTSCH ODER . . . ? (ADJECTIVES OF NATIONALITY)

In many of the above examples, nouns have been used to describe nationality. The adjective of nationality is similar to the noun, as in the following examples. Note that where an adjective is separated from the noun by other words, it remains unchanged whether it refers to a masculine, a feminine or a neuter noun.

Sie spricht deutsch.
(zee shpr-eekht doitch)
She speaks German.

Sie sprechen amerikanisch.
(zee shpr-ekh-enn am-erik-ah-nish)
You speak American.

Sprechen Sie russisch?
(shpr-ekh-enn zee roo-ssish?)
Do you speak Russian?

Es spricht japanisch.
(ess shpr-eekht yap-ah-nish)
It speaks Japanese (e.g. a child)

Ich spreche spanisch.
(ikh shpr-ekh-eh shpah-nish)
I speak Spanish.

Note that where English uses a capital letter to describe adjectives of nationality, German uses a small letter. (The first letter of nouns in German is always written with a capital letter, without exception.) But: **Ich lerne Deutsch** - I am learning German. Here, with any verb other than **sprechen**, German does not use the adjective, but the derived noun, written with a capital letter.

7. AGREEMENT OF ADJECTIVES

Where the adjective is placed immediately next to the noun, it is modified in certain defined ways: it is *declined*. In other words, it *agrees* with the noun. So, when the noun is the subject of the sentence, as in **Der Junge spricht deutsch** (The boy speaks German), any accompanying adjective must reflect this.

When the noun is masculine, -er is added to the adjective after an indefinite article, and -e is added after a definite article in the nominative case (the case used for the subject of a sentence) singular.

Hence: **Der amerikanische Junge spricht deutsch.**

Here are some examples of adjectives agreeing with *masculine* nouns in the nominative case:

indefinite article	definite article
ein kleiner Herr *(eyen kline-er hair)* a small/short gentleman	**der kleine Herr** *(dair kline-eh hair)* the small/short gentleman
ein großer Junge *(eyen groh-sser yoon-geh)* a big boy	**der große Junge** *(dair groh-sseh yoon-geh)* the big boy
ein amerikanischer Junge *(eyen am-erik-ah-nish-er yoon-geh)* an American boy	**der amerikanische Junge** *(dair am-erik-ah-nish-eh yoon-geh)* the American boy

ein klein<u>er</u> Kugelschreiber	**der klein<u>e</u> Kugelschreiber**
(eyen kline-er	*(dair klin-eh*
kooghel-sshreye-ber)	*kooghel-sshreye-ber)*
a small ball-pen	the small ball-pen
ein groß<u>er</u> Tisch	**der groß<u>e</u> Tisch**
(eyen groh-sser teesh)	*(dair groh-sseh teesh)*
a large table	the large table

When the noun is *feminine*, -e is added on to the adjective after both an indefinite and a definite article in the nominative case singular:

indefinite article	definite article
eine klug<u>e</u> Frau	**die klug<u>e</u> Frau**
(eyen-eh kloog-eh frow)	*(dee kloog-eh frow)*
an intelligent woman	the intelligent woman
eine klein<u>e</u> Frage	**die klein<u>e</u> Frage**
(eyen-eh kline-eh frah-geh)	*(dee kline-eh frah-geh)*
a little question	the little question
eine groß<u>e</u> Schachtel	**die groß<u>e</u> Schachtel**
(eyen-eh groh-sseh shakh-tell)	*(dee groh-sseh shakh-tell)*
a large box	the large box
eine italienisch<u>e</u> Schule	**die italienisch<u>e</u> Schule**
(eyen-eh it-al-ee-eh-nish-eh	*(dee it-al-ee-eh-nish-eh*
shool-eh)	*shool-eh)*
an Italian school	*the Italian School*
eine deutsch<u>e</u> Stadt	**die deutsch<u>e</u> Stadt**
(eyen-eh doitch-eh sshtatt)	*(dee doitch-eh sshtatt)*
a German town	the German town

When the noun is *neuter*, **-es** is added on to the adjective after an indefinite article, and **-<u>e</u>** is added on after a definite article in the nominative case singular:

indefinite article	definite article
ein interessant<u>es</u> Gespräch	**das interessant<u>e</u> Gespräch**
(eyen inter-ess-ant-ess	(dass inter-ess-ant-eh
geh-shprekh)	geh-shprekh)

ein japanisch<u>es</u> Radio	das japanisch<u>e</u> Radio
(eyen yap-ah-nish-ess rah-dee-oh)	*(dass yap-ah-nish-eh rah-dee-oh)*
a Japanese radio	the Japanese radio
ein groß<u>es</u> Land	das groß<u>e</u> Land
(eyen groh-ssess lant)	*(dass groh-sseh lant)*
a big country	the big country
ein klein<u>es</u> Kind	das klein<u>e</u> Kind
(eyen kline-ess kint)	*(dass kline-eh kint)*
a small child	the small child

8. VERBEN

SEIN
(zine)
TO BE

ich bin	ich bin nicht	bin ich ?
er ist	er ist nicht	ist er?
sie ist	sie ist nicht	ist sie?
es ist	es ist nicht	ist es?
Sie sind	Sie sind nicht	sind Sie?

Paul <u>ist nicht</u> groß.
Paul is not tall.

<u>Ist</u> er klug?
Is he intelligent?

KOMMEN
(kom-men)
TO COME

ich komme	ich komme nicht	komme ich?
er kommt	er kommt nicht	kommt er?
sie kommt	sie kommt nicht	kommt sie?
es kommt	es kommt nicht	kommt es?
Sie kommen	Sie kommen nicht	kommen Sie?

ich komme *(kom-meh)*
er kommt *(kommt)*
Sie kommen *(kom-men)*

Kommen Sie aus Berlin?
(kom-men zee ows bear-leen?)
Do you come from Berlin?

Ulrike Constanze <u>kommt</u> aus Hamburg.
(ool-ree-keh con-stants-eh kommt ows ham-boorg)
Ulrike Constanze comes from Hamburg.

"From" in German is **von** (pronounced *fonn*), but when saying someone comes from a town, city or country, the Germans say **aus** which means "out of."

ARBEITEN *(ahr-bite-en)* TO WORK		
ich arbeite *(ikh ahr-bite-eh)*	ich arbeite nicht	arbeite ich?
er arbeitet	er arbeitet nicht	arbeitet er?
sie arbeitet	sie arbeitet nicht	arbeitet sie?
es arbeitet	es arbeitet nicht	arbeitet es?
Sie arbeiten	Sie arbeiten nicht	arbeiten Sie?

Thomas arbeitet nicht in der Bank.
(toe-mass ahr-bite-et neekht in dair bank)
Thomas does not work in the bank.

Wo arbeitet er?
(voh ahr-bite-et air?)
Where does he work?

LERNEN *(lair-nen)* TO LEARN		
ich lerne	ich lerne nicht	lerne ich?
er lernt	er lernt nicht	lernt er?
sie lernt	sie lernt nicht	lernt sie?
es lernt	es lernt nicht	lernt es?
Sie lernen	Sie lernen nicht	lernen Sie?

Lerne ich Deutsch oder Japanisch?
(lair-neh eekh doitch oh-dair yap-ah-nish?)
Am I learning / do I learn German or Japanese? (the languages)

Paul lernt Deutsch.
(Powl lair-nt doitch)
Paul is learning German.

| SPRECHEN
(shpr-ekh-en)
TO SPEAK		
ich spreche	ich spreche nicht	spreche ich?
er spricht	er spricht nicht	spricht er?
sie spricht	sie spricht nicht	spricht sie?
es spricht	es spricht nicht	spricht es?
Sie sprechen	Sie sprechen nicht	sprechen Sie?

For examples of this verb, see earlier in this Lektion.

WORTSCHATZ

die Vorstellung (pronounced *for-shtell-oong*): the introduction
die Vorstellungen *(for-shtell-oong-en):* the introductions
wie how
wer *(vair)* who
wo *(voh)* where
wo kommen Sie her? *(voh kom-men zee hair?)* where do you come
   from?
auch *(owkh)* also, too, even
gut *(goot)* good

die Staatsangehörigkeit *(shtarts-an-geh-her-ikh-kite)* the nationality
der Deutsche / die Deutsche the German man / woman
der Franzose / die Französin *(dee fran-tser-zin)* the French man /
   woman
der Spanier / die Spanierin the Spanish man / woman
der Italiener / die Italienerin the Italian man / woman
der Holländer / die Holländerin the Dutch man / woman
der Österreicher / die Österreicherin the Austrian man / woman
der Engländer / die Engländerin the English man / woman
der Kanadier / die Kanadierin the Canadian man / woman
der Amerikaner / die Amerikanerin the American man / woman
der Russe / die Russin the Russian man / woman
der Japaner / die Japanerin the Japanese man / woman
deutsch *(doitch)* German (adjective)
amerikanisch *(am-erik-ah-nish)* American
russisch *(roo-ssish)* Russian
japanisch *(yap-ah-nish)* Japanese
spanisch *(shpah-nish)* Spanish
österreichisch *(erst-er-reyekh-ish)* Austrian

aus *(owss)* out of, from

er / sie / es hat *(air / zee / ess hat)* he / she / it has
der junge Mann *(dair yoong-eh man)* the young man
jung *(yoong)* young
die Schule *(dee shool-eh)* the school
in die Schule *(in dee shool-eh)* in school / to school
das Kind *(dass kint)* the child
die Bank *(dee bank)* the bank
wohnen *(voh-nen)* to live (in a place)
groß *(grohss)* large, big
klein *(kline)* small, little
das Beispiel *(dass by-shpeel)* the example

Wien *(veen)* Vienna
vorstellen *(for-shtell-en)* to introduce
darf ich Ihnen x vorstellen *(darf ikh een-en x for-shtell-en)* may I
    introduce x to you / I want you to meet x
freut mich sehr *(froit meekh zehr)* pleased to meet you
bitte *(bit-teh)* please
bitte kommen Sie her *(bit-teh kom-men zee hair)* please come here!
was heißt x auf Deutsch? *(vass heye-sst x owff doitch?)* what is x in
    German?
er heißt Paul *(air heye-sst powl)* his name is Paul
die Sprache *(dee shprah-kheh)* the language
nicht wahr? *(neekht vah-r?)* is that not so? / isn't it? / I assume
der Lehrer *(dair leh-rer)* / die Lehrerin the teacher
der Arbeiter *(dair ah-r-biter)* / die Arbeiterin the worker
der Tisch *(dair teesh)* the table
klug *(kloog)* intelligent

die Stadt *(dee sshtatt)* the town
das Radio *(dass rah-dee-oh)* the radio
das Gespräch *(dass geh-shprekh)* the conversation
das Land *(das lant)* the country
das Auto *(das ow-toh)* the automobile, motor vehicle
sein *(zine)* to be
kommen *(kom-men)* to come
arbeiten *(ahr-bite-en)* to work
noch *(nokh)* yet, still
lernen *(lair-nen)* to learn (also means to study at school)
die Übung *(dee ew-boong)* the exercise
das Buch *(dass bookh)* the book
sprechen *(shpr-ekh-en)* to speak
lesen *(leh-zen)* to read
der Mann *(dair man)* the man

ANDERE WÖRTER

hier *(heer)* here
da *(dah)* there
hier ist *(heer eesst)* here is
hin *(hin)* a word indicating a direction or movement away from the speaker
her *(hair)* a word indicating a direction or movement towards the speaker
woher *(voh-hair)* where from?
dieser / diese / dieses *(deez-er / deez-eh / deez-ess)* this
jener / jene / jenes *(yehn-air / yehn-eh / yehn-ess)* that
We will look at these again in a later chapter.

ÜBUNGEN

1 BITTE ANTWORTEN SIE!

Beispiel: Sind Sie Lehrer?
Nein, ich bin kein Lehrer

1. Kommen Sie aus Berlin?

2. Kommen Sie aus Wien?

3. Sind Sie Deutscher / Deutsche?

4. Arbeiten Sie in Hamburg?

5. Lernen Sie Deutsch?

6. Sprechen Sie spanisch?

7. Wer sind Sie und woher kommen Sie?

8. Sind Sie klug?

2 WÄHLEN SIE DAS PASSENDE WORT!
Beispiel: Hier ist eine <u>kleine</u> Übung. (kleiner / kleine / kleines)

1. Carmen ist ___. (Mexikaner / Mexikanerin)

2. Herr Giuseppe Rossini ist kein ___. (Engländer / Engländerin)

3. Ist Frau Schmidt eine ___? (Deutscher / Deutsche)

4. Sie lesen ein ___ Buch. (deutscher / deutsche / deutsches)

5. Ist sie eine ___ Frau? (kluger / kluge / kluges)

6. Berlin ist eine sehr ___ Stadt. (großer / große / großes)

7. Ist Thomas Schmidt ein ___ Herr? (kleiner / kleine / kleines)

8. Ulrike Constanze ist nicht sehr ___. (groß / große / großes)

ULRIKE MACHT EINE REISE
ULRIKE GOES ON A TRIP

Paul   **Ulrike, haben Sie Ihr Ticket?**
(ool-ree-keh, hah-ben zee eer ticket?)
Ulrike, do you have your plane ticket?

Ulrike **Ja, Paul. Ich habe ein Lufthansa-Ticket in der
Tasche.**
*(yah, powl. ikh hah-beh eyen looft-hans-ah ticket in dair
tash-eh)*
Yes, Paul. I have a Lufthansa plane ticket in my bag.

Paul	**Sie haben auch einen Koffer, nicht wahr?**
	(zee hah-ben owkh eye-nen koff-er, neekht vahr?)
	You also have a suitcase, right?
Ulrike	**Ja, selbstverständlich! Ich reise immer mit einem großen Koffer. In dem Koffer sind ein Rock, ein Mantel sowie zwei oder drei Pullover und so weiter.**
	(yah, zelbst-fair-shtend-likh! ikh reye-zeh im-mer mitt eye-nem groh-ssen koffer. in dame koff-er eest eyen rock, eyen man-tel zoh-vee tsveye oh-dair dry pool-oh-fer oond zoh veye-ter)
	Yes of course! I always travel with a big suitcase. In the suitcase, there is a skirt, a coat as well as two or three sweaters, etc.
Paul	**Haben Sie einen Reisepaß?**
	(hah-ben zee eye-nen reye-zeh-pass?)
	Do you have a passport?
Ulrike	**Nein, ich habe keinen Reisepaß, nur einen Personalausweis.**
	(nine, ikh hah-beh kine-nen reye-zeh-pass, noor eye-nen pair-zone-ahl-owss-vice)
	No, I do not have a passport, only an identity card.
Paul	**Ach so! Und wohin fliegen Sie? Nach Frankfurt?**
	(akh zoh! oond voh-heen flee-ghen zee? nakh frank-foort?)
	Ah, I see. And where are you flying to? To Frankfurt?
Ulrike	**Nein, ich fliege nicht nach Frankfurt. Ich fliege nach München.**
	(nine, ikh flee-geh neekht nakh frank-foort. ikh flee-geh nakh mewn-khen)
	No, I am not flying to Frankfurt. I am flying to Munich.
Paul	**Wollen Sie mit der U-Bahn zum Flughafen fahren?**
	(voll-en zee meet dair oo-bahn tsoom floog-harf-en fahr-en?)
	Are you going to use the subway to travel to the airport?
Ulrike	**Nein, ich fahre mit dem Taxi.**
	(nine, ikh fah-reh mitt dame tax-ee)
	No, I am going by cab.
Paul	**Und wann reisen Sie? Heute?**
	(oont van reye-zen zee? hoy-teh?)
	And when are you traveling? Today?

Ulrike	Nein, ich reise morgen nachmittag.
	(nine, ikh reye-zeh mor-ghen nakh-mit-targ)
	No, I am travelling tomorrow afternoon.
Paul	Um wieviel Uhr?
	(oom vee-feel oohr?)
	At what time?
Ulrike	Um drei Uhr. Aber Sie wollen wirklich alles wissen, Paul!
	(oom dry oohr. ah-ber zee voll-en veerk-leekh al-less veess-en, powl!)
	At three p.m.. But you really do want to know everything, Paul!
Paul	Warum nicht! Sie kommen bald zurück, nicht wahr?
	(vah-room neekht! zee kom-men ballt tsoo-rewk, neekht var?)
	Why not! You are coming back soon, aren't you?
Ulrike	Ja, ich bin in einer Woche zurück. Ich habe hier viel zu tun. Noch etwas?
	(yah, ikh bin in eye-ner vokh-eh tsoo-rewk. ikh hah-beh here feel tsoo toon. nokh et-vass?)
	Yes. I will be back in a week. I have a lot to do here. Anything else?
Paul	Ja. Gute Reise, Ulrike. Auf Wiedersehen!
	(yah. goot-eh reye-zeh, ool-ree-keh. owff veeder-zeh-en!)
	Yes. Have a good trip, Ulrike. Good-bye!
Ulrike	Auf Wiedersehen, Paul!
	(owff veeder-zeh-en, powl!)
	Good-bye, Paul.

1. THE ACCUSATIVE CASE

In the previous Lektion, the nominative case was shown. Below are examples of the *accusative case*, which is used for the direct object in a sentence. These examples show the effect of the accusative case on ein and eine, kein and keine. It can be summarized as follows:

	masculine		*feminine*		*neuter*	
Nominative	ein	kein	eine	keine	ein	kein
Accusative	ei<u>nen</u>	kei<u>nen</u>	eine	keine	ein	kein

Only the masculine accusative form is affected.

2. ICH HABE/ICH HABE KEINEN, KEINE, KEIN

Ich <u>habe</u> <u>einen</u> Koffer.
(ikh hah-beh eye-nen koff-er)
I have a suitcase.

Ich <u>habe</u> <u>keinen</u> Koffer.
(ikh hah-beh kine-en koff-er)
I do not have a suitcase.

Ich <u>habe</u> <u>keine</u> Tasche.
(ikh hah-beh kine-eh tash-eh)
I do not have a bag.

Ich <u>habe</u> <u>kein</u> Radio.
(ikh hah-beh kine rah-dee-oh)
I do not have a radio.

<u>Habe</u> ich <u>ein</u> <u>Ticket</u>?
(hah-beh ikh eyen ticket?)
Do I have a plane ticket?

3. SIE HABEN / SIE HABEN KEINEN, KEINE, KEIN

<u>Haben</u> Sie <u>einen</u> Reisepaß?
(hah-ben zee eye-nen reye-zeh-pass?)
Do you have a passport?

<u>Haben</u> Sie <u>einen</u> Kugelschreiber?
(hah-ben zee eye-nen kooghel-sshreye-ber?)
Do you have a pen?

Haben Sie **eine** Tasche?
(hah-ben zee eye-neh tash-eh?)
Do you have a bag?

Sie **haben** **kein** Buch.
(zee hah-ben kine bookh)
You do not have a book.

Was **haben** Sie **in** **der** Tasche?
(vass hah-ben zee in dair tash-eh?)
What do you have in your bag?

antwort: Ich **habe** **ein** Ticket.
(ikh hah-beh eyen ticket)
I have a plane ticket.

Notice that German speakers often say "der, die, das" to mean "mein etc."

Gut!   **Danke**
(goot!)   *(dan-keh)*
Good!   Thank you

4. ER HAT / ER HAT KEINEN, KEINE, KEIN

Herr Schmidt **hat** **einen** Schlüssel.
(hair sshmitt hat eye-nen sshlew-ssel)
Mr. Schmidt has a key.

Er **hat** **einen** Schlüssel.
(air hat eye-nen sshlew-ssel)
He has a key.

Er **hat** **keine** Tasche.
(air hat kine-eh Tash-eh)
He does not have a bag.

Er **hat** **kein** Buch.
(air hat kine bookh)
He does not have a book.

5. SIE HAT / SIE HAT KEINEN, KEINE, KEIN

Hat Ulrike **einen** Reisepaß?
(hat ool-ree-keh eye-nen reye-zeh-pass?)
Does Ulrike have a passport?

Hat sie **eine** Tasche?
(hat zee eye-neh tash-eh?)
Does she have a bag?

Ja, sie **hat** **eine** Tasche.
(jah, zee hat eye-neh tash-eh)
Yes, she has a bag.

Sie **hat** **kein** Buch.
(zee hat kine bookh)
She does not have a book.

6. ES HAT / ES HAT KEINEN, KEINE, KEIN

Das Kind **hat** **keinen** Koffer.
(dass kint hat kine-en koff-er)
The child does not have a suitcase.

Es **hat** **keinen** Koffer.
(ess hat kine-en koff-er)
It does not have a suitcase.

Es **hat** **eine** Tasche.
(ess hat eye-neh tash-eh)
It has a bag.

Es **hat** **kein** Radio.
(ess hat kine rah-dee-oh)
It does not have a radio.

7. DER, DIE AND DAS IN THE ACCUSATIVE

	masculine	*feminine*	*neuter*
Nominative	**der**	**die**	**das**
Accusative	**den**	**die**	**das**

Like **ein, eine, kein** and **keine, der, die** and **das** are used in the accusative. The table above summarizes the change.

8. WELCHER, DIESER AND JENER

As we have seen, **der** (*the*) indicates a masculine word. **Welcher** (*which*), **dieser** (*this*) and **jener** (*that*) also accompany masculine words.

der Mantel	**welcher Mantel?**	**dieser Mantel**
(dair man-tel)	*(vell-sher man-tel?)*	*(deez-er man-tel)*
the coat	which coat?	this coat
der Schlüssel	**welcher Schlüssel?**	**jener Schlüssel**
(dair sshlew-ssel)	*(vell-sher sshlew-ssel?)*	*(yane-er sshlew-ssel)*
the key	which key?	that key

Other examples of the masculine:

Dies ist ein Koffer. Es ist ein großer Koffer.
(dees eest eyen koff-er. ess eest eyen groh-sser koff-er)
This is a suitcase. It is a big suitcase.

**Dieser Herr ist Thomas Schmidt.
Er ist Österreicher.**
*(deez-er hair eest toe-mass sshmitt.
air eest erst-er-reye-kher)*
This gentleman is Thomas Schmidt.
He is Austrian.

Hier ist der Schreibtisch. Es ist ein sehr großer Schreibtisch.
(heer eest dair sshreyeb-teesh. ess eesst eyen zehr groh-sser sshreyeb-teesh)
Here is the desk. It is a very big desk.

die indicates a feminine word, as do **welche**, **diese** and **jene**:

die Tasche	**welche Tasche?**	**jene Tasche**
(dee tash-eh)	*(vell-sheh tash-eh?)*	*(yane-eh tash-eh)*
the bag	which bag?	that bag
eine Frage	**welche Frage?**	**diese Frage**
(eye-neh frah-geh)	*(vell-sheh frah-geh?)*	*(deez-eh frah-geh)*
a question	which question?	this question

Other examples of the feminine:

Die junge Frau heißt Ulrike. Sie heißt Ulrike.
(dee yoong-eh frow heye-sst ool-reek-eh. zee heye-sst ool-reek-eh)
The young lady is called Ulrike. She is called Ulrike / Her name is Ulrike.

Die Bank ist groß. Es ist eine große Bank.
(dee bank eest grohss. es eest eye-neh groh-sseh bank)
The bank is big. It is a big bank.

Wo ist die kleine Schachtel? Die kleine Schachtel ist hier.
(voh eest die kleye-neh shakh-tell? dee kleye-neh shakh-tell eesst heer)
Where is the little box? The little box is here.

das, welches, dieses and **jenes** indicate a neuter word:

das Buch	**welches Buch?**	**dieses Buch**
(dass bookh)	*(vell-khess bookh?)*	*(dee-zess bookh)*
the book	which book?	this book
das Land	**welches Land?**	**jenes Land**
(dass lant)	*(vell-khess lant?)*	*(yeh-ness lant)*
the country	which country?	that country

Other examples of the neuter:

Das Kind ist sehr klug. Es ist ein kluges Kind.
(dass kint eesst zehr kloog. ess eesst eyen kloo-gess kint)
The child is very intelligent. It (whether he or she) is a very intelligent child.

Das Radio ist aus Japan. Es ist ein japanisches Radio.
(dass rah-dee-oh eesst owss yap-an. ess eesst eyen yap-ah-nish-ess rah-dee-oh)
The radio is from Japan. It is a Japanese radio.

Das Haus ist neu. Es ist ein neues Haus.
(dass howss eesst noy. ess eesst eyen noy-ess howss)
The house is new. It is a new house.

Notice that the Germans often say **das** and **es** to mean "it," even when the subject is masculine or feminine. **Dies und jenes** for "this" and "that," approximate the English meanings. The Germans also say **"dies und das"** for "this and that."

HABEN
(hah-ben)
TO HAVE

ich habe	ich habe nicht	habe ich . . . ?
er hat	er hat nicht	hat er . . . ?
sie hat	sie hat nicht	hat sie . . . ?
es hat	es hat nicht	hat es . . . ?
Sie haben	Sie haben nicht	haben Sie. . . ?

Ich habe kein Buch.
(ikh hah-beh kine bookh)
I do not have a book /
I have no book.

Ich habe es nicht.
(ikh hah-beh ess neekht)
I do not have it.

Hat sie eine Tasche?
(hat zee eye-neh tash-eh?)
Does she have a bag?

Sie hat keine Tasche.
(zee hat kine-eh tash-eh)
She does not have a bag.

Ulrike hat viel zu tun.
(ool-ree-keh hat feel tsoo toon)
Ulrike has a lot to do.

REISEN
(reye-zen)
TO TRAVEL (go on a journey)

ich reise	ich reise nicht	reise ich . . . ?
er reist	er reist nicht	reist er . . . ?
sie reist	sie reist nicht	reist sie . . . ?
es reist	es reist nicht	reist es . . . ?
Sie reisen	Sie reisen nicht	reisen Sie. . . ?

Just like **arbeiten** and **lernen** in the previous lesson, **reisen** is a *regular* *"weak"* *verb* (a verb whose stem (the part without the "-en") remains unchanged, whatever verb endings are added).

Ulrike reist immer mit einem großen Koffer.
(ool-ree-keh reye-sst im-mer mitt eye-nem groh-ssen koff-er)
Ulrike always travels with a big suitcase.

Notice the preposition **mit**, meaning "with," changes the ending of the article, (not **ein** or **einen**, but **einem**). We will explain this later.

```
FAHREN
(fah-ren)
TO GO, TO DRIVE, TO TRAVEL (in a vehicle)

ich fahre          ich fahre nicht          fahre ich . . . ?
er fährt           er fährt nicht           fährt er . . . ?
sie fährt          sie fährt nicht          fährt sie . . . ?
es fährt           es fährt nicht           fährt es . . . ?
Sie fahren         Sie fahren nicht         fahren Sie. . . ?

pronounciation:

fahre (fah-reh)
fährt (fairt)
fahren (fah-ren)
```

FAHREN is an *irregular* "*strong*" *verb* (a verb whose stem vowel sometimes changes).

Ich fahre mit dem Bus.
(ikh fah-reh mitt dame boos)
I am going by bus.

Ulrike fährt Paul nach Hause.
(ool-ree-keh fairt powl nakh how-zeh)
Ulrike drives Paul home.

```
GEHEN
(geh-en)
TO GO

ich gehe           ich gehe nicht           gehe ich . . . ?
er geht            er geht nicht            geht er . . . ?
sie geht           sie geht nicht           geht sie . . . ?
es geht            es geht nicht            geht es . . . ?
Sie gehen          Sie gehen nicht          gehen Sie. . . ?
```

Wie geht es Ihnen? (How are you? - see Lektion 1) is an idiomatic expression that uses the verb **gehen** in a figurative way.
The verb **gehen** is also however, used in its literal sense, to go (as the opposite of to come), with the connotation of going on foot.

Note that Germans often use other verbs to mean "go" which also express the means used to go, e.g. to go by plane = to fly = **fliegen**.

to go by car = to drive = **fahren**.

Sie geht zur Schule.
(zee gate tsoor shoo-leh)
She is going to school (for her education).

Sie gehen in die Stadt. (**die Stadt:** the town)
(zee geh-en in dee shtatt)
They are going into the town.

Das Geschäft geht gut.
(dass geh-shefft gate goot)
The business is going well / business is brisk.

Mir geht es gut.
(meer gate ess goot)
I'm fine (literally: it goes well to me).

Es geht ihnen gut.
(ess gate ee-nen goot)
They are fine (literally: it goes well to them).

gehen is an important verb in German and we will be introducing other examples of its use in later lessons.

10. PREPOSITIONS - TO, FROM, WITH, IN, AT

zu	von	mit	in	an
to	from	with	in	at

Ulrike fährt mit dem Taxi.
(ool-ree-keh fairt mit dame tax-ee)
Ulrike is going by cab.

Sie arbeitet in einer Bank.
(zee ahr-bite-et in eye-ner bank)
She works in a bank.

Herr Schmidt arbeitet am Schreibtisch.
(hair sshmitt ahr-bite-et am sshreyeb-teesh)
Mr. Schmidt is working at the desk / at his desk.

Paul geht zur Schule.
(powl gate tsoor shool-eh)
Paul goes to school.

Ulrike reist mit einem großen Koffer.
(ool-ree-keh reye-sst mit eye-nem groh-ssen koff-er)
Ulrike travels with a big suitcase.

Herr Schmidt kommt vom Flughafen.
(hair sshmitt kommt fomm floog-harf-en)
Mr. Schmidt is coming from the airport.

Ulrike fährt zum Flughafen.
(ool-ree-keh fairt tsoom floog-harf-en)
Ulrike drives to the airport.

You will notice in the above examples as well as the dialog, that the prepositions **zu** (to), **von** (from), **an** (at or on), **mit** (with), **in** (in) used here make both the definite and indefinite articles change from the nominative and accusative forms you saw earlier, to another form, which is known as the *dative* case.

With masculine nouns, the definite article **der** becomes **dem** *(dame)*

der Mantel	mit dem Mantel	(with the coat)
der Lehrer	von dem Lehrer or, vom Lehrer	(from the teacher) (where von and dem become vom)
der Flughafen	zu dem Flughafen or, zum Flughafen	(to the airport) (where zu and dem become zum)
der Schreibtisch	an dem Schreibtisch or, am Schreibtisch	(at the desk) (where an and dem become am)
der Koffer	in dem Koffer or, im Koffer	(in the suitcase) (where in and dem become im)

The masculine indefinite article **ein** becomes **einem** *(eye-nem)*

ein Mantel	mit einem Mantel	(with a coat)
ein Lehrer	von einem Lehrer	(from a teacher)
ein Flughafen	zu einem Flughafen	(to an airport)
ein Schreibtisch	an einem Schreibtisch	(at a desk)
ein Koffer	in einem Koffer	(in a suitcase)

With feminine nouns, the definite article **die** becomes **der** *(dair)*

die Frau	mit der Frau	(with the woman)
die Stadt	von der Stadt	(from the town)
die Schule	zur Schule	(to the school) (**zu** and **der** become **zur**)
die Wand the wall	an der Wand	(on the wall)
die Tasche	in der Tasche	(in the bag)

The feminine indefinite article **eine** becomes **einer** *(eye-ner)*

eine Frau	mit einer Frau	(with a woman)
eine Stadt	von einer Stadt	(from a town)
eine Schule	zu einer Schule	(to a school)
eine Wand	an einer Wand	(on a wall)
eine Tasche	in einer Tasche	(in a bag)

With neuter nouns, the definite article **das** becomes **dem** *(dame)*

das Taxi	mit dem Taxi	(by taxi [literally: with the taxi])
das Büro the office	von dem Büro or, vom Büro	(from the office) (**von** and **dem** become **vom**)
das Haus *(dass house)* the house	zu dem Haus or, zum Haus	(to the house) (**zu** and **dem** become **zum**)
das Ende the end	an dem Ende or, am Ende	(at the end) (**an** and **dem** become **am**)
das Buch	in dem Buch or, im Buch	(in the book) (**in** and **dem** become **im**)

Note: **zum Beispiel** *(tsoom beye-shpeel)*: for example

The neuter indefinite article **ein** becomes **einem**

ein Taxi	mit einem Taxi	(by taxi)
ein Büro	von einem Büro	(from an office)
ein Haus	zu einem Haus	(to a house)

| ein Ende | an einem Ende | (at one end) |
| ein Buch | in einem Buch | (in a book) |

1. Sometimes you will hear or see an -e being put at the end of a single syllable noun in the dative case. This is an archaic, but still common form. It also occurs in idiomatic expressions such as zu Hause (*tsoo how-zeh*), at home.

2. Adjectives used in the dative case generally take an -en at the end, even when there are two or more adjectives strung together.

e.g. in dem neuen Koffer (*in dame noy-en koff-er*): in the new suitcase

von der großen Stadt (*von dair groh-ssen sstatt*): from the big town

mit einem kleinen neuen Taxi (*mit kleye-nen noy-en tax-ee*): in a small new taxi

3. The prepositions mit, von and zu are always used with the dative. An and in are sometimes used with the dative to denote a stable state, and with the accusative where a movement is implied.

e.g. in die Schule: into the school

an die Wand: onto the wall

See Lektion 4 for more examples.

4. Dieser, diese, dieses (this) become diesem, dieser and diesem in the dative and the same endings are used for jener, welcher, etc.

WORTSCHATZ

die Reise *(dee reye-zeh)*: the trip
machen *(makh-en)*: to make, do, effect
eine Reise machen *(eye-neh reye-zeh makh-en)*: to go on a trip
das Ticket *(dass ticket)*: the plane ticket
das Flugzeug *(dass floog-tsoyg)*: the airplane, plane
die Tasche *(die tash-eh)*: the bag, pocket
der Koffer *(dair koff-er)*: the suitcase
der Mantel *(dair man-tel)*: the coat
der Rock *(dair rock)*: the skirt
selbstverständlich *(zelbst fair-shtend-likh)*: of course, naturally
der Reisepaß *(dair reye-zeh-pass)*: the passport
der Pullover *(dair pool-oh-fer)*: the sweater
der Personalausweis *(dair pair-zone-ahl-owss-vice)*: the identity card

ach so!: Ah, O.K.! Oh, I see!

fliegen *(flee-ghen)*: to fly, to go by plane
wollen *(voll-en)*: to want
wollen Sie...? *(voll-en zee?)*: do you want to / are you going to. . .?
sie will *(zee vill)*: she wants to / she is going to
die U-Bahn *(dee oo-bahn)*: the subway, underground railway
das Taxi *(dass tax-ee)*: the taxi, the cab
der Flughafen *(dair floog-harf-en)*: the airport
heute *(hoy-teh)*: today
fahren *(fah-ren)*: to drive, to go in a vehicle

wann *(vann)*: when
morgen *(mor-ghen)*: tomorrow
der Morgen *(dair mor-ghen)*: the morning
am Morgen: in the morning
der Nachmittag *(dair nakh-mit-targ)*: the afternoon
am Nachmittag: in the afternoon
morgen nachmittag: tomorrow afternoon
die Uhr *(dee oohr)*: the time, hour, clock
um wieviel Uhr? *(oom vee-feel oohr?)*: at what time?
wieviel Uhr ist es? *(vee-feel oohr ist es?)*: what time is it?
um drei Uhr *(oom dry oohr)*: at three o'clock
München *(mewn-khen)*: Munich
wirklich *(veerk-leekh)*: really
die Woche *(die vokh-eh)*: the week
in einer Woche *(in eye-ner vokh-eh)*: in a week
zurück *(tsoo-rewk)*: back
ich habe viel zu tun *(ikh hah-beh feel tsoo toon)*: I have a lot (of work) to do
gute Reise! *(goot-eh reye-zeh)*: have a good trip!

das Haus *(dass house)*: the house
zu Hause *(tsoo how-zeh)*: at home
haben *(hah-ben)*: to have
dies *(deess)*: this
jenes *(yeh-ness)*: that

das Geschäft *(dass geh-shefft)*: the business
die Präposition *(dee prep-oh-zeet-see-ohn)*: the preposition
zu *(tsoo)*: to (with dative)
mit *(mitt)*: with (with dative)
in *(in)*: in (with dative); into (with accusative)
von *(fonn)*: from (with dative)
an *(ann)*: on, at (with dative); onto (with accusative)
viel *(feel)*: a lot, much

viel Arbeit: a lot of work
viele Bücher *(feel-eh bew-kher)*: a lot of books
wie *(vee)*: how
noch *(nokh)*: still
etwas *(et-vass)*: something
noch etwas? *(nokh et-vass?)*: anything else?
warum? *(vah-room?)*: why?
warum nicht? *(vah-room neekht?)*: why not?
wohin? *(voh-heen?)*: where to?

ÜBUNG

BITTE ANTWORTEN SIE!

Go through the dialog at the beginning of Lektion 3 and answer these questions.

Zum Beispiel: Macht Ulrike eine Reise?
    Ja, sie macht eine Reise.

1. Wohin fliegt sie?

2. Will sie in einer Woche reisen?

3. Wann fliegt sie?

4. Um wieviel Uhr fährt sie?

5. Hat sie einen Reisepaß oder einen Personalausweis?

6. Hat sie einen Koffer?

7. Ist es ein kleiner Koffer?

8. Will Paul mit Ulrike fliegen?

9. Hat Ulrike ein Ticket?

10. Ist das Ticket im Koffer oder in der Tasche?

11. Will Ulrike mit der U-Bahn zum Flughafen fahren?

12. Wie fährt sie?

13. Wann kommt sie aus München zurück?

14. Was sagt Paul? (sagen - to say)

15. Lernen Sie viel Deutsch?

AM TELEPHON

ON THE PHONE

Frau Clara Schmidt sitzt zu Hause und telephoniert mit einer Bekannten.
Mrs Clara Schmidt is sitting at home and talking with a lady she knows on the phone.

Frau Schmidt	Heidi? Guten Abend! Wie geht es Ihnen? . . . Danke, mir geht es gut. Ich bin zu Hause. Sagen Sie mal - welchen Tag haben wir heute? Ist es nicht Donnerstag? (Is that you) Heidi? Good evening / Hello! How are you. . . Thank you, I am well. I am at home. Tell me - what day is it today? Is it not Thursday?

Heidi	Donnerstag? Das kann nicht sein! Heute ist nicht Donnerstag. Mein Kalender zeigt schon Freitag.
	Thursday! It can't be! Today is not Thursday. My calendar shows Friday already.
Frau Schmidt	Schon Freitag? Ist das möglich? Ja, Sie haben recht.
	Is it Friday already? Is that possible? Yes, you are right.
Heidi	Wieso denn?
	What do you mean?
Frau Schmidt	Heute abend sind wir, das heißt Thomas und ich, mit einigen Bekannten verabredet. Es handelt sich um einige Kollegen vom Büro. Das sind sehr nette Leute.
	This evening we, that is, Thomas and I, have arranged to meet some friends. [They are] Some friends from the office. They are very nice people.
Heidi	Wie schön! Und wohin gehen Sie?
	How nice! And where are you going to?
Frau Schmidt	Zuerst gehen wir ins Theater. Kommen Sie mit?
	First we are going to the theater. Are you coming? / Do you want to come with us?
Heidi	Danke. Ich will heute abend nicht ins Theater. Ich bin sehr müde.
	No thank you. I do not want (to go) to the theater tonight. I am very tired.
Frau Schmidt	Schade! Wir gehen ins Schiller - Theater. Anschließend essen wir in einem Restaurant am Ku-damm. Aber sagen Sie mal — wieviel Uhr ist es jetzt?
	What a pity! We are going to the Schiller-Theater. After that we are having a meal in a restaurant on the Ku-damm. (a famous street in Berlin). But, tell me what time is it now?
Heidi	Es ist sechs Uhr. Sie müssen aber bald los.
	It is six o'clock. You will soon have to be going.
Frau Schmidt	Was! Schon sechs Uhr? Um halb sieben kommen sie ja! Also, auf Wiederhören, Heidi!
	What! Six o'clock already? They are coming at half past six. So, goodbye, Heidi!
Heidi	Auf Wiederhören, Clara! Viel Vergnügen.
	Goodbye, Clara! Enjoy yourselves.

1. DIE AUSSPRACHE

die Aussprache *(dee owss-shprah-kheh)*
Heidi *(high-dy)*
Sagen Sie mal *(zah-ghen zee mahl)*
welcher Tag? *(vell-kher targ)*
wir *(veer)*
der Donnerstag *(dair don-nerz-targ)*
der Kalender *(dair kall-en-der)*
der Freitag *(dair fry-targ)*
schon *(shone)*
wieso denn *(vee-zoh denn)*
das heißt *(dass heye-sst)*
einigen *(eye-nig-enn)*
die Bekannten (pl) *(die beh-kan-ten)*
es handelt sich um *(ess han-dellt seekh oom)*
einige Kollegen *(eye-nig-eh koh-lay-ghen)*
das Büro *(das bew-roh)*
nette *(net-teh)*
die Leute (pl) *(dee loy-teh)*
verabredet *(fair-ab-raid-et)*
schön *(shern)*
zuerst *(tsoo-airst)*
ins Theater *(inns tay-ah-ter)*
schade *(shar-deh)*
anschließend *(ann-shleess-ent)*
der Ku-damm *(koo-damm)*
wieviel Uhr *(vee-feel oor)*
sechs *(zekhs)*
müssen *(mew-ssen)*
bald *(ballt)*
los *(lohs)*
halb *(halp)*
sieben *(zee-ben)*
auf Wiederhören *(owff veeder-her-enn)*
das Vergnügen *(fair-gnew-ghen)*

The word "friend" can be translated as **der Freund** *(dair froynt)* if the friend is masculine, **die Freundin** *(dee froyn-din)* if the friend is feminine.

However, where the friend is more of an acquaintance, the word **der Bekannte** *(dair beh-kan-teh)* or **die Bekannte** *(die beh-kan-teh)* is used. Bekannte is treated as an adjective for the purposes of grammar.

Auf Wiederhören is used only on the telephone: it means literally "until we next hear each other."

2. DIE MEHRZAHL - THE PLURAL

The plural of the indefinite article **EIN, EINE, EIN** can be expressed using several different words. The main ones are:

einige	mehrere	viele
(eye-nee-ghehh)	*(may-reh-reh)*	*(feel-eh)*
some, a few	several	many
alle	manche	sämtliche
(al-leh)	*(man-kheh)*	*(zemt-leekh-eh)*
all	some / many a	all of the, the entire

Ich habe einen Kugelschreiber.   Ich habe einige Kugelschreiber.
I have a pen.   I have some pens / I have a few pens.

Ich habe eine Blume.   Ich habe mehrere Blumen.
I have a flower.   I have several flowers.

Ich habe ein Haus.   Manche Häuser.
I have a house.   Some houses.

Viele Städte.   Sämtliche Taxis.
Many towns.   All of the taxis.

There are several ways of forming the plural of nouns, and it is best to learn the plural of each new word at the same time as its singular form:

One way is by adding either an -e or an -en where the noun ends in a consonant, or just an -n , where the noun ends in an e. Another form of the plural is by adding -er.

Occasionally, nothing is added, e.g.with masculine and neuter nouns which end in el, er or en. Occasionally an -s is added where the noun is of recent foreign origin.

Nouns which include an a, o or u sometimes take an umlaut (i.e. a = ä, o = ö, u = ü) as well as the -e or -er ending.

Sometimes the last consonant of words ending in s or n is doubled, as well as having an ending.

In the dative case an n is added to the noun as well as the plural ending, if the plural ending does not finish in n.

The plural ending of each noun will appear in parentheses after the noun in the vocabulary at the end of this book.

As you learn more words, you will find it is fairly easy to deduce the plural form from the singular. More on this later.

Ein Freund kommt auch.
A friend is coming too.

Alle Freunde kommen.
All friends are coming /
Every friend is coming.

Ich fahre mit einem Freund.
I am going with a friend.

Ich fahre mit sämtlichen Freunden. (dative)
I am going with all my friends.

Sie hat eine Schachtel.
She has a box.

Sie hat viele Schachteln.
She has many boxes.

Ich habe ein Buch.
I have a book.

Ich habe mehrere Bücher.
I have several books.

Er hat ein Radio.
He has a radio.

Er hat manche Radios.
He has some radios.

Sie hat eine Freundin.
She has a friend (female).

Sie hat einige Freundinnen.
She has a few friends (female).

Just like in English, the plural of the indefinite article can be rendered also by just having the noun on its own in the plural.

44

Example:

eine Stadt (a town)	**Städte** (towns)
ein Land (a country)	**Länder** (countries)
eine Bank (a bank)	**Banken** (banks)
ein Beispiel (an example)	**Beispiele** (examples)
ein Kind (a child)	**Kinder** (children)

If there is an adjective between **alle, sämtliche, manche,** and the noun, an **-en** is added on. However, where the plural of the noun is used without any article or sim., the adjective is treated as though it were a definite article. We will study this in more detail later.

ein gutes Beispiel a good example	**alle guten Beispiele** all good examples	**gute Beispiele** good examples
ein gutes Kind a good child	**sämtliche guten Kinder** all of the good children	**gute Kinder** good children
eine kleine Schachtel a small box	**manche kleinen Schachteln** some small boxes	**kleine Schachteln** small boxes

However, adjectives coming after **einige, mehrere** and **viele** behave as though these words were not there.

ein neuer Mantel a new coat	**mehrere neue Mäntel** several new coats	**neue Mäntel** new coats
eine große Stadt a big town	**einige große Städte** some big towns	**große Städte** big towns
ein gutes Buch a good book	**viele gute Bücher** many good books	**gute Bücher** good books

3. VERBEN

HABEN
(hah-ben)
TO HAVE

ich habe	ich habe nicht	habe ich . . . ?
er/sie/es hat	er/sie/es hat nicht	hat er/sie/es . . . ?
Sie haben	Sie haben nicht	haben Sie . . . ?
(you, singular)		
wir haben	wir haben nicht	haben wir . . . ?
Sie haben	Sie haben nicht	haben Sie . . . ?
(you, plural)		
sie haben	sie haben nicht	haben sie . . . ?

Notice that **Sie** (you) spelt with a capital S can be used for addressing more than one person. The context will tell you whether **Sie** is meant in the singular or the plural.

sie, with a small s means they (either masculine, feminine or neuter). **Wir** means we.

Haben sie Tische?
Do they have any tables?

Haben Sie einen Kalender?
Do you have a calendar?

Wir haben mehrere Bekannte.
We have several acquaintances.

Sie haben keine Schachteln.
They have no boxes.

Haben wir sämtliche Bücher?
Do we have all of the books?

Sie haben einige gute Beispiele.
You have some good examples.

Note:	**Sie haben recht.**	**Sie hat recht.**
	You <u>are</u> right.	She <u>is</u> right.

GEBEN *(geh-ben)* TO GIVE		
ich gebe	ich gebe nicht	gebe ich . . . ?
er/sie/es gibt	er/sie/es gibt nicht	gibt er/sie/es . . . ?
Sie geben (you, singular)	Sie geben nicht	geben Sie . . . ?
wir geben	wir geben nicht	geben wir . . . ?
Sie geben (you, plural)	Sie geben nicht	geben Sie . . . ?
sie geben	sie geben nicht	geben sie . . . ?

Examples:

Sie gibt dem Freund eine Antwort.
She gives the friend (dative) an answer.

Wir geben dem Kind ein Radio.
We are giving the child (dative) a radio.

Geben Sie heute eine Party?
Are you giving a party today?

Der Lehrer gibt den Kindern eine gute Schulbildung.
The teacher is giving the children (dative) a good education.

Note: in German, the phrase with the dative usually comes before the phrase with the accusative:
we give <u>to</u> the child (dative) a radio (accusative).

4. THERE IS/THERE ARE

> **es gibt**
> *(ess gheebt)*
> there is/there are

This is a very common use of the verb **geben,** and differs from the English usage in that it can mean both "there is" and "there are".

Note: the article of the noun following **es gibt** must be in the accusative.

There are other ways of saying "there is" and "there are". These will be covered later in the book.

Examples:

Es gibt viel zu tun.
There is a lot to do.

Es gibt viele Fische im Meer.
There are a lot of fish in the sea.

Es gibt noch Kaffee.
There is still some coffee left.

Das gibt es nicht!
That is unheard of / I don't believe it!

Gibt es hier ein Telephon?   (**das Telephon:** the telephone)
Is there a telephone here?

5. THE PLURAL (CONTINUED)

The definite article
DER - DIE (singular) - **DAS**   **DIE** (plural)

Haben Sie <u>den</u> Schlüssel? Do you have the key?	**Haben Sie <u>die</u> Schlüssel?** Do you have the keys?
Ich habe <u>die</u> Tasche. I have the bag.	**Ich habe <u>die</u> Taschen.** I have the bags.
Er gibt Ulrike <u>das</u> Buch. He gives Ulrike the book.	**Er gibt Ulrike <u>die</u> Bücher.** He gives Ulrike the books.
Ich habe <u>den</u> Reisepaß. I have the passport.	**Wir haben <u>die</u> Reisepässe.** We have the passports.
Im Koffer ist <u>ein</u> Mantel. There is one coat in the suitcase.	**Im Koffer sind <u>zwei</u> Mäntel.** In the suitcase are two coats.

6. MORE PREPOSITIONS
- THROUGH, AROUND, WITHOUT, IN TO, FOR

The examples in the previous lesson showed prepositions which take the dative case, as well as two which sometimes take the dative when describing a stable state, <u>but</u> the accusative when describing a state of motion.

Now we will look at some more prepositions which take the accusative, as well as those two from last lesson.

Der Lehrer geht durch die Stadt.
The teacher goes through the town.

Ulrike reist ohne Reisepaß.
Ulrike travels without (her) passport.

Paul geht ins Theater.
Paul goes to the theater.

Herr Schmidt arbeitet rund um die Uhr.
Mr Schmidt is working around the clock.

Er hat einen Brief für den Lehrer.
He has a letter for the teacher.

Ich gehe ans Fenster.
I go to the window.

Note that **in, an** and **durch** together with **das** can be shortened to **ins, ans, durchs,** e.g. **durchs Restaurant** - through the restaurant, **ins Theater, ans Fenster.**

Durch *(doo-rkh),* **ohne** *(oh-neh),* **um** *(oom)* always take the accusative, **in** and **an** also take the dative when no motion is implied.

<u>Es handelt sich um</u> - *(ess han-dellt seekh oom)* is a frequently used expression which literally means "it is a matter of / it concerns." It can be used to enlarge on or explain something just said, like we say "I am talking about . . ." or "I mean . . . ," or even "it is" or "they are" depending on the context.

. . . es handelt sich um einige Kollegen vom Büro.
. . . that is to say, some colleagues from the office / They are some colleagues from the office.

Es handelt sich um eine wichtige Sache.   (**die Sache:** the thing, affair)
It is about something important.

The verb **handeln** by itself means "to take action" and is a regular verb.

7. THE GENITIVE

The genitive is used in German to express the meaning "of" or "belonging to."

When the genitive is used with proper names only, an s is added.

Examples

Herrn Schmidts Schlüssel
Mr Schmidt's key

Ulrikes Tasche
Ulrike's bag

Pauls Buch
Paul's book

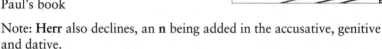

Note: **Herr** also declines, an **n** being added in the accusative, genitive and dative.

The masculine and neuter definite article in the genitive change to **des** and an -s or -es is added to most nouns.

The feminine definite article in the genitive changes to **der,** as does the plural and nothing is added to the noun. The indefinite articles follow the same pattern.

Examples:

masculine

der Schreibtisch des Lehrers
the desk of the teacher

der Schreibtisch eines Lehrers
a teacher's desk

der Preis des Kugelschreibers
the price of the pen

der Preis eines Kugelschreibers
the price of a pen

das Gewicht des Koffers
the weight of the suitcase

das Gewicht eines Koffers
the weight of a suitcase

die Größe des Mantels
the size of the overcoat

die Größe eines Mantels
the size of an overcoat

feminine

der Preis der Tasche
the price of the bag

der Preis einer Tasche
the price of a bag

neuter

die Zahl der Bücher
the number of the books

die Zahl dieser Bücher
the number of these books

The ending of adjectives with a definite or indefinite article in the genitive is always -en.

For example:

masculine   des großen Schreibtisches
             of the big desk

feminine   der teuren Tasche
             of the expensive bag

neuter   des interessanten Buches
             of the interesting book

plural   der kleinen Städte
             of the small towns

The meaning "of" can also be expressed with the preposition "von" and the dative.

Von also means from.

masculine   von dem großen Schreibtisch
             of / from the big desk

feminine   von der teuren Tasche
             of / from the expensive bag

neuter   von dem neuen Haus
             of / from the new house

plural   von den kleinen Städten
             of / from the small towns

Study the system of genders and case endings carefully. They are essential for you to be able to make sense of a German sentence or phrase.

If you are not sure, look at them again!

8. NUMBERS

BITTE ZÄHLEN SIE!
COUNT PLEASE!

1	2	3	4	5
(eyents	*ts-veye*	*dry*	*feer*	*fewnf)*
eins	zwei	drei	vier	fünf
one	two	three	four	five
6	7	8	9	10
zekhs	*zee-ben*	*akht*	*noyn*	*tsehn)*
sechs	sieben	acht	neun	zehn
six	seven	eight	nine	ten

In dieser Schachtel sind sieben Kugelschreiber.
There are seven pens in this box.

Sind wir jetzt auf Seite vier? Nein.
Are we now on page four? No.

20	25
(ts-van-tseeg)	*(fewnf oont ts-van-tseeg)*
zwanzig	fünfundzwanzig

Note that in German, the model for the numbers from 21 to 99 is "five and twenty."

Ulrike hat fünfundzwanzig Mark in der Tasche.
Ulrike has twenty five German marks in the (her) bag.

More on this later.

9. WIEVIEL UHR IST ES? (WHAT TIME IS IT?)

Es ist ein Uhr.
It is one o'clock.

Es ist zwei Uhr.
It is two o'clock / it's two.

Es ist fünf Minuten nach zwei.
It is five minutes past two / five past two.

zehn Minuten nach zwei
ten minutes past two / ten past two

Es ist Viertel nach zwei.
It is a quarter past two.

Es ist zwanzig Minuten nach zwei.
It is twenty past two.

fünfundzwanzig Minuten nach zwei/fünf vor halb drei
twenty five past two

Es ist halb drei.
It is half past two.

Es ist fünf Minuten vor vier.
It is five minutes to four.

zehn Minuten vor vier
ten minutes to four

Viertel vor vier
a quarter to four

zwanzig Minuten vor vier
twenty minutes to four

fünfundzwanzig Minuten vor vier/fünf nach halb vier
twenty-five to four

Es ist drei Uhr.
It is three o'clock.

vier Uhr
four o'clock

fünf Uhr
five o'clock

sechs Uhr
six o'clock

sieben Uhr
seven o'clock

acht Uhr
eight o'clock

neun Uhr
nine o'clock

Viertel vor zehn
a quarter to ten

There are several ways of saying time of day in German:
morgens is used for "in the morning" (before work starts, e.g. before 9.00 a.m.).
vormittags is used for the period before lunch (usually before 1.00 p.m.).
mittags is used for the period between 1.00 p.m. and 3.00 p.m.
nachmittags means "in the afternoon" or "p.m." as in English.
abends means "in the evening" or "p.m." as in English.
nachts means by night.

Thus
Sieben Uhr morgens = 7:00 a.m.
Elf Uhr vormittags = 11:00 a.m.
Halb vier Uhr nachmittags = 3:30 p.m.
Viertel vor acht abends = 7:45 p.m.

To say at one o'clock etc. place **um** before the time:

Um fünf nach halb zehn vormittags.
At twenty-five to ten in the morning.

Nachmittags um zwanzig vor vier.
At twenty minutes to four in the afternoon.

Note: **Das ist eine Uhr.**
          That is a clock.

          Es ist ein Uhr.
          It is one o'clock

10. VERBEN

SEIN (FORTSETZUNG)
(zeye-n fort-zet-tsoong)
TO BE (continued)

ich bin	ich bin nicht	bin ich . . . ?
er/sie/es ist	er/sie/es ist nicht	ist er/sie/es . . . ?
Sie sind	Sie sind nicht	sind Sie . . . ?
wir sind	wir sind nicht	sind wir . . . ?
Sie sind	Sie sind nicht	sind Sie . . . ?
sie sind	sie sind nicht	sind sie . . . ?

Wir sind nicht müde.
We are not tired.

Wir sind nicht in Frankfurt.
We are not in Frankfurt.

Guten Tag! Sind Sie Wolfgang und Ulrike?
Hello! Are you Wolfgang and Ulrike?

Wolfgang und Ulrike sind keine Franzosen. Sie sind Deutsche.
Wolfgang and Ulrike are not French. They are Germans.

11. DIES IST/DIES SIND
DAS IST/DAS SIND

dies ist this is	dies sind these are
das ist that is	das sind those are
Das ist ein gutes Haus. That is a good house.	Das sind gute Häuser. Those are good houses.
Dies ist Pauls Buch. This is Paul's book.	Das sind Pauls Bücher. Those are Paul's books.
Das ist ein großer Koffer. That is a big suitcase.	Das sind große Koffer (plural). Those are big suitcases.
Dies ist eine neue Tasche. This is a new bag.	Das sind neue Taschen. These are new bags.

12. DIES IST NICHT/DIES SIND NICHT
DAS IST NICHT/DAS SIND NICHT

dies ist nicht this is not	dies sind nicht these are not
das ist nicht that is not	das sind nicht those are not
Das ist nicht Ulrikes Rock. That is not Ulrike's skirt.	Das sind nicht Ulrikes Röcke. Those are not Ulrike's skirts.
Dies ist keine neue Tasche. This is not a new bag.	Dies sind keine neuen Taschen. These are not new bags.

Dies ist nicht der richtige Mann.
This is not the right man.

Dies sind nicht die richtigen
Männer.
These are not the right men.

Das ist keine große Stadt.
That is not a big town.

Das sind keine großen Städte.
Those are not big towns.

Sind dies die Schlüssel des Büros?
Are these the keys to [literally: of] the office?

Nein, dies sind nicht die Schlüssel des Büros.
No, these are not the keys of the office.

Sind das deutsche Reisepässe?
Are those German passports?

Nein, das sind keine deutschen Reisepässe.
No, those are not German passports.

13. ADJECTIVES WITH NOUNS - A SUMMARY

If the adjective in a sentence is in another part of the sentence from the noun, then it does not change.

If one (or more) adjectives are placed immediately between a noun and its <u>indefinite</u> article, then an -er is added on in the masculine nominative; an -e is added on to it in the feminine nominative and accusative; an -es is added on in the neuter nominative and accusative.

Otherwise an -en is added on to it in both singular and plural.

If one (or more) adjectives are placed between a noun and its <u>definite</u> article, then an -e is added on to it in the masculine, feminine and neuter nominative, and the feminine and neuter accusative.
Otherwise, -en is added on to it (them) in both the singular and the plural.
If one or more adjectives are placed before a noun <u>without either a definite or an indefinite article</u>, all adjectives are declined in the same way.

Dieser, jener and welcher (singular and plural), aller, manche, sämtliche behave as definite articles, except that dieses, jenes, and welches, equate to das.

Adjectives after einige, mehrere, and alle behave as though these words were not there.

Examples:

Der Koffer ist groß.
The suitcase is big.

Es ist ein großer Koffer.
It is a big suitcase.

Er hat einen großen Koffer.
He has a big suitcase.

Die Stadt ist klein.
The town is small.

Es ist eine kleine Stadt.
It is a small town.

Sie kommt aus der kleinen Stadt.
She comes from the small town.

Das Büro ist neu.
The office is new.

Es ist ein neues Büro.
It is a new office.

Er hat ein neues Büro.
He has a new office.

Die Bücher sind alt.
The books are old.

Es sind alte Bücher.
They are old books.

Sie hat manche alten Bücher.
She has some old books / many an old book.

14. VERBEN

<table>
<tr><td colspan="3">GEHEN
to go</td></tr>
<tr><td>ich gehe</td><td>ich gehe nicht</td><td>gehe ich . . . ?</td></tr>
<tr><td>Sie gehen
(you, sing.)</td><td>Sie gehen nicht</td><td>gehen Sie . . . ?</td></tr>
<tr><td>er/sie/es geht</td><td>er/sie/es geht nicht</td><td>geht er/sie/es . . . ?</td></tr>
<tr><td>wir gehen</td><td>wir gehen nicht</td><td>gehen wir . . . ?</td></tr>
<tr><td>Sie gehen
(you, plural)</td><td>Sie gehen nicht</td><td>gehen Sie . . . ?</td></tr>
<tr><td>sie gehen</td><td>sie gehen nicht</td><td>gehen sie . . . ?</td></tr>
</table>

Wohin gehen Sie?
Where are you going?

Wir gehen nach Hause.
We are going home.

Note: **Es geht nicht.**
It is not acceptable.

Die Uhr geht nicht.
The clock is not working.

<table>
<tr><td colspan="3">KOMMEN
to come</td></tr>
<tr><td>ich komme</td><td>ich komme nicht</td><td>komme ich . . . ?</td></tr>
<tr><td>Sie kommen
(you, sing.)</td><td>Sie kommen nicht</td><td>kommen Sie . . . ?</td></tr>
<tr><td>er/sie/es kommt</td><td>er/sie/es kommt nicht</td><td>kommt er/sie/es . . . ?</td></tr>
<tr><td>wir kommen</td><td>wir kommen nicht</td><td>kommen wir . . . ?</td></tr>
<tr><td>Sie kommen
(you, plural)</td><td>Sie kommen nicht</td><td>kommen Sie . . . ?</td></tr>
<tr><td>sie kommen</td><td>sie kommen nicht</td><td>kommen sie . . . ?</td></tr>
</table>

Kommen Sie mit?
Are you coming with me / us?

Claras Bekannte kommen um halb sieben.
Clara's friends are coming at half past six.

Wir kommen um acht Uhr morgens ins Büro.
We come to the office at eight o'clock in the morning.

das Telephon (also spelt **Telefon**): the telephone
am Telephon: on the phone
ans Telephon gehen: to go and answer the phone
telephonieren: to telephone
Note: **Frau Schmidt telephoniert mit Heidi.**
Frau Schmidt talks with Heidi on the phone.

das Haus: the house
zu Hause: at home
nach Hause gehen: to go home
das Theater: the theater
ins Theater gehen: to go to the theater
der Bekannte: the (male) acquaintance, someone you know
die Bekannte: the (female) acquaintance, someone you know
heute: today
gestern: yesterday
morgen: tomorrow
der Abend: the evening
heute abend: this evening
einige: some
der Tag: the day
(der) Donnerstag: Thursday
(der) Freitag: Friday
das kann nicht sein!: it can't be!
der Kalender: the calendar
möglich: possible
schon: already
Sie haben recht: you are right
wieso denn?: what do you mean?
der Freund: close friend (male)
die Freundin: close friend (female)
das heißt: that is to say / that means

mit (+ dative) **verabredet sein:** to have arranged to meet x / to have an appointment with x
es handelt sich um . . . : it is a matter of / we are talking about . . . (+ accusative)
der Kollege: the colleague, coworker (male)
die Kollegin: the colleague, coworker (female)
nett: nice, kind
die Leute (plural): people
schön: beautiful, nice
wo gehen sie hin?: where are they going to?

wie: how
danke: thank you, no thank you (depending on the context)
zuerst: first of all
anschließend: subsequently, after that, adjacent to
müde: tired
schade: it is a pity / what a pity
das Restaurant: the restaurant
der Ku-damm: the Kurfürstendamm (street in Berlin)
auf Wiederhören!: goodbye (said on the telephone)
das Vergnügen: pleasure, enjoyment
viel Vergnügen!: enjoy yourself / yourselves
die Aussprache: the pronunciation
Sie müssen aber bald los!: you will soon have to be going
die Schulbildung: the education, received in school
es gibt: there is / there are (+ accusative)
der Fisch: the fish
das Meer: the sea, ocean
die Mehrzahl: the plural
die Zahl: the number
einige: some, several, a few
manche: some, many a
viele: many
sämtliche: all of the, the entire number of
alle: all
mehrere: several, sundry
weitere: further, additional, more
die Präposition: the preposition
der Genitiv: the genitive
die Fortsetzung: the continuation
durch: through (+ accusative)
um: around (+ accusative)
ohne: without (+accusative)
rund: round
rund um: all around, about
der Brief: the letter
das Fenster: the window
wichtig: important, weighty
der Preis: the price
das Gewicht: the weight
die Größe: the size
teuer: expensive
interessant: interesting
zählen: to count
zwanzig: twenty

fünfundzwanzig: twenty five
zahlen: to pay
die Seite: side, page
Wieviel Uhr ist es?: What time is it?
die Uhr: time, hour, clock, timepiece
halb: half
morgens: before work starts (e.g. before 9.00 a.m.)
vormittags: in the morning, a.m., before lunch (e.g. before 1.00 p.m.)
mittags: after midday (between 1.00 p.m. and 3.00 p.m.)
nachmittags: in the afternoon, p.m.
abends: in the evening, p.m.
nachts: by night
wann?: when?
richtig: right, correct
natürlich: naturally, of course

ÜBUNGEN

1. ZÄHLEN SIE VON EINS BIS ZEHN (AUF DEUTSCH, NATÜRLICH):
Count from 1 to 10 (in German, of course!).

2. WIEVIEL UHR IST ES?

1. A quarter to ten.

2. Half past seven.

3. Five to one.

4. Five twenty.

5. Twenty five to nine.

3. BITTE ANTWORTEN SIE!
Go through the dialog at the beginning of the lesson and answer
these questions:

1. Ist Frau Schmidt zu Hause oder in der U-Bahn?

2. Telephoniert sie mit Herrn Schmidt oder mit einer Bekannten?

3. Arbeitet diese Bekannte in einem Büro?

4. Hat sie einen Kalender?

5. Wo ist der Kalender?

6. Ist sie mit einigen Bekannten verabredet?

7. Wann ist sie verabredet? Abends oder vormittags?

8. An welchem Abend ist sie verabredet?

9. Sind die Kollegen nette Leute?

10. Wo gehen sie hin?

11. Wo ist das Restaurant?

12. Wann kommen die Kollegen vom Büro?

IM BÜRO

AT THE OFFICE

der Chef	Guten Morgen, Herr Heinz! Sie sind sehr pünktlich heute.
	Good morning, Mr. Heinz! You are very punctual today.
der Büroangestellte	Guten Morgen, Herr Busch! Ja, ich fange immer sehr früh an.
	Good morning, Mr. Busch. Yes, I always start very early.
der Chef	Sie haben heute eine ganze Menge Arbeit.
	You have a whole lot of work today.
der Büroangestellte	Ja, ich weiß. Wir müssen diese Briefe absenden.
	Yes, I know. We must send these letters off.
der Chef	Wie viele Briefe müssen wir absenden?

How many letters must we send off?

der Büroangestellte **Es sind hundertfünfundzwanzig Briefe, Herr Busch.**
There are one hundred and twenty-five letters, Mr. Busch.

der Chef **Hundertfünfundzwanzig! Da haben Sie viel Arbeit!**
One hundred and twenty-five! You have a lot of work there!

der Büroangestellte **Mit Hilfe des Computers geht das sehr schnell. Wir können diese Briefe als Fax senden.**
With the aid of the computer, it can be done very quickly. We can send these letters off by fax.

der Chef **Wunderbar! Also, fangen Sie damit sofort an! Haben Sie die Kundenliste?**
Great! So, get on with it at once! Do you have the customer list?

der Büroangestellte **Jawohl, Herr Busch! Ich habe die Kundenliste einschließlich der Telefax-Nummern.**
Yes, I do, Mr. Busch. I have the customer list including the fax numbers.

der Chef **Ausgezeichnet! Und rufen Sie bitte außerdem meine Sekretärin. Sie meldet sich nicht am Telephon.**
Excellent! And as well as that, please call my secretary. She is not answering her phone.

der Büroangestellte **Ich mache es sofort!**
I will do it right away!

1. DIE AUSSPRACHE

der Chef *(dair sheff)*
der Büroangestellte *(dair bew-roh-an-geh-shtell-teh)*
pünktlich *(pewnkt-leekh)*
Busch *(boosh)*
immer *(eem-mer)*
eine ganze Menge *(eye-neh gan-tseh men-geh)*
ich weiß *(ikh vice)*
senden *(zen-den)*
müssen *(mew-ssen)*
hundert *(hoon-dert)*
mit Hilfe des Computers *(meet heel-feh dess kom-pew-ters)*
schnell *(sshnell)*
können *(kunn-nen)*
als Fax *(als fax)*
fangen *(fan-ghen)*
sofort *(zoh-fort)*
damit *(dah-mitt)*
wunderbar *(voon-dair-bar)*
die Kundenliste *(dee koon-den-lees-teh)*
einschließlich *(eyen-sshleess-leekh)*
ausgezeichnet *(owss-geh-tseyekh-nett)*
außerdem *(auss-air-dame)*
die Sekretärin *(sekk-reh-tair-in)*
rufen *(rooffen)*
sie meldet sich nicht *(zee mell-det zeekh neehkt)*

2. VERBEN

WISSEN
(viss-sen)
TO KNOW (SOMETHING)

ich weiß	ich weiß nicht	weiß ich . . . ?
er/sie/es weiß	er/sie/es weiß nicht	weiß er/sie/es . . . ?
Sie wissen	Sie wissen nicht	wissen Sie . . . ?
wir wissen	wir wissen nicht	wissen wir . . . ?
Sie wissen	Sie wissen nicht	wissen Sie . . . ?
sie wissen	sie wissen nicht	wissen sie . . . ?

Er weiß Bescheid.
He knows all about it.

Wir wissen nichts damit anzufangen.
We do not know where to start / we do not know what to make of it.

Wissen Sie, wo meine Sekretärin ist?
Do you know where my secretary is?

Ja, ich weiß schon.
Yes, I know.

Ich weiß nicht recht.
I am not sure.

Was weiß ich?
How should I know? / Beats me!

Wissen Sie, wann Ulrike nach München fliegt?
Do you know when Ulrike is flying to Munich?

When the verb "to know" refers to people (i.e. to know a person), it is translated by another verb: **KENNEN**. We will come back to this in a later lesson.

KÖNNEN *(kunn-nen)* CAN / TO BE ABLE TO		
ich kann	ich kann nicht	kann ich . . . ?
er/sie/es kann	er /sie/es kann nicht	kann er/sie/es . . . ?
Sie können	Sie können nicht	können Sie . . . ?
wir können	wir können nicht	können wir . . . ?
Sie können	Sie können nicht	können Sie . . . ?
sie können	sie können nicht	können sie . . . ?

The verb **können** is usually used with the infinitive of another verb. It is one of a number of so-called *auxiliary verbs*. It can however be used on its own in colloquial expressions.

Note that when **können** is used in conjunction with the infinitive of another verb, it sends that verb to the <u>end</u> of the sentence or clause. See the third, fourth and fifth examples.

Paul kann Deutsch.
Paul is able (to speak) German.

Können Sie kommen?
Can you come?

Wir können mit der U-Bahn fahren.
We can travel on the subway.

Wir können diese Briefe als Fax senden.
We can send these letters off by fax.

Das Kind kann schon sprechen.
The child can already speak.

MÜSSEN
(mew-ssen)
MUST / TO HAVE TO

ich muß	ich muß nicht	muß ich . . . ?
er/sie/es muß	er /sie/es muß nicht	muß er/sie/es . . . ?
Sie müssen	Sie müssen nicht	müssen Sie . . . ?
wir müssen	wir müssen nicht	müssen wir . . . ?
Sie müssen	Sie müssen nicht	müssen Sie . . . ?
sie müssen	sie müssen nicht	müssen sie . . . ?

The verb **müssen** is used with the infinitive of another verb, but can also be used by itself in colloquial expressions, like **können**. It also sends the other verb to the <u>end</u> of the sentence or clause. See the, third, fourth and fifth examples.

Ich muß nach Berlin.
I have to go to Berlin.

Sie muß nach Hause.
She has to go home.

Ich muß diese Briefe absenden.
I must send these letters off.

Wir müssen sehr pünktlich sein.
We must be very punctual.

Er muß bald kommen.
He must come soon / It's time he was here.

3. NUMBERS (CONTINUED)

11	12	13	14	15
(elf	*tsv-ullf*	*dry-tsehn*	*feer-tsehn*	*fewnf-tsehn)*
elf	**zwölf**	**dreizehn**	**vierzehn**	**fünfzehn**
eleven	twelve	thirteen	fourteen	fifteen

16	17	18	19	
(zekh-tsehn	*zeep-tsehn*	*akht-tsehn*	*noyn-tsehn)*	
sechzehn	**siebzehn**	**achtzehn**	**neunzehn**	
sixteen	seventeen	eighteen	nineteen	

20	30	40	50	60
(tsvan-tsikh	*dry-tsikh*	*feer-tsikh*	*fewnf-tsikh*	*zekh-tsikh)*
zwanzig	**dreißig**	**vierzig**	**fünfzig**	**sechzig**
twenty	thirty	forty	fifty	sixty

70	80	90	100	
(zeep-tsikh	*akht-tsikh*	*noyn-tsikh*	*hoon-dairt)*	
siebzig	**achtzig**	**neunzig**	**hundert**	
seventy	eighty	ninety	a hundred	

125	150
(hoon-dairt fewnf oont tsvann-tsikh)	*(hoon-dairt fewnf-tsikh)*
hundertfünfundzwanzig	**hundertfünfzig**
a hundred and twenty-five	a hundred and fifty

Note: Numbers up to nine hundred and ninety nine are written as <u>one</u> word.

4. WIEVIEL . . . ?

wieviel?
how many?/how much?

Wie viele Briefe sind auf dem Schreibtisch?
How many letters are on the desk?

Wie viele Einwohner hat die Stadt?
How many inhabitants does the town have?

Wir wissen nicht, wie viele Angestellten in diesem Büro arbeiten.
We do not know how many employees work in this office.

Wieviel bin ich Ihnen schuldig?
How much do I owe you?

Wieviel Geld haben Sie?
How much money do you have?

Wieviel Arbeit?
How much work?

Wieviel is split into two words and declined (i.e. it takes an ending), when the noun is countable (e.g. Briefe).

It is one word and undeclined when the noun is not countable (e.g. Geld, in the fourth and fifth examples).

In the same way, the word viel is also declined when the noun is countable and undeclined when the noun is not countable.

Examples:

Viel Arbeit.
A lot of work.

Viele Bücher.
Many books.

5. VERBEN

HEIßEN
(heye-ssen)
TO BE CALLED, TO NAME

ich heiße	ich heiße nicht	heiße ich . . . ?
Sie heißen	Sie heißen nicht	heißen Sie . . . ?
er/sie/es heißt	er/sie/es heißt nicht	heißt er/sie/es . . . ?
wir heißen	wir heißen nicht	heißen wir . . . ?
Sie heißen	Sie heißen nicht	heißen Sie . . . ?
sie heißen	sie heißen nicht	heißen sie . . . ?

Der junge Mann heißt Paul.   **Er heißt Paul.**
The young man's name is Paul.   He is called Paul.

Heißen Sie Thomas Schmidt?
Is your name Thomas Schmidt?

Wie heißen Sie?　　　　　　　　**Ich heiße Ulrike.**
What is your name?　　　　　　　　My name is Ulrike.

Das heißt, wir müssen nicht gehen.
That is to say, we do not have to go.

Note: "Das heißt" is the equivalent of "i.e." in English.

It is often abbreviated to **d.h.**

SENDEN
(zenn-den)
TO SEND

ich sende	ich sende nicht	sende ich . . . ?
Sie senden	Sie senden nicht	senden Sie . . . ?
er/sie/es sendet	er/sie/es sendet nicht	sendet er/sie/es . . . ?
wir senden	wir senden nicht	senden wir . . . ?
Sie senden	Sie senden nicht	senden Sie . . . ?
sie senden	sie senden nicht	senden sie . . . ?

Senden Sie diesen Brief per Einschreiben?
Are you sending this letter by registered mail?

Der Angestellte sendet die Briefe als Fax.
The employee is sending the letters by fax.

absenden means "to send off" and behaves like **anfangen** below:

ANFANGEN
(ann-fan-ghen)
TO BEGIN / TO START

Anfangen is one of a large number of verbs in German which are
formed from a base verb (in this case **fangen** - to catch) plus a
preposition (**an**). The verb splits into its two parts in sentences with
<u>normal word order</u>*, and the preposition part of the verb usually
goes to the end of the sentence, except in some colloquial expressions
and where the verb is at the end of the sentence already.

*Other grammatical rules can change normal word order. These will
be explained later in the book.

ich fange an	ich fange nicht an	fange ich . . . an?
er/sie/es fängt an	er/sie/es fängt nicht an	fängt er/sie/es . . . an?
Sie fangen an	Sie fangen nicht an	fangen Sie . . . an?
wir fangen an	wir fangen nicht an	fangen wir . . . an?
Sie fangen an	Sie fangen nicht an	fangen Sie . . . an?
sie fangen an	sie fangen nicht an	fangen sie . . . an?

Sie fängt an zu sprechen.
She is beginning to speak.

Die Büroangestellten müssen pünktlich anfangen.
The office workers must start punctually.

Wann fängt die Schule an?
When does school begin?

Es fängt an zu regnen.
It is beginning to rain.

Fangen wir jetzt an!
Let's start now!

An opposite of __anfangen__ is:

SCHLIEßEN
(sshlee-ssen)
TO CLOSE / TO SHUT / TO END

ich schließe	ich schließe nicht	schließe ich . . . ?
er/sie/es schließt	er/sie/es schließt nicht	schließt er/sie/es .?
Sie schließen	Sie schließen nicht	schließen Sie . . . ?
wir schließen	wir schließen nicht	schließen wir . . . ?
Sie schließen	Sie schließen nicht	schließen Sie . . . ?
sie schließen	sie schließen nicht	schließen sie . . . ?

Wann schließt das Büro?
When does the office close?

Wir schließen um sechs Uhr abends.
We close at six o'clock in the evening.

6. DIESER / DIESE / DIESES / DIESE

We have already seen that "this" is translated in German

Nominative	Accusative	Genitive	Dative
dieser	diesen	dieses	diesem
when the following noun is *masculine*			
diese	diese	dieser	dieser
when the following noun is *feminine*			
dieses	dieses	dieses	diesem
when the following noun is *neuter*			
diese	diese	dieser	diesen
when the following noun is *plural*			

Wer ist dieser Herr?
Who is this gentleman?

Ulrike arbeitet in einer Bank. Diese Bank ist in Berlin.
Ulrike works in a bank. This bank is in Berlin.

Am Ende dieses Jahres.
At the end of this year.

Diese Tasche ist besser als jene.
This bag is better than that one.

The equivalent plural forms are:

Wer sind diese Kolleginnen?
Who are these (female) colleagues?

Muß ich diese Briefe schreiben?
Must I write these letters?

Was ist das Gewicht dieser Bücher?   (das Gewicht: the weight)
What is the weight of these books?

Geben Sie diesen Kindern je einen Apfel! (der Apfel: the apple)
Give these children an apple each.   (je: each)
(je einen Apfel: an apple each)

7. DER IMPERATIV

Bitte, fangen Sie an!
Please begin!

Rufen Sie meine Sekretärin!
Call my secretary!

Kommen Sie hierher!
Come here!

Gehen Sie nicht dorthin!
Don't go there!

Lernen Sie diese Wörter!
Learn these words!

Fahren Sie mit dem Taxi!
Go by taxi!

Bitte beantworten Sie diese Frage!   (beantworten:
Please answer this question!   to answer (something))

Schließen Sie das Fenster!
Close the window!

Senden Sie diese Briefe ab!
Send these letters off!

Wiederholen Sie die Lektion!
Repeat the lesson!

What do all these have in common? They are all commands. They are the command (or imperative) form of the verbs:

anfangen, rufen, kommen, gehen, lernen, fahren, beantworten, absenden, schließen, wiederholen

This imperative is identical with the "Sie" form of the verb.

It can also be used with the "wir" form.

Gehen wir!	**Fahren wir hin!**	**Fangen wir an!**
Let's go!	Let's drive there!	Let's begin!

WORTSCHATZ

der Chef: the boss
der Büroangestellte: the office worker, employee
der Angestellte: salaried employee, white collar worker
pünktlich: punctual, on time

die Menge: the quantity
eine ganze Menge: a whole lot
absenden: to send off
senden: to send
wissen: to know
wieviel?: how much?
wie viele?: how many?
das Hundert: the hundred
da haben Sie viel Arbeit: you have a lot of work there
da: there
hier und da: here and there
der Computer: the computer
das Telefax / Fax: the fax
als / per Fax: by fax
wunderbar *(voon-dair-bar)*: wonderful, great
mit Hilfe (+ genitive): with the aid of
die Kundenliste: the customer list
der Kunde: the customer (male)
die Kundin: the customer (female)
die Liste: the list
die Nummer: the number, issue
ausgezeichnet: excellent
außerdem: as well as that, besides
rufen: to call
die Sekretärin: the secretary
sie meldet sich nicht: she is not answering her phone
jawohl: yes, indeed!
sofort: immediately
Bescheid wissen über (+ accusative): to know all about, to be informed
schon: already
kennen: to know (a person, a place)
können: can, to be able
müssen: must, to have to
mitkommen: to come along
nach Hause gehen: to go home
schuldig: owing, guilty
wieviel bin ich Ihnen schuldig?: how much do I owe you?
der Einwohner: the inhabitant
heißen: to name, to be called
das heißt: i.e., that is
die Frage beantworten: to answer the question
beantworten: to answer
der Apfel: the apple

je: each
anfangen: to begin
schließen: to close, shut, end
das Jahr: the year
besser: better
hierher: here (towards the speaker)
dorthin: there (away from the speaker)
das Wort: the word

elf: eleven
zwölf: twelve
dreizehn: thirteen
vierzehn: fourteen
fünfzehn: fifteen
sechzehn: sixteen
siebzehn: seventeen
achtzehn: eighteen
neunzehn: nineteen
zwanzig: twenty
dreißig: thirty
vierzig: forty
fünfzig: fifty
sechzig: sixty
siebzig: seventy
achtzig: eighty
neunzig: ninety
hundert: a hundred
hundertfünfundzwanzig: a hundred and twenty-five
das Hundert: the hundred

ÜBUNGEN

1. ZÄHLEN SIE VON EINS BIS ZWANZIG!

2. SCHREIBEN SIE!
(shreye-ben zee)
WRITE DOWN

23 <u>dreiundzwanzig</u>   35 _____

25 _____   40 _____

30 _____   57 _____

60 _____	90 _____
64 _____	99 _____
70 _____	100 _____
80 _____	122 _____

3. BEANTWORTEN SIE DIESE FRAGEN!
(refer to the dialog at the beginning of the lesson)

1. Ist der Büroangestellte pünktlich?

2. Hat er heute viel Arbeit?

3. Muß der Büroangestellte Briefe oder Schachteln absenden?

4. Wie viele Briefe sind es?

5. Kann er die Briefe als Fax senden?

6. Gibt es einen Computer im Büro?

7. Hat der Büroangestellte eine Kundenliste?

8. Was muß er außerdem tun?

WIEDERHOLUNG DER LEKTIONEN 1 BIS 5
REVIEW OF LESSONS 1 TO 5

1. LESEN SIE DIE GESPRÄCHE 1 BIS 5 LAUT!

Read conversations 1 to 5 out loud.

Gespräch 1 GUTEN TAG!

Herr Schmidt	Guten Tag, Paul!
Paul	Guten Tag, Herr Schmidt! Wie geht es Ihnen?
Herr Schmidt	Danke, mir geht es gut. Und wie geht es Ihnen, Paul?
Paul	Sehr gut, danke.
Herr Schmidt	Eine Frage, Paul!
Paul	Ja?
Herr Schmidt	Was ist das? Ist das ein Kugelschreiber?
Paul	Ja. Das ist ein Kugelschreiber.
Herr Schmidt	Und dies? Ist dies ein Kugelschreiber oder ein Schlüssel?
Paul	Dies ist ein Schlüssel!
Herr Schmidt	Richtig! Aber ist das <u>auch</u> ein Schlüssel?
Paul	Nein. Das ist kein Schlüssel!
Herr Schmidt	Und was ist das?
Paul	Das ist ein Buch! Es ist ein deutsches Buch.
Herr Schmidt	Sehr gut, Paul! Auf Wiedersehen!
Paul	Auf Wiedersehen, Herr Schmidt! Bis demnächst!

Gespräch 2 DARF ICH VORSTELLEN ...

Herr Schmidt	Guten Tag! Ich bin Thomas Schmidt. Und wer sind Sie?
Frau Constanze	Ich bin Ulrike Constanze. Ich bin Deutsche. Und Sie?
Herr Schmidt	Ich bin kein Deutscher. Ich bin kein Holländer und auch kein Engländer!
Frau Constanze	Was sind Sie denn?
Herr Schmidt	Ich bin Österreicher. Aber ich wohne in Berlin. Wo kommen Sie her?
Frau Constanze	Ich bin aus Hamburg. Jetzt arbeite ich hier in Berlin, in einer Bank. Es ist eine sehr große Bank. Wo arbeiten Sie?
Herr Schmidt	Ich arbeite in einer Schule. Ich bin Lehrer.
Frau Constanze	Und wer ist dieser junge Mann?
Herr Schmidt	Er heißt Paul. Er lernt Deutsch. Paul! Paul, bitte kommen Sie her!
Paul	Guten Tag, Herr Schmidt! Guten Tag!
Herr Schmidt	Frau Constanze, darf ich Ihnen Paul vorstellen. Paul, darf ich Ihnen Frau Constanze vorstellen.
Paul	Freut mich sehr!
Frau Constanze	Freut mich sehr!

Gespräch 3 ULRIKE MACHT EINE REISE

Paul	Ulrike, haben Sie Ihr Ticket?
Ulrike	Ja, Paul. Ich habe ein Lufthansa-Ticket in der Tasche.
Paul	Sie haben auch einen Koffer, nicht wahr?
Ulrike	Ja, selbstverständlich! Ich reise immer mit einem großen Koffer. In dem Koffer sind ein Rock, ein Mantel sowie zwei oder drei Pullover und so weiter.
Paul	Haben Sie einen Reisepaß?
Ulrike	Nein, ich habe keinen Reisepaß, nur einen Personalausweis.
Paul	Ach so! Und wohin fliegen Sie? Nach Frankfurt?
Ulrike	Nein, ich fliege nicht nach Frankfurt. Ich fliege nach München.
Paul	Wollen Sie mit der U-Bahn zum Flughafen fahren?
Ulrike	Nein, ich fahre mit dem Taxi.
Paul	Und wann reisen Sie? Heute?
Ulrike	Nein, ich reise morgen nachmittag.
Paul	Um wieviel Uhr?
Ulrike	Um drei Uhr. Aber Sie wollen wirklich alles wissen, Paul!
Paul	Warum nicht! Sie kommen bald zurück, nicht wahr?

Ulrike	Ja, ich bin in einer Woche zurück. Ich habe hier viel zu tun. Noch etwas?
Paul	Ja. Gute Reise, Ulrike. Auf Wiedersehen!
Ulrike	Auf Wiedersehen, Paul!

Gespräch 4 AM TELEPHON

Frau Schmidt	Heidi? Guten Abend! Wie geht es Ihnen? .... Danke, mir geht es gut. Ich bin zu Hause. Sagen Sie mal - welchen Tag haben wir heute? Ist es nicht Donnerstag?
Heidi	Donnerstag? Das kann nicht sein! Heute ist nicht Donnerstag. Mein Kalender zeigt schon Freitag.
Frau Schmidt	Schon Freitag? Ist das möglich? Ja, Sie haben recht.
Heidi	Wieso denn?
Frau Schmidt	Heute abend sind wir, das heißt Thomas und ich, mit einigen Bekannten verabredet. Es handelt sich um einige Kollegen vom Büro. Das sind sehr nette Leute.
Heidi	Wie schön! Und wohin gehen Sie?
Frau Schmidt	Zuerst gehen wir ins Theater. Kommen Sie mit?
Heidi	Danke. Ich will heute abend nicht ins Theater. Ich bin sehr müde.
Frau Schmidt	Schade! Wir gehen ins Schiller - Theater. Anschließend essen wir in einem Restaurant am Kudamm. Aber sagen Sie mal - wieviel Uhr ist es jetzt?
Heidi	Es ist sechs Uhr. Sie müssen aber bald los.
Frau Schmidt	Was! Schon sechs Uhr? Um halb sieben kommen sie ja! Also, auf Wiederhören, Heidi!
Heidi	Auf Wiederhören, Clara! Viel Vergnügen!

Gespräch 5 IM BÜRO

der Chef	Guten Morgen, Herr Heinz! Sie sind sehr pünktlich heute.
der Büroangestellte	Guten Morgen, Herr Busch! Ja, ich fange immer sehr früh an.
der Chef	Sie haben heute eine ganze Menge Arbeit.
der Büroangestellte	Ja, ich weiß. Wir müssen diese Briefe absenden.
der Chef	Wie viele Briefe müssen wir absenden?
der Büroangestellte	Es sind hundertfünfundzwanzig Briefe, Herr Busch.
der Chef	Hundertfünfundzwanzig! Da haben Sie viel Arbeit!
der Büroangestellte	Mit Hilfe des Computers geht das sehr schnell.

	Wir können diese Briefe als Fax senden.
der Chef	Wunderbar! Also, fangen Sie damit sofort an! Haben Sie die Kundenliste?
der Büroangestellte	Jawohl, Herr Busch! Ich habe die Kundenliste einschließlich der Telefax-Nummern.
der Chef	Ausgezeichnet! Und rufen Sie bitte außerdem meine Sekretärin. Sie meldet sich nicht am Telephon.
der Büroangestellte	Ich mache es sofort!

WORTSCHATZ

die Wiederholung: repetition, recapitulation
die Seite: page, side
das Gespräch: the conversation, dialogue
die Übung: the exercise
der Satz: the sentence
ergänzen: to complete, fill in
ergänzen Sie diese Sätze: complete these sentences
wählen: to choose
wählen Sie!: choose!
das Wort: the word
das Adjektiv: the adjective
die Eigenschaft: quality, feature, characteristic
das Eigenschaftswort: the adjective
antworten: to respond to, answer
männlich: masculine
weiblich: feminine
sächlich: neuter
das Weib: woman (nowadays often pejorative)
die Sache: thing
der Artikel: the article
die Präposition: the preposition
das Verhältniswort: the preposition
das Verhältnis: proportion, ratio, circumstance, relationship
passend: appropriate, suitable
das Beispiel: the example

1. BITTE WÄHLEN SIE DEN PASSENDEN ARTIKEL: DER, DIE, DAS ODER DIE (PLURAL):

Beispiele: **die** Frage
das Gespräch
der Flughafen
die Seiten

1. ___ Haus	21. ___ Theater
2. ___ Schachtel	22. ___ Arbeit
3. ___ Schule	23. ___ Chef
4. ___ Lehrer	24. ___ Briefe
5. ___ Vorstellungen	25. ___ Schreibtisch
6. ___ Mantel	26. ___ Städte
7. ___ Röcke	27. ___ Freund
8. ___ U-Bahn	28. ___ Freundin
9. ___ Taxi	29. ___ Wortschatz
10. ___ Uhr	30. ___ Kugelschreiber
11. ___ Tage	31. ___ Geschäft
12. ___ Woche	32. ___ Wort
13. ___ Buch	33. ___ Sätze
14. ___ Abend	34. ___ Kundenliste
15. ___ Restaurants	35. ___ Hundert
16. ___ Freitag	36. ___ Reisepaß
17. ___ Leute	37. ___ Antwort
18. ___ Fisch	38. ___ Kalender
19. ___ Häuser	39. ___ Verhältnis
20. ___ Stuhl	40. ___ Frauen

2. BITTE ERGÄNZEN SIE DIESE SÄTZE:

Please complete these sentences.

Beispiele   (wissen) Ich <u>weiß</u> es nicht
(lernen) Wir <u>lernen</u> Deutsch

1. (machen) Ulrike ___ eine Reise.

2. (sein) Wieviel Uhr ___ es?

3. (fahren) Wir ___ mit dem Taxi.

4. (gehen) Ulrike ___ nach Hause.

5. (haben) Ich ___ viel zu tun.

6. (arbeiten) Wo ___ Sie?

7. (können) Ich ___ viel tun.

8. (fliegen) Wohin ___ er?

9. (kommen) Wann ___ Sie zurück?

10. (sein) Ich ___ heute abend mit einigen Freunden verabredet.

11. (handeln) Es ___ sich um Kollegen vom Büro.

12. (arbeiten) Thomas Schmidt ___ rund um die Uhr.

13. (müssen) ___ ich Deutsch lernen?

14. (müssen) Ja, Sie ___ Deutsch lernen.

15. (beantworten) ___ Sie diese Fragen!

16. (sein) Wir ___ nicht aus Hamburg.

17. (fahren) Wann ___ Ulrike zum Flughafen?

18. (haben) Der Büroangestellte ___ einen Computer auf dem Tisch.

19. (geben) ___ er heute eine Party?

20. (können) ___ Sie diese Fragen beantworten?

3. BITTE WÄHLEN SIE DAS PASSENDE WORT:

Beispiele   Ulrike arbeitet in <u>einer</u> Bank.
(eine, einer, einen)

1. Welche ___ haben Sie?
(Schreibtisch / Staatsangehörigkeit / Mantel)

2. Ich bin keine Japanerin und ___ keine Italienerin.
(nicht / auch / von)

3. Ulrike fliegt ___ München.
   (nach / zu / an)

4. Dieser Herr hat ___ Personalausweis.
   (zwei / keinen / nicht)

5. Wer ist ___ junge Mann?
   (diese / dieser / dieses)

6. Ich reise immer ___ einem großen Koffer.
   (mit / in / ohne)

7. Mein ___ ist in der Tasche.
   (Freund / Reisepaß / Schachtel)

8. Es gibt ___ Fische im Meer.
   (viele / vieles / vieler)

9. Heute ist ___ Freitag.
   (auch / nicht / um)

10. Die Kollegen sind sehr ___ Leute.
    (großen / viel / nette)

11. Es ist fünf ___ halb zehn.
    (vor / mit / zu)

12. Was ist in ___ großen Schachtel?
    (der / die / dem)

13. Sind dies ___ Schlüssel des Büros?
    (der / das / die)

14. Der Lehrer gibt ___ Kindern eine gute Schulbildung.
    (dem / den / die)

15. Auf Wiedersehen: Bis ___ !
    (nachmittag / heute / demnächst)

DAS FRÜHSTÜCK
BREAKFAST

Es ist halb zehn an einem Sonntagvormittag. Ulrike und ein Freund, Wolfgang, sitzen zusammen in einem Café. Sie frühstücken.
It is half past nine on a Sunday morning. Ulrike and a friend, Wolfgang, are sitting together in a café. They are having breakfast.

Der Kellner	**Guten Morgen, die Herrschaften! Was bestellen Sie?** Good morning to you both! What are you ordering / what will you have?
Ulrike	**Guten Morgen! Ich nehme einen Tee mit Zitrone, zwei Brötchen und Aprikosenmarmelade.** Good morning! I will have a tea with lemon, two bread rolls and some apricot jam.
Der Kellner	**Und für den Herrn?** And for the gentleman?
Wolfgang	**Für mich, einen Kaffee, Wurst und Brot, bitte.** For me, a coffee, sausage and bread, please.
Der Kellner	**Ich bringe es sofort.** I (will) bring it right away.

Wolfgang	**Ulrike, was machst du heute nachmittag?** Ulrike, what are you doing this afternoon?
Ulrike	**Nichts Besonderes. Und du?** Nothing in particular. What about you?
Wolfgang	**Ich habe auch nichts Besonderes vor. Aber "Die Lupe" ist gleich um die Ecke. Wollen wir hingehen? Sie zeigen einen neuen Film.** I haven't anything planned in particular either. But "Die Lupe" (a movie house in Berlin) is just around the corner. Shall we go there? They are showing a new movie.
Ulrike	**Ja, einverstanden! Weißt du, wann der Film beginnt?** Yes, O.K! Do you know when the movie begins?
Wolfgang	**Ja. Um halb drei. Bis dann können wir vielleicht den Trödelmarkt besuchen. Es gibt immer etwas Interessantes zu sehen.** Yes. At two-thirty. Until then, we can perhaps visit the flea market. There is always something interesting to see.
Ulrike	**Eine gute Idee! Wollen wir gleich nach dem Frühstück hingehen?** A good idea! Shall we go straight after breakfast?
Wolfgang	**Ja, warum nicht? Aber der Kellner kommt schon . . . Vielen Dank. Können wir gleich zahlen, bitte?** Yes, why not? But the waiter is already coming. Thank you very much. Can we pay now, please?
der Kellner	**Ja, selbstverständlich. Zusammen oder getrennt?** Yes, of course. Are you paying together or separately?
Wolfgang	**Zusammen? Bist du einverstanden?** Together? Do you agree?
Ulrike	**Ja. Danke schön.** Yes. Thank you.
Wolfgang	**Zusammen.** Together.
der Kellner	**Also, zusammen macht das elf Mark fünfzig.** So. Together that comes to eleven marks fifty.

1. DIE AUSSPRACHE

das Frühstück *(dass frew-shtewk)*
der Sonntag *(dair sonntag)*
der Vormittag *(dair for-mit-targ)*
Wolfgang *(volff-gang)*
das Café *(das kaff-eh)*
frühstücken *(frew-shtewk-en)*
der Kellner *(dair kell-ner)*
sitzen *(zit-tsen)*
zusammen *(tsoo-sam-men)*
die Herrschaften *(dee hair-shaft-en)*
was bestellen Sie? *(vass beh-shtell-en zee?)*
für *(fewr)*
mich *(meekh)*
ich nehme *(ikh neh-meh)*
der Tee *(dair teh)*
die Zitrone *(dee tsee-troh-neh)*
das Brötchen *(dass brert-khen)*
die Aprikosenmarmelade *(dee appree-koh-zen-mar-meh-lah-deh)*
der Kaffee *(dair kaff-eh)*
die Wurst *(dee vorst)*
das Brot *(dass broht)*
bitte *(bit-teh)*
sofort *(zoh-fort)*
was machst du? *(vass makhst doo?)*
heute *(hoy-teh)*
der Nachmittag *(dair nakh-mi-targ*
nichts Besonderes *(neekhts beh-zon-dair-ess)*
vor *(for)*
etwas vorhaben to have something planned
hast du etwas vor? do you have something planned?
die Lupe *(dee loo-peh)*
gleich *(gleye-kh)*
um die Ecke *(oom dee ekk-eh)*
wollen *(voll-en)*
hingehen *(hin-geh-en)*
zeigen *(tseye-ghen)*
der Film *(dair feelm)*
einverstanden *(eyen-fair-shtan-den)*
weißt du? *(veye-sst doo)*
wann *(van)*
nächste *(nekhst-eh)*
beginnt *(beh-ghinnt)*

bis dann *(biss dann)*
vielleicht *(feel-leye-kht)*
der Trödelmarkt *(dair trer-dell-mar-kt)*
besuchen *(beh-zookh-en)*
etwas Interessantes *(ett-vass in-teh-reh-ssant-ess)*
sehen *(zeh-hen)*
die Idee *(dee ee-day)*
warum *(vah-room)*
zurück *(tsoo-rewk)*
vielen Dank *(feel-en dank)*
selbstverständlich *(zelbst-fair-shtend-leekh)*
die Rechnung *(dee rekh-noong)*

2. VERBEN

MACHEN
TO DO / MAKE

ich mache	ich mache nicht	mache ich . . . ?
Sie machen	Sie machen nicht	machen Sie . . . ?
(2nd person singular)		
du machst	du machst nicht	machst du . . . ?
(2nd person singular, familiar, see below)		
er/sie/es macht	er /sie/es macht nicht	macht er/sie/es . . .?
wir machen	wir machen nicht	machen wir . . . ?
Sie machen	Sie machen nicht	machen Sie . . . ?
(2nd person plural)		
sie machen	sie machen nicht	machen sie . . . ?

pronunciation:

mache *(makh-eh)*
machst *(makh-sst)*
macht *(makht)*
machen *(makh-enn)*

Sie macht das Essen.
She is preparing the meal.

Ich mache Kaffee.
I (will) make some coffee.

Wieviel macht das?
How much does it (the check) come to?
Was macht das?
What does it matter? / How much does it come to?

Das macht nichts! (often shortened to **"macht nichts"**)
Never mind! Don't worry about it!

Wir müssen die Arbeit machen.
We must do the work (ourselves).

Was macht das Studium?
How are you getting along with your studies? / How are you? (said to someone studying at University)

Was macht die Kunst? (**die Kunst** the art)
How are you getting on? (said to an artist)

Er macht einen Tisch.
He is making a table.

3. THE FAMILIAR "YOU"

Sie is used to mean "you," when addressing one person or a group of people. As students of German, you are well advised to stick to this form until you are absolutely sure that you can use the familiar you **du** for the singular without causing offence. Germans, especially of the older generation, are very particular about this. Always wait until someone addresses you using the familiar form before using it yourself, and even then you don't have to.

However **du** to mean "you" is used to address children of say under 16 and it is current among university students, and members of extremist political groups, so you should be aware of it. Children will, however, address an older person as **Sie,** except for members of the same family.

The form of the familiar you **du** is in general based on the third person singular (**er / sie / es**) where the -t at the end (if there is one) is removed, and -st (sometimes -est) is substituted.

Examples

er gibt	du gibst	you give
sie macht	du machst	you do, make
sie fängt an	du fängst an	you begin
es hat	du hast	you have
er geht	du gehst	you go

Note however

er / sie / es ist   **du bist**   you are

er / sie / es **kann**   **du kannst** you can

Was machst du heute nachmittag?
What are you doing this afternoon?

You saw the familiar "you" being used between close friends in the
dialogue.

In the plural, the familiar "you" is **ihr**. This form is in general based
on the stem of the verb (the part without - **en**), to which a -**t**
is added.

Examples

<u>haben</u>	es hat	**du hast** (singular)	**ihr habt** (plural)
<u>können</u>	sie kann	**du kannst** (singular)	**ihr könnt** (plural)
<u>machen</u>	er macht	**du machst** (singular)	**ihr macht** (plural)

Be aware of its existence, but there is no need for you to learn it now!

4. VERBEN

NEHMEN
TO TAKE

ich nehme	ich nehme nicht	nehme ich . . . ?
Sie nehmen	Sie nehmen nicht	nehmen Sie . . . ?
du nimmst	du nimmst nicht	nimmst du . . . ?
er/sie/es nimmt	er /sie/es nimmt nicht	nimmt er/sie/es . . . ?
wir nehmen	wir nehmen nicht	nehmen wir . . . ?
Sie nehmen	Sie nehmen nicht	nehmen Sie . . . ?
sie nehmen	sie nehmen nicht	nehmen sie . . . ?

pronunciation

nehme *(neh-meh)*
nimmst *(neemst)*
nimmt *(neemt)*

Examples

Ich nehme einen Tee mit Zitrone.
I will have a tea with lemon.

Sie nimmt den Kugelschreiber vom Tisch.
She takes the pen from the table.

Sie können den Bus / das Taxi zum Flughafen nehmen.
You can take the bus / the taxi to the airport.

Compare   **Sie können mit dem Taxi zum Flughafen fahren.**
                You can travel by taxi to the airport.

Was nehmen Sie für diese Waren?
What do these goods cost? What is your price for these goods? (e.g. at the market)

Usually use **Was kostet das?**
                What does it cost?

Etwas unter die Lupe nehmen.
To examine something closely. (**die Lupe** magnifying glass)

WOLLEN
TO WANT / WISH / DESIRE

ich will	ich will nicht	will ich . . . ?
Sie wollen	Sie wollen nicht	wollen Sie . . . ?
du willst	du willst nicht	willst du . . . ?
er/sie/es will	er /sie/es will nicht	will er/sie/es . . . ?
wir wollen	wir wollen nicht	wollen wir . . . ?
Sie wollen	Sie wollen nicht	wollen Sie . . . ?
sie wollen	sie wollen nicht	wollen sie . . . ?

Examples

Wollen Sie Wurst?
Do you want (some) sausage?

Nein, ich will nicht essen.
No, I don't want to eat.

Er weiß, was er will.
He knows what he wants.

Wollen wir ins Kino?
Shall we (go) to the movies?

Ich will nächste Woche nach Frankfurt fliegen.
I want to / I will fly to Frankfurt next week.

Note: In the second and fifth examples, **wollen** is being used, like **können** and **müssen**, as an auxiliary verb (with other verbs).

MÖGEN
TO WANT, LIKE TO
(expressing preference at the present point in time)

ich möchte	ich möchte nicht	möchte ich . . . ?
Sie möchten	Sie möchten nicht	möchten Sie . . . ?
du möchtest	du möchtest nicht	möchtest du . . . ?
er/sie/es möchte	er /sie/es möchte nicht	möchte er/sie/es . . . ?
wir möchten	wir möchten nicht	möchten wir . . . ?
Sie möchten	Sie möchten nicht	möchten Sie . . . ?
sie möchten	sie möchten nicht	möchten sie . . . ?

pronunciation

möchte *(merkh-teh)*
möchtest *(merkh-test)*
möchten *(merkh-ten)*

This verb is used as a "softer" and more polite version of **wollen** in many cases.

It can also be used as an auxiliary verb.

Examples

Was möchten Sie?
What would you like? / What can I do for you?

(c.f.**Was wollen Sie?**
    What do you want?)

Ich möchte jetzt nach Hause gehen.
I should like to go home now.

Wir möchten zwei Kaffee, bitte.
We would like two coffees, please.

Sie möchte fliegen lernen.
She would like to learn to fly.

5. MICH, DICH, IHN, UNS, SIE, SIE

These are the accusative form of the respective personal pronouns where

ich becomes **mich**	**er** becomes **ihn**
du becomes **dich**	**sie** (she), **Sie**, **sie** (they) stay as they are
wir becomes **uns**	**es** stays as **es**

Einen Kaffee mit Milch für mich, bitte.
A coffee with milk for me, please.

Ist der Tee für dich?
Is the tea for you?

Nein, er ist für ihn. (**er** refers to **der Tee**)
No, it is for him.

Ist die Limonade für Sie?
Is the lemonade for you?

Die zwei Bier sind für uns. (**das Bier** the beer)
The two beers are for us.

6. ETWAS

This is a word which can be used in a variety of situations:

Gibt es etwas für mich?
Is there anything for me?

Ich will Ihnen etwas sagen.
I want to say something to you / tell you something.

Ich möchte noch etwas trinken.
I would like to have another drink.

Es gibt immer etwas Interessantes zu sehen.
There is always something interesting to see.

Jetzt zu etwas anderem. (dative!)
Now to something else.

Das Buch ist etwas teuer.
The book is rather expensive.

Bitte sprechen Sie etwas langsamer!
Please speak a little more slowly!

It is useful with the verb **vorhaben**:

Haben Sie etwas vor?
Do you have something planned?

In speech **etwas** is sometimes shortened to **was**:

So was gibt's nicht! / So etwas gibt es nicht!
Nothing like that exists! / I don't believe it!

7. OPPOSITES

ja	nein
der Vormittag	der Nachmittag, der Abend
der Tag	die Nacht
groß	klein
teuer	billig *(bil-leekh)*
beginnen	aufhören *(awff-hurr-en)*
öffnen	schließen
gehen	kommen
geben	nehmen
warum	weil *(vile)* because
viel	wenig *(veh-neekh)* little
etwas	nichts *(neekhts)* nothing
wahr / richtig	falsch *(fallsh)* wrong
gut	schlecht *(shlekht)* bad
auf	unter *(oon-tair)* under

You will have encountered most of them by now, in the dialogs.

Here are two more prepositions

auf (on)   **unter** *(oon-tair)* under

Examples of their uses:

Das Buch liegt auf dem Tisch (dative gives the position).
The book lies on the table. / The book is on the table.

Die Schachtel steht unter dem Tisch (dative).
The box stands under the table. / The box is under the table.

Stellen Sie das Buch auf den Tisch! (accusative gives the direction)
(**stellen** to place, to put)
Put the book on the table!

Stellen Sie die Schachtel unter den Tisch! (accusative)
Put the box under the table!

Note: Just as with the word "to go," where the means of going is specified in German, so, where things <u>are</u> somewhere, their state of being is often more closely specified in German than in English.

The book lies on the table.   The book is on the table.
The box stands under the table.   The box is under the table.

More about this later.

8. DIE WOCHENTAGE - THE DAYS OF THE WEEK

der **Sonntag** *(dair zonn-targ)* Sunday
der **Montag** *(dair mohn-targ)* Monday
der **Dienstag** *(dair deens-targ)* Tuesday
der **Mittwoch** *(dair mitt-vokh)* Wednesday
der **Donnerstag** *(dair don-nairs-targ)* Thursday
der **Freitag** *(dair freye-targ)* Friday
der **Sonnabend** *(dair zonn-ahr-bent)* Saturday (in Northern Germany)
der **Samstag** *(dair zams-targ)* Saturday (in the rest of Germany,
Austria and Switzerland)

WORTSCHATZ

das **Frühstück:** the breakfast
der **Sonntag:** Sunday
der **Montag:** Monday
der **Dienstag:** Tuesday
der **Mittwoch:** Wednesday
der **Donnerstag:** Thursday
der **Freitag:** Friday
der **Samstag:** Saturday
der **Vormittag:** the morning
der **Nachmittag:** the afternoon
das **Café:** the cafe
frühstücken: to have breakfast
der **Kellner:** the waiter
sitzen: to sit, be sitting
zusammen: together
die **Herrschaften:** ladies and gentlemen, lady and gentleman
was bestellen Sie? what are you ordering?
bestellen: to order
mich: me
dich: you (familiar)
ihn: him
uns: us
nehmen: to take, help oneself to
der **Tee:** the tea
die **Zitrone:** the lemon

das Brot: bread
das Brötchen: the bread roll
die Aprikose: apricot
die Marmelade: jam
die Orangenmarmelade: marmalade
der Kaffee: the coffee
die Wurst: the sausage
bitte: please
nichts: nothing
besonders: especially
nichts Besonderes: nothing special
nach: after (+ dative)
vor: before (+ dative)
die Lupe: the magnifying glass (also, a movie house in Berlin)
gleich: immediately, at once
die Ecke: the corner
um die Ecke: around the corner
wollen: to want, to desire
hingehen: to go to (somewhere away from the speaker)
herkommen: to come (towards the speaker)
zeigen: to show
der Film: the movie
einverstanden! agreed! all right!
einverstanden sein: to agree to
beginnen, anfangen: to begin
vielleicht: perhaps, maybe
der Trödelmarkt: the flea market, antiques market
besuchen: to visit
interessant: interesting
sehen: to see
die Idee: the idea
warum: why
warum nicht? why not?
zurück: back, backwards
vielen Dank: many thanks / thank you very much
selbstverständlich: of course, obvious
die Rechnung: the check
das Studium: studies (plural)
die Kunst: the art
anders: different
etwas anderes: something else
billig: cheap, inexpensive
aufhören: to cease, come to an end
wenig: a little

falsch: wrong, false
schlecht: bad
unter: under
auf: on
immer: always
wann? when?
zahlen: to pay
dorthin: there (away from the speaker)
nett: nice
zusammen: together
getrennt: separate, separately
die Scheibe: the slice

ÜBUNGEN

1. BITTE BEANTWORTEN SIE DIESE FRAGEN!

Answer these questions by looking at the dialog.

1. Wo sitzen Ulrike und Wolfgang zusammen?

2. Was nimmt Ulrike?

3. Was bestellt Wolfgang? (**bestellen** - to order)

4. Hat Wolfgang etwas Besonderes vor? (**vorhaben** - to have something planned)

5. Was gibt es um die Ecke?

6. Weiß Wolfgang, wann der Film anfängt?

7. Um wieviel Uhr fängt der Film an?

8. Gibt es auf dem Trödelmarkt etwas Interessantes zu sehen?

9. Wann gehen Wolfgang und Ulrike zum Trödelmarkt?

10. Zahlen sie zusammen oder getrennt?

2. WIE HEIßEN DIE WOCHENTAGE?

Bitte antworten Sie.
Sie heißen   1. <u>Montag</u>

            2. _____

            3. _____

            4. _____

            5. _____

6. _____ oder _____

7. _____

3. ERGÄNZEN SIE DIE FOLGENDEN SÄTZE!

Complete the following sentences.

1. Ich möchte ___ Scheibe Brot. (die Scheibe the slice)

2. Ich nehme ___ Tee mit Zitrone.

3. Wissen Sie, ___ der Film anfängt?

4. Ich ___ nichts Besonderes vor.

5. Die Rechnung ___ elf Mark fünfzig.

4. ERGÄNZEN SIE DIESE SÄTZE MIT DEM GEGENSATZ DER UNTERSTRICHENEN WÖRTER!

Complete these sentences with the opposite of the underlined words.

Beispiel Ich gehe nicht <u>heute abend</u> ins Büro. Ich gehe <u>morgen vormittag</u> dorthin.

1. Ulrike trinkt <u>keinen Kaffee</u>. Sie trinkt ___ .

2. Das ist nicht <u>richtig</u>! Das ist ___ .

3. Die Stadt ist nicht <u>groß</u>. Sie ist ___ .

4. Herr Schmidt reist <u>wenig</u>, aber er arbeitet ___ .

5. Das Buch liegt nicht <u>unter</u> dem Schreibtisch. Es liegt ___
   ___ Schreibtisch.

6. Die Tasche ist nicht <u>teuer</u>. Sie ist ___ .

7. Ist <u>etwas</u> in der Schachtel? Nein, es ist ___ in der Schachtel.

8. <u>Gehen</u> Sie nach Hause? Nein, ich ___ ins Büro.

9. Haben Sie einen <u>schlechten</u> Chef? Nein, ich habe einen ___
   Chef.

10. Das Restaurant <u>öffnet</u> um neun Uhr vormittags und ___ um
    zehn Uhr abends.

LEKTION 8

IM HOTEL
IN THE HOTEL

Herr Schmidt befindet sich heute in Hannover. Er hat ein Zimmer in einem Hotel der mittleren Preisklasse reserviert. Gerade spricht er mit der Empfangschefin.

Today, Mr. Schmidt is in Hanover. He has reserved a room in a medium-priced hotel. At present he is talking with the receptionist.

Herr Schmidt	**Guten Tag. Ich habe ein Zimmer reserviert.** Good afternoon. I have reserved a room.
Die Empfangschefin	**Guten Tag, der Herr. Darf ich Sie um Ihren Namen bitten?** Good afternoon, sir. Can I ask you for your name please?
Herr Schmidt	**Mein Name ist Thomas Schmidt.** My name is Thomas Schmidt.
Die Empfangschefin	**Ja, das habe ich! Eine Reservierung für eine Person, nicht?** Yes, I have it! A reservation for one person, right?

Herr Schmidt	**Ja, für eine Nacht. Ich reise morgen vormittag ab.** Yes, for one night. I am departing tomorrow morning.
Die Empfangschefin	**In Ordnung. Wollen Sie sich bitte eintragen! Haben Sie Gepäck? Sie können Ihre Koffer dem jungen Mann geben.** That's all right! Would you check in, please! Do you have (any) luggage? You can give your cases to the young man.
Herr Schmidt	**Danke. Ich habe nur diesen kleinen Koffer. In welchem Stock ist das Zimmer, bitte?** Thank you. I have only this small suitcase. The room is on which floor, please?
Die Empfangschefin	**Im dritten Stock. Sie können den Aufzug nehmen.** On the third floor. You can use the elevator.
Herr Schmidt	**Danke schön. Darf ich von meinem Zimmer nach auswärts telephonieren?** Thank you very much. Am I allowed to telephone outside (the hotel) from my room?
Die Empfangschefin	**Selbstverständlich. Wählen Sie eine "9" vorab. Bitte, Ihr Schlüssel. Sie haben Zimmer Nummer 27.** Naturally. Dial "9" beforehand. Here is your key. You have room 27.
Herr Schmidt	**Danke. Bis wieviel Uhr servieren Sie morgens das Frühstück ?** Thank you. Until what time in the morning do you serve breakfast please?
Die Empfangschefin	**Bis zehn Uhr. Das Frühstückszimmer ist dort drüben.** Until ten o'clock. The breakfast room is over there.
Herr Schmidt	**Schönen Dank.** Thank you very much.
Die Empfangschefin	**Bitte schön. Guten Aufenthalt!** With pleasure. Have a good stay!

1. DIE AUSSPRACHE

befindet sich *(beh-find-et seekh)*
der mittleren Preisklasse *(dair mitt-lair-en preyes-klasseh)*
das Zimmer *(dass tseem-mer)*
gerade *(geh-rah-deh)*
die Empfangschefin *(dee emp-fangz-sheff-in)*
reserviert *(reh-zair-veert)*
darf ich Sie um Ihren Namen bitten? *(darff ikh zee oom eer-en nah-men bitt-en?)*
die Reservierung *(dee reh-zair-veer-oong)*
eine Person *(eye-neh pair-zone)*
eine Nacht *(eye-neh nakht)*
in Ordnung *(een ord-noong)*
eintragen *(eyen-trarg-en)*
das Gepäck *(dass geh-peck)*
in welchem Stock *(een vell-shem shtock)*
der Aufzug *(dair owff-tsoog)*
danke schön *(dan-keh shern)*
darf ich? *(darff ikh?)*
auswärts *(owss-vairts)*
selbstverständlich *(zellbst-fair-shtend-leekh)*
vorab *(for-ap)*
servieren *(zair-veer-en)*
morgens *(morgens)*
das Frühstückszimmer *(dass frew-shtewks-tseem-er)*
dort drüben *(daht drew-ben)*
Schönen Dank *(shern-en dank)*
guten Aufenthalt *(goo-ten owff-ent-halt)*

2. POSSESSIVE ADJECTIVES (my, your, his, her, our, their)

mein *(mine)* my
Ihr *(eer)* your (polite singular and plural)
dein *(dine)* your (familiar singular)
sein *(zine)* his or its
ihr *(eer)* her
unser *(oon-zair)* our
euer *(oy-air)* your (familiar plural)
ihr *(eer)* their

Possessive adjectives, like other adjectives, agree in gender and number with the noun they modify (the possessed object). They take the same endings as the indefinite article.

Nominative:

mein Reisepaß (**Reisepaß** being masculine) my passport
meine Tasche (**Tasche** being feminine) my bag
mein Frühstück (**Frühstück** being neuter) my breakfast
meine Bücher (**Bücher** being plural) my books

Accusative:

seinen Mantel (**Mantel** being masculine) his coat
seine Idee (**Idee** being feminine) his idea
sein Zimmer (**Zimmer** being neuter) his room
seine Zitronen (**Zitronen** being plural) his lemons

Genitive:

ihres Aufenthaltes (**Aufenthalt** being masculine) of her stay
ihrer Rechnung (**Rechnung** being feminine) of her bill/check
ihres Buches (**Buch** being neuter) of her book
ihrer Nächte (**Nächte** being plural) of her nights

Dative:

unserem Chef (**Chef** being masculine) to our boss
unserer Stadt (**Stadt** being feminine) to our town
unserem Haus (**Haus** being neuter) to our house
unseren Tagen (**Tage** being plural) to our days

Possessive adjectives in German thus indicate the possessor (as in English) but also the gender and the grammatical situation of the object being possessed.

Examples:

Wir lassen unser Gepäck im Hotel.
We leave our luggage in the hotel.

Ihr Gepäck ist noch in Ihrem Zimmer.
Your luggage is still in your room.

Er gibt dem jungen Mann seinen Koffer.
He gives his case to the young man.

Sie trifft ihren Freund im Restaurant. (**treffen** to meet)
She is meeting her boyfriend in the restaurant.

Der Büroangestellte sitzt an seinem Schreibtisch.
The office employee is sitting at his desk.

Sein Chef sitzt in seinem Büro.
His boss is sitting in his office.

Die Büroangestellen arbeiten an ihrem Schreibtisch.
(Note in German **an ihrem Schreibtisch** (singular))
The office employees are working at their desks.

Ihr Chef sitzt in seinem Büro.
Her / Their boss is sitting in his office.

Ich trinke meinen Tee zusammen mit meiner Frau.
I am having my tea together with my wife.

Wir trinken unseren Tee.
We are drinking our tea.

Sie trinkt ihren Tee zusammen mit ihrem Mann.
She is having her tea together with her husband.

Sie trinken ihren Tee.
They are drinking their tea.

3. EIGEN

A useful word to go with these possessive adjectives is eigen- (pronounced eye-ghen), meaning "own." It is used just like any other adjective:

Mein eigenes Haus.
My own house.

Seine eigenen Bücher.
His own books.

Ihre eigene Idee.
Her own idea.

Eigen- can be used to avoid ambiguity.

Example:

Sein Chef sitzt in seinem eigenen Büro.
His boss is sitting in his own office (i.e. not in his employee's office).

More on possessive adjectives and how to say myself, yourself, in another lesson.

SITZEN
TO SIT / BE SITTING

ich sitze	ich sitze nicht	sitze ich . . . ?
Sie sitzen	Sie sitzen nicht	sitzen Sie . . . ?
du sitzt	du sitzt nicht	sitzt du . . . ?
er/sie/es sitzt	er/sie/es sitzt nicht	sitzt er/sie/es . . . ?
wir sitzen	wir sitzen nicht	sitzen wir . . . ?
Sie sitzen	Sie sitzen nicht	sitzen Sie . . . ?
sie sitzen	sie sitzen nicht	sitzen sie . . . ?

Pronunciation:

sitze *(zeet-tseh)*
sitzt *(zeets-zt)*
sitzen *(zeet-tsen)*

Ulrike und Wolfgang sitzen zusammen in einem Cafe.
Ulrike and Wolfgang are sitting together in a café.

Ich sitze zu Hause.
I am sitting at home.

Wo wollen Sie sitzen?
Where do you want to sit?

Wir sitzen im Theater.
We are sitting in the theater.

Sie sitzen beim Kaffee. (bei + dative (pronounced *beye*): near, by, at)
They are having coffee.

Er sitzt im falschen Zug.
He is sitting in the wrong train / He is on the wrong track.

Sie sitzt vor dem Fernseher.
She is sitting in front of the television / She is watching TV.

Der Mantel sitzt gut.
The coat fits well.

Note: **Bitte setzen Sie sich!**
Please sit down!

More about this in a later lesson.

SERVIEREN
TO SERVE / WAIT ON TABLE

ich serviere	ich serviere nicht	serviere ich . . . ?
Sie servieren	Sie servieren nicht	servieren Sie . . . ?
du servierst	du servierst nicht	servierst du . . . ?
er/sie/es serviert	er/sie/es serviert nicht	serviert er/sie/es . . . ?
wir servieren	wir servieren nicht	servieren wir . . . ?
Sie servieren	Sie servieren nicht	servieren Sie . . . ?
sie servieren	sie servieren nicht	servieren sie . . . ?

Pronunciation:

serviere *(zair-vee-er-eh)*
servierst *(zair-vee-erst)*
serviert *(zair-vee-ert)*
servieren *(zair-vee-er-en)*

Der Kellner serviert das Frühstück.
The waiter serves breakfast.

Es ist serviert!
Dinner is served!

Reservieren (to reserve, book) follows the same pattern:

Ich möchte ein Zimmer reservieren.
I would like to reserve a room.

Frau Schmidt reserviert einen Tisch im Restaurant.
Mrs. Schmidt reserves a table in the restaurant.

Diese Plätze sind für uns reserviert.
These places / seats are reserved for us.

Ich habe ein Zimmer reserviert.
I have reserved a room.

But
Ich habe ein reserviertes Zimmer.
I have a reserved room.

"Reserviert" in examples 3, 4 and 5 is in fact a past participle - more on this later.

Verbs with **-ieren** on the end are mostly of non-German origin (deriving from English and French).

Some examples are:

telephonieren to telephone
nominieren to nominate
pensionieren to pension off
addieren to add
reservieren to reserve
studieren to study (at university)
servieren to serve

You can usually guess what they mean.

DÜRFEN
TO BE ALLOWED TO / TO BE PERMITTED TO

ich darf	ich darf nicht	darf ich . . . ?
Sie dürfen	Sie dürfen nicht	dürfen Sie . . . ?
du darfst	du darfst nicht	darfst du . . . ?
er/sie/es darf	er /sie/es darf nicht	darf er/sie/es . . . ?
wir dürfen	wir dürfen nicht	dürfen wir . . . ?
Sie dürfen	Sie dürfen nicht	dürfen Sie . . . ?
sie dürfen	sie dürfen nicht	dürfen sie . . . ?

pronunciation:

darf *(dar-ff)*
darfst *(dar-ffst)*
dürfen *(dewr-ffen)*

This is an important verb, and is used in German both by itself and as an auxiliary verb in conjunction with other verbs.

Das dürfen Sie nicht!
You are not allowed to do that!

Er darf so was nicht sagen.
He is not allowed to say such a thing.

Darf ich von meinem Zimmer nach auswärts telephonieren?
Am I permitted to telephone outside (the hotel) from my room?

Sie dürfen jetzt gehen.
You can go now.

Darf ich Ihnen noch etwas Kaffee anbieten? (anbieten to offer)
Can I offer you some more coffee?

Sie darf kein Fleisch essen.
She is not allowed to eat meat.

Darf ich Sie um Ihren Namen bitten?
Can I ask your name, please?

5. BITTE, DANKE, VERZEIHUNG

Bitte, meaning "please," comes from the verb **bitten** to request, and means literally "I request":

So, **darf ich bitten?** means "may I request?"

Danke, meaning "thank you," comes from the verb **danken** to thank, and means literally "I thank."

You can also say **"Wir danken"** if there are two or more of you, instead of just **"danke."**

When you say **danke** (thank you) or **danke schön** (thank you kindly) or **vielen Dank** (many thanks), the German speaker will usually say **bitte** or **bitte schön** in reply. This means something like "don't mention it," or "you're welcome."

The verb **bitten** (to request something) is used with the preposition **um** (+ the accusative):

Darf ich Sie um Ihren Namen bitten?
Can I request your name? / Can I ask you for your name please?

danke can also mean "No, thank you," often accompanied by a declining gesture.

Noch Kaffee? Danke! (Nein, Danke.) Ja, danke. / Ja, bitte.
Some more coffee? No, thank you. Yes thank you. / Yes please.

bitte or **bitte sehr** can mean "here you are."

Example:

Bitte, Ihr Kaffee.
Here is your coffee.

Note:

Ich bitte um Verzeihung.
I beg forgiveness / please forgive me.

Ich bitte um Entschuldigung.
I request (you) to excuse me / please excuse me.

are normally contracted to:

Entschuldigung! Beg your pardon!
Verzeihung! So sorry! Excuse me!

6. ERSTE, ZWEITE, DRITTE

Lernen wir Lektion Nummer drei? Die dritte Lektion?
Are we learning lesson number three? The third lesson?

Nein, wir lernen Lektion Nummer acht — die achte Lektion!
No, we are learning lesson number eight — the eighth lesson!

1 (eins)	der / die / das erste
2 (zwei)	der / die / das zweite
3 (drei)	der / die / das dritte
4 (vier)	der / die / das vierte
5 (fünf)	der / die / das fünfte
6 (sechs)	der / die / das sechste
7 (sieben)	der / die / das siebte
8 (acht)	der / die / das achte
9 (neun)	der / die / das neunte
10 (zehn)	der / die / das zehnte

usw. (und so weiter and so on etc.)

The ordinal numbers behave in general as if they were adjectives.

Examples:

Das zweite Zimmer.
The second room.

Sein erster Mantel.
His first coat.

Ihr drittes Kind.
Her third child.

Ein erstes Beispiel.
A first example.

But **Im dritten Stock**
On the fourth floor (American usage)
On the third floor (British usage)

7. VERBEN

VERSTEHEN
TO UNDERSTAND

ich verstehe	ich verstehe nicht	verstehe ich. . . . ?
Sie verstehen	Sie verstehen nicht	verstehen Sie . . . ?
du verstehst	du verstehst nicht	verstehst du . . . ?
er/sie/es versteht	er/sie/es versteht nicht	versteht er/sie/es . . . ?
wir verstehen	wir verstehen nicht	verstehen wir . . . ?
Sie verstehen	Sie verstehen nicht	verstehen Sie . . . ?
sie verstehen	sie verstehen nicht	verstehen sie . . . ?

Verstehen Sie Deutsch?
Do you understand German?

Sie verstehen das nicht.
They do not understand that.

Ich kann alles verstehen.
I can understand everything.

Ich verstehe kein Englisch.
I do not understand English.

Jetzt verstehe ich!
Now I understand!

Note that the verb **stehen** "to stand, to be standing," is declined in exactly the same way.

WORTSCHATZ

---

sich befinden: to find oneself (in a place), to be
er befindet sich in Hannover: he is in Hanover
der mittleren Preisklasse: in the medium price range / moderately priced
mittel: moderate, medium (usually used in its comparative form
mittler - see a later lesson)
der Preis: the price
die Preisklasse: price bracket, price range
das Zimmer: the room
die Empfangschefin: the lady on the hotel reception desk, reception clerk
der Name: the name

den Namen: the name (in the accusative)
Darf ich Sie um Ihren Namen bitten?: may I ask your name, please?
die Reservierung: the reservation
reservieren: to reserve
die Person: the person, individual
die Nacht: the night
in Ordnung!: all right! O.K.!
die Ordnung: order, system
Wollen Sie sich bitte eintragen?: would you please sign the register?
sich eintragen: to enter one's name
das Gepäck: the luggage
der Stock: the story, floor
in welchem Stock?: on which floor?
der Aufzug: elevator, lift
danke schön: thank you kindly
bitte schön: don't mention it, you're welcome
Verzeihung!: I'm sorry, excuse me
Entschuldigung!: I beg your pardon
auswärts: out of doors, away from home
selbstverständlich: of course, naturally
vorab: first of all, beforehand
die Nummer: the number
servieren: to serve, wait at table
wählen: to choose, to dial (a telephone number)
morgens: in the morning
das Frühstückszimmer: the breakfast room
dort drüben: over there
Schönen Dank: thank you very much
der Aufenthalt: stay, sojourn.
guten Aufenthalt: enjoy your stay!
mein: my
dein: your (familiar "you")
sein: his
ihr: her, theirs
Ihr: your
die Tasse: the cup
der Mann: the man, husband
die Frau: the woman, wife
eigener, eigene, eigenes: own (adjective)
zusammen: together
der Fernseher: the television
bei (+dative): near, by, at
der Zug: the train
der Platz: the place, space, seat

studieren: to study (at university)
nominieren: to nominate
addieren: to add
telephonieren: to telephone
pensionieren: to pension off
dürfen: to be allowed to, to be permittted to
darf ich. . . ?: may I..?
bitte sehr!: here you are!
richtig: correct

ÜBUNGEN

1. BITTE BEANTWORTEN SIE DIESE FRAGEN!

(look at the dialog)

1. In welcher Stadt ist Herr Schmidt?

2. Hat er eine Reservierung für eine Nacht oder für zwei Nächte?

3. Mit wem (with whom) spricht er?

4. Wann (when) reist er ab?

5. Muß Thomas Schmidt seinen Namen eintragen?

6. Hat er viel Gepäck?

7. Wo befindet sich das Zimmer Nummer 27?

8. Gibt es einen Aufzug im Hotel?

9. Darf Herr Schmidt von seinem Zimmer nach auswärts telephonieren?

10. Muß er etwas vorab wählen?

11. Bis wieviel Uhr servieren sie das Frühstück?

12. Was sagt die Empfangschefin am Ende des Gesprächs?

2. ERGÄNZEN SIE DIESE SÄTZE MIT DEM RICHTIGEN POSSESSIVUM!

Complete these sentences with the right possessive adjective.

Beispiele Ich habe <u>mein</u> Ticket, <u>meinen</u> Personalausweis und <u>meine</u> Schüssel. Wolfgang hat <u>seinen</u> Kaffee und <u>seine</u> Wurst.

1. Der Chef sitzt in ___ Büro an ___ Schreibtisch.

2. Haben Sie ___ Kugelschreiber und ___ Buch?

3. Ulrike trinkt ___ Tee mit Zitrone. Sie hat ___ eigenen Ideen.

4. Wir haben ___ Koffer (pl) und Taschen.

5. Ich habe ___ eigenen Computer und ___ eigenes Auto.

3. *ERGÄNZEN SIE DIESE SÄTZE:*

Beispiel Die Seite Nummer 6 ist <u>die sechste Seite</u>.

1. Die Lektion Nummer 1 ist _____.

2. Die Frage Nummer 9 ist _____.

3. Das Gespräch Nummer 5 ist _____.

4. Der Brief Nummer 4 ist _____.

5. Die Antwort Nummer 3 ist _____.

PAUL IM POSTAMT
PAUL IN THE POST OFFICE

Paul Guten Tag. Ich brauche eine Briefmarke für diese Postkarte, bitte.
Hello. I need a stamp to send this postcard, please.

Die Beamtin Inland oder Ausland?
Domestic or foreign?

Paul Inland. Ich habe auch zwei Briefe abzusenden. Dieser geht nach England, der andere mit Luftpost in die U.S.A. Hier bitte.
Domestic. I also have two letters to mail. This one is going to England, the other to the U.S.A. by airmail. Here you are.

Die Beamtin nimmt die zwei Briefe und wiegt sie auf der Waage. Anschließend gibt sie Paul die entsprechenden Briefmarken.
The official takes the two letters and weighs them on the scales. After that, she gives Paul the appropriate stamps.

Die Beamtin Bitte. Diese Marke ist für Ihren Brief nach England, die anderen sind für Ihren Luftpostbrief.
Here you are. This stamp is for your letter to England. The others are for your airmail letter.

Paul	**Danke. Ich möchte dieses Paket nach Kanada absenden. Wie lange wird es mit Luftpost dauern?** Thank you. I would like to mail this parcel to Canada. How long will it take by airmail?
Die Beamtin	**Normalerweise ungefähr eine Woche.** As a rule, about a week.
Paul	**In Ordnung. Bitte.** That's all right. Here it is.
Die Beamtin	**Bevor Sie das Paket absenden können, müssen Sie dieses Formular ausfüllen. Bitte.** Before you can send the parcel, you must fill out this form. Here.
Paul	**Danke.**
Die Beamtin	**Schreiben Sie hier den Namen und die Adresse des Absenders sowie den Namen und die Adresse des Empfängers.** Write here the name and the address of the sender as well as the name and the address of the addressee.
Paul	**Mache ich! . . . Hoffentlich können Sie meine Handschrift lesen!** I'll do it! . . . I hope you can read my writing!
Die Beamtin	**Lassen Sie mal sehen! Ja, das geht.** Let me see! Yes, that will do.
Paul	**Was soll ich hier schreiben?** What should I write here?
Die Beamtin	**Sie müssen den Inhalt sowie dessen ungefähren Wert angeben.** You must specify the contents as well as its approximate value.
Paul	**Gut. Bitte sehr. Wieviel macht das alles zusammen?** Good. Here you are. How much does that all come to?

Die Beamtin wiegt das Paket. Sie gibt Paul weitere Briefmarken und rechnet alles zusammen. Paul klebt die Briefmarken auf seine Briefe und auf das Paket.

The official weighs the parcel. She gives Paul some more stamps and totals everything up. Paul sticks the stamps on his letters and on the parcel.

Die Beamtin	**Das macht zusammen zweiundzwanzig Mark und neunzig Pfennig. Haben Sie das zufällig klein?**
	All together, that comes to twenty two marks and 90 pfennigs. Do you have this in small change? / Do you have the right money?
Paul	**Einen Augenblick! Ich sehe nach. Ja, habe ich. Bitte.**
	A moment. I will look. Yes, I have. Here you are.
Die Beamtin	**Danke. Es stimmt.**
	Thank you. It's just right.
Paul	**Ich danke auch. Auf Wiedersehen!**
	Thank you as well. Goodbye!
Die Beamtin	**Auf Wiedersehen!**
	Goodbye!

1. DIE AUSSPRACHE

Postamt *(posst-amt)*
die Beamtin *(dee beh-amt-in)*
eine Briefmarke *(eye-neh breef-mahr-keh)*
ich brauche *(ikh brow-kheh)*
U.S.A. *(oo-ess-ah)*
Inland *(inn-lant)*
Ausland *(owss-lant)*
England *(een-glant)*
mit Luftpost *(mit looft-posst)*
die Waage *(dee vah-geh)*
anschließend *(ann-shlees-ent)*
entsprechenden *(ent-shprekh-en-den)*
Marke *(mahr-keh)*
Luftpostbrief *(looft-posst-breef)*
ein Paket *(eyen pak-kate)*
Kanada *(kan-nah-dah)*
Wie lange wird das dauern? *(vee lang-eh veer-t dass dow-airn?)*
normalerweise *(nor-mahler-veyez-eh)*
ungefähr *(oon-geh-fair)*
eine Woche *(eye-neh vokh-eh)*
bevor *(beh-for)*
dieses Formular *(dee-zess form-ool-ahr)*
ausfüllen *(owss-fewl-len)*
die Adresse *(dee add-ress-eh)*
des Absenders *(dess ap-zend-airs)*
des Empfängers *(dess emp-fang-airs)*

hoffentlich *(hoff-ent-leekh)*
meine Handschrift *(meye-neh hant-shreeft)*
Lassen Sie mal sehen! *(lass-en zee mahl zeh-enn)*
den Inhalt *(dane inn-halt)*
dessen *(dess-enn)*
Wert *(vairt)*
zusammen *(tsoo-zam-men)*
wiegt *(veeght)*
rechnet *(rekh-net)*
klebt *(kleh-bt)*
zufällig *(tsoo-fell-ig)*
einen Augenblick *(eye-nen ow-ghen-bleek)*
ich sehe nach *(ikh zeh-eh nakh)*
es stimmt *(ess shtimmt)*

2. VERBEN

BRAUCHEN
TO REQUIRE / TO BE IN NEED OF

ich brauche	ich brauche nicht	brauche ich . . . ?
Sie brauchen	Sie brauchen nicht	brauchen Sie. . . ?
du brauchst	du brauchst nicht	brauchst du. . . ?
er/sie/es braucht	er/sie/es braucht nicht	braucht er/sie/es . . . ?
wir brauchen	wir brauchen nicht	brauchen wir. . . ?
Sie brauchen	Sie brauchen nicht	brauchen Sie. . . ?
ihr braucht	ihr braucht nicht	braucht ihr. . . ?
sie brauchen	sie brauchen nicht	brauchen sie. . . ?

pronunciation:

brauche	*(brow-kheh)*
brauchst	*(brow-khst)*
braucht	*(brow-kht)*
brauchen	*(brow-khen)*

Examples:

Ich brauche eine Briefmarke.
I need / require a stamp.

Sie braucht einen neuen Koffer.
She needs a new suitcase.

Sie brauchen nicht zu kommen.
You need not come.

Er braucht drei Stunden, um mit dem Auto nach Berlin zu fahren.
It takes him [literally: he needs] three hours by car to drive to Berlin.

Es braucht nicht gleich zu sein.
It need not be (done) immediately.

Brauchen Sie diese Schlüssel?   **Ich brauche sie nicht.**
Do you require these keys?   I do not require them.

3. ZU

zu
to, at, of, on, too, closed, etc.

Wolfgang fährt <u>zu</u> seinen Eltern.
Wolfgang is going <u>to see</u> his parents.

Wo geht der Weg <u>zum</u> Bahnhof?
Which is the way <u>to</u> the station.

Bis <u>zum</u> Bahnhof sind es noch zwei Kilometer.
It is another two kilometers <u>to</u> the railway station.

Der Gemüsehändler verkauft Äpfel <u>zu</u> 1 Mark 20 das Kilo.
The greengrocer sells apples <u>at</u> 1 Mark 20 pfennigs a kilo.

Sie gehen <u>zu</u> dritt ins Grüne.
Three <u>of</u> them are going into the country.

Wir gehen <u>zu</u> Fuß.
We are going <u>on</u> foot.

Ich bin <u>zum</u> ersten Mal in Berlin.
I am in Berlin <u>for the</u> first time.

Haben Sie verstanden? Ich habe nur <u>zum</u> Teil verstanden.
Have you understood? I have only partly understood.

(**der Teil** the part, the share)

<u>zum</u> Wohl!   **<u>zu</u> Hilfe!**   **<u>zu</u> Befehl!** (**der Befehl** the order)
Good health!   Help!   Yes, Sir! (military)

Zu is also used with verbs - see the next lesson for more.

Sie brauchen nicht <u>zu</u> kommen.
You need not come.

Die Rechnung ist sofort <u>zu</u> bezahlen.
The bill must be paid immediately.

Herr Schmidt machte eine Reise, ohne viel Gepäck mit<u>zu</u>nehmen.
Mr. Schmidt went on a trip, without taking much luggage.
Der Mantel ist <u>zu</u> groß. Die Jacke ist <u>zu</u> klein.
The coat is <u>too</u> big. The jacket is <u>too</u> small.

Die Tür ist <u>zu</u>. Das Museum ist <u>zu</u>. (die Tür the door)
The door is <u>closed</u>. The museum is <u>closed</u>.

Wir haben heute <u>zu</u>.
We are <u>closing</u> today.

Zu is also used with verbs - see the next lesson.

4. UM

um around, at, about

"Die Lupe" ist gleich <u>um</u> die Ecke.
The "Lupe" (movie house) is just <u>round</u> the corner.

Die Vorstellung beginnt <u>um</u> 8 Uhr.
The performance starts <u>at</u> 8.00.

Es geht mir nicht <u>um</u> Geld.
I am not concerned <u>about</u> money.

Wir müssen um jeden Preis gewinnen.
We must win <u>at</u> all costs.

Äpfel sind in Stuttgart <u>um</u> ein Drittel billiger.
Apples in Stuttgart are a third cheaper.

<u>Um</u> Gottes willen!
<u>For</u> goodness' sake!

5. UM . . . ZU

um . . . zu in order to

Sie brauchen drei Stunden, <u>um</u> mit dem Auto nach Hamburg <u>zu</u> fahren.
You need three hours <u>in order to</u> travel to Hamburg by car.

Ich bin hierher gekommen, <u>um</u> mit dem Chef <u>zu</u> sprechen.
I have come here <u>in order to</u> speak to the manager.

Sie ist heute abend zu müde, <u>um</u> ins Theater mit<u>zu</u>kommen.
She is too tired <u>to</u> come with us to the theater this evening.

Das Kind sitzt auf den Schultern des Vaters, <u>um</u> besser sehen <u>zu</u> können.
The child is sitting on its father's shoulders, <u>in order to</u> be able to see better.

6. VERBEN

ANGEBEN
TO STATE / TO SPECIFY

ich gebe an	ich gebe nicht an	gebe ich . . . an?
Sie geben an	Sie geben nicht an	geben Sie . . . an?
du gibst an	du gibst nicht an	gibst du . . . an?
er/sie/es gibt an	er /sie/es gibt nicht an	gibt er/sie/es . . . an?
wir geben an	wir geben nicht an	geben wir . . . an?
Sie geben an	Sie geben nicht an	geben Sie . . . an?
ihr gebt an	ihr gebt nicht an	gebt ihr . . . an?
sie geben an	sie geben nicht an	geben sie . . . an?

pronunciation:

gebe an	*(geh-beh ann)*
geben an	*(geh-ben ann)*
gibst an	*(gheebst ann)*
gibt an	*(gheebt ann)*
gebt an	*(ghehbt ann)*

This verb is based on the verb **geben** - "to give" and is one of a large number of verbs which can be formed from the base verb and a preposition. It behaves just as **anfangen** in Lektion 5.

Others are: **zugeben**   to admit, to allow
            nachgeben   to give way, to give in
            zurückgeben   to give back, to return (something)

Examples:

Sie müssen den Inhalt sowie dessen ungefähren Wert angeben.
You must specify the contents as well as its approximate value.

Wir müssen dem Beamten unseren Namen und Adresse angeben.
We have to give our names and addresses to the official.

Note that German in this expression uses the singular "name and address" whereas English uses the plural.

angeben also means "to boast":

Geben Sie doch nicht so an!
Don't boast so much!

Other examples of verbs formed from a base verb and a preposition in the dialogue are:

absenden	to send off
ausfüllen	to fill out, fill in
zusammenrechnen	to add up, total up

7. PRONOUNS

You are familiar with the pronouns **ich, Sie, du, er, sie, es, wir, Sie, ihr, sie,** to mean I, you, you (familiar), he, she, it, we, you (plural), you (familiar plural), they.

However, you also need to be able to say me, you, him, her, them, etc. using the pronouns as <u>direct objects</u>.

You do this by putting the pronouns into their accusative form. Examples using **kennen** "to know someone"and **rufen** "to call someone":

Ulrike kennt <u>mich</u>.
Ulrike knows me.

Ich kenne Ulrike.	**Ich kenne <u>sie</u>.**
I know Ulrike.	I know her.
Sie kennen <u>dich</u>. (But	**Sie kennen sich.**
They know you (familiar).	They know each other.)
Sie kennt Paul.	**Sie kennt <u>ihn</u>.**
She knows Paul.	She knows him.
Wir kennen Herrn Schmidt.	**Wir kennen <u>ihn</u>.**
We know Mr. Schmidt.	We know him.
Er kennt Ulrike und <u>mich</u>.	**Er kennt <u>uns</u>.**
He knows Ulrike and me.	He knows us.
Kennen Sie Herrn und Frau Schmidt?	**Kennen Sie <u>sie</u>?**

Do you know Mr. and Mrs. Schmidt?

Der Chef ruft <u>mich</u>.
The boss is calling me.

Der Chef ruft seine Sekretärin.
The boss is calling his secretary.

Er ruft <u>uns</u> in sein Zimmer hinein.
He is calling us into his room.

Wer ruft <u>uns</u>?
Who is calling us?

Er ruft <u>euch</u>.
He is calling you (plural familiar).

Do you know them?

Ich rufe <u>dich</u>.
I am calling you (familiar).

Er ruft <u>sie</u>.
He is calling her.

Paul ruft <u>Sie</u>.
Paul is calling you.

These are all examples of pronouns being used as the <u>direct object</u>.
However, when you say "to me," "to him," "to us," you use <u>indirect object</u> pronouns which require the dative case.

Examples:

Paul gibt <u>mir</u> den Brief.
Paul gives me the letter / he gives the letter to me.

Die Beamtin gibt Paul die Briefmarken.
The official gives Paul the stamps.

Sie gibt sie <u>ihm</u>.
She gives them to him.

Sie schreibt <u>ihm</u>.
She is writing to him.

Wolfgang schreibt Ulrike einen Brief.
Wolfgang is writing Ulrike a letter.

Er schreibt <u>ihr</u> einen Brief.
He is writing a letter to her.

Wir schreiben <u>dir</u>.
We are writing to you (familiar).

Unsere Freunde schreiben <u>uns</u> aus den Vereinigten Staaten.
Our friends are writing to us from (+dative) the United States.

Sie schreiben <u>uns</u>.
They are writing to us.

Wir schreiben <u>ihnen</u>.
We are writing to them.

Er schreibt <u>Ihnen</u>.
He is writing to you.

Frau Schmidt schreibt <u>euch</u> einem Brief.
Mrs. Schmidt is writing you a letter (familiar plural).

Note:

Wie geht es Ihnen?
How are you?

Wie geht es ihr?
How is she?

Wie geht es ihm?
How is he?

Wie geht es dir?
How are you (familiar)?

Wie geht es euch? (dative)
How are you (plural familiar)?

Wie geht es ihnen?
How are they?

Geben Sie es mir!
Give it to me!

Bitte geben Sie mir den Mantel!
Please give me the coat!

Wolfgang gibt Ulrike seine Telephonnummer.
Wolfgang gives Ulrike his telephone number.

Er gibt ihr seine Telephonnummer.
He gives her his telephone number.

Personal pronouns can also be used with prepositions:

Sie kommt mit mir (dative).
She is coming with me.

Wir kommen zu Ihnen (dative).
We are coming to you.

Er geht mit ihr (dative).
He is going with her.

Sie gehen ohne ihn (accusative).
They are going without him.

Da ist ein Brief für uns.
(accusative)
There is a letter for us.

Ich habe zwei Karten für sie.
(accusative)
I have two tickets for them.

SAGEN
TO SAY / TO TELL

ich sage	ich sage nicht	sage ich . . . ?
Sie sagen	Sie sagen nicht	sagen Sie. . . ?
du sagst	du sagst nicht	sagst du. . . ?
er/sie/es sagt	er/sie/es sagt nicht	sagt er/sie/es . . . ?
wir sagen	wir sagen nicht	sagen wir. . . ?
Sie sagen	Sie sagen nicht	sagen Sie. . . ?
ihr sagt	ihr sagt nicht	sagt ihr. . . ?
sie sagen	sie sagen nicht	sagen sie. . . ?

pronunciation:

sage	*(zarg-eh)*
sagst	*(zarg-sst)*
sagt	*(zargt)*
sagen	*(zarg-en)*

Examples:

Die Beamtin sagt dem jungen Mann den Preis der Briefmarken.
The official tells the young man the price of the stamps.

Was sagen Sie?
What are you saying? / What do you say?

Sagen Sie mir bitte, wann kommt der nächste Bus?
Tell me please, when does the next bus come?

Was wollen Sie damit sagen?   (**damit** comes from the preposition
What do you mean to say?   **mit** and means "with it")

Ulrike sagt Herrn Schmidt guten Morgen.
Ulrike says good morning to Mr. Schmidt.

Wann kommen Sie nach Berlin?   **Das kann ich Ihnen nicht sagen.**
When are you coming to Berlin?   I cannot tell you.

Ich sage Ihnen Bescheid.
I'll let you know.

Another verb which is irregular:

LESEN
TO READ

ich lese	ich lese nicht	lese ich . . . ?
Sie lesen	Sie lesen nicht	lesen Sie. . . ?
du liest	du liest nicht	liest du. . . ?
er/sie/es liest	er/sie/es liest nicht	liest er/sie/es. . . ?
wir lesen	wir lesen nicht	lesen wir. . . ?
Sie lesen	Sie lesen nicht	lesen Sie. . . ?
ihr lest	ihr lest nicht	lest ihr. . . ?
sie lesen	sie lesen nicht	lesen sie. . . ?

pronunciation:

lese *(leh-zeh)*
lesen *(leh-zen)*
liest *(leezt)*
lest *(lehzt)*

Examples:

Ulrike liest ihr Buch.
Ulrike is reading her book.

Können Sie nicht lesen?
Can't you read?

Herr und Frau Schmidt lesen ihre Zeitungen.
Mr. and Mrs. Schmidt are reading their newspapers.

Verstehen Sie, was Sie lesen?
Do you understand what you are reading?

9. DESSEN / DEREN

masculine	*feminine*	*neuter*	*plural*
dessen	deren	dessen	deren

These are relative pronouns, meaning "whose," "of whom," and "of which," and are useful in constructing sentences where you wish to refer to someone or something else. In the singular, the masculine and neuter form is **dessen**, and the feminine form is **deren**.

Das ist der Inhalt, dessen ungefähren Wert Sie angeben müssen.

These are the contents, the specific value <u>of which</u> you must specify.

Das ist das Kind, <u>dessen</u> Vater reich ist.
That is the child <u>whose</u> father is rich.

Sie sehen ein Zimmer, an <u>dessen</u> einem Ende ein Tisch steht.
You see a room, at one end <u>of which</u> there is a table.

Sie ist <u>die Frau</u>, <u>deren</u> Sohn an der Universität studiert.
She is the lady <u>whose</u> son goes to the university.

Its plural is **deren** for all three genders:

Die Kinder, <u>deren</u> Väter reich sind, fahren nicht mit dem Bus.
The children <u>whose</u> fathers are rich, do not travel by bus.

10. VERBEN

SOLLEN
OUGHT TO / TO HAVE TO / SHALL

ich soll	ich soll nicht	soll ich . . . ?
Sie sollen	Sie sollen nicht	sollen Sie. . . ?
du sollst	du sollst nicht	sollst du. . . ?
er/sie/es soll	er /sie/es soll nicht	soll er/sie/es. . . ?
wir sollen	wir sollen nicht	sollen wir. . . ?
Sie sollen	Sie sollen nicht	sollen Sie. . . ?
ihr sollt	ihr sollt nicht	sollt ihr. . . ?
sie sollen	sie sollen nicht	sollen sie. . . ?

pronunciation:

soll *(zoll)*
sollst *(zollst)*
sollen *(zoll-en)*
sollt *(zollt)*

Examples:

Was soll ich hier schreiben?
What should I / ought I to write here?

Sie sollen hier Ihren Namen und Ihre Adresse schreiben.
You have to write here your name and your address.

Du sollst nicht mit diesen Kindern spielen!
You should not play with these children! (said to a child)

Dieser Brief soll auf die Post.
This letter is to be taken to the post office.

Was soll ich Ihnen sagen?
How should I say? / How can I put it?

Was soll ich jetzt tun?
What am I to do now?

Er soll hereinkommen!
Tell him to come in!

Wir sollen nicht hingehen.
We ought not to go there.

Was soll das?
What's the idea? What's the meaning of this?

Sollen is another auxiliary verb and behaves just like **können**, **müssen**, **dürfen** in earlier lessons.

11. DIE ZUKUNFT - THE FUTURE TENSE

The future tense is formed in German by the use of the auxiliary verb **werden**. It behaves very much like the other auxiliary verbs you have met so far.

WERDEN
TO BECOME / TO COME TO BE

ich werde	ich werde nicht	werde ich . . . ?
Sie werden	Sie werden nicht	werden Sie. . . ?
du wirst	du wirst nicht	wirst du. . . ?
er/sie/es wird	er /sie/es wird nicht	wird er/sie/es. . . ?
wir werden	wir werden nicht	werden wir. . . ?
Sie werden	Sie werden nicht	werden Sie. . . ?
ihr werdet	ihr werdet nicht	werdet ihr. . . ?
sie werden	sie werden nicht	werden sie. . . ?

pronunciation:

werde *(vair-deh)*
werden *(vair-den)*
wirst *(veerst)*
wird *(veert)*
werdet *(vair-det)*

Examples:

Wir werden am Freitag abend ins Kino gehen.

We will go to the movies on Friday evening.

Ich werde am Sonntag vormittag nach München fliegen.
I will be flying to Munich, on Sunday morning.

Er wird morgen kommen.
He will be coming tomorrow.

Sie wird in einer Stunde hier sein.
She will be here in an hour.

Sie wird gleich kommen.
She will be here any moment.

Es wird nicht schwer sein.
It will not be difficult.

Es muß anders werden. (**anders** otherwise, differently)
There will have to be a change. / We cannot go on like this.

Werden can also be used on its own, to mean "to become":

Ich werde müde.
I am becoming tired.

Es wird Herbst.
Autumn is coming.

WORTSCHATZ

das Postamt: the post office
die Briefmarke: the postage stamp
die Postkarte: the postcard
das Inland: inside of one's own country, home country
das Ausland: foreign countries, outside one's own country, abroad
brauchen: to need, require, have need of
die Post: the mail, post
die Luftpost: airmail
die U.S.A.: the U.S.A.
die Vereinigten Staaten: the United States
wiegen: to weigh
die Waage: the scale, balance
anschließend: subsequently, after that
entsprechend: corresponding, suitable, appropriate
das Paket: the parcel
senden: to send, to transmit
dauern: to continue, last, take (time)
Wie lange wird das dauern? how long will it take?
normalerweise: normally, as a rule
bevor: before

das Formular: the form
ausfüllen: to fill out, fill in
Sie müssen dieses Formular ausfüllen: you must fill out this form
die Adresse: the address
der Absender: the sender, consigner
der Empfänger: the recipient, addressee
sowie: as well as
Mache ich! I will do it, O.K.
hoffentlich: it is to be hoped / I hope / we hope so
die Handschrift: the handwriting
Lassen Sie mal sehen: let me see
sollen: shall, ought to, to have to
angeben: to state, specify / to boast
der Inhalt: the contents (plural)
die Marke: the stamp, the coupon
kleben: to stick
wieviel macht das alles zusammen? how much does that all come to?
/ how much does it all cost?
zusammen: together
zusammenrechnen: to add up, total up
zufällig: by chance, as it happens
Haben Sie das klein? Do you have the right money? / Do you have
this in small change?
das Kleingeld: the small change, coins
der Augenblick: the moment, instant
Einen Augenblick! wait a moment!
nachsehen: to have a look, to inspect, examine
ich sehe nach: I am having a look
es stimmt: it's just right, it is exact
gleich (adverb): immediately, at once
gleich (adjective): like, some, identical

das Kilo: the kilogram (2.2 lbs)
der Kilometer: the kilometer (5/8 of a mile)
zum Wohl! good health!
die Hilfe: the help
der Befehl: the command, the order
zum ersten Mal: for the first time
der Teil: the part
zum Teil: partly
die Tür: the door
die Jacke: the jacket
die Telephonummer: the telephone number
nächst: next, nearest (it always has an ending)

am nächsten Tag: the next day
die Zeitung: the newspaper
lesen: to read
kennen: to know (someone)
dessen: whose, of whom, of which (masculine and neuter)
deren: whose (plural of all genders), of whom (feminine singular)
hereinkommen: to come in (towards the speaker)

der Vater: the father
die Mutter: the mother
Bescheid sagen: to let (someone) know
der Bescheid: the answer, reply, information
anders: otherwise, a change
ohne: without

ANDERE WÖRTER

wozu: what for?
kaufen: to buy
wohin? where to?
bevor: before, prior to
sonst noch: apart from that, as well
einsetzen: to insert
verkaufen: to sell

ÜBUNGEN

1. *BITTE BEANTWORTEN SIE DIESE FRAGEN (DEM GESPRÄCH ENTSPRECHEND):*
   Please answer these questions (corresponding to the dialog).

   1. Wozu braucht Paul eine Briefmarke?

   2. Will er eine Postkarte kaufen?

   3. Wie viele Briefe muß er absenden?

   4. Wohin will er die Briefe senden?

   5. Was tut die Beamtin mit den Briefen?

   6. Geht das Paket nach Kanada oder in die Vereinigten Staaten?

   7. Wie lange dauert es mit Luftpost?

8. Was muß Paul tun, bevor er das Paket absenden kann?

9. Was muß er auf das Formular schreiben?

10. Muß er eine Telephonnummer angeben?

11. Kann die Beamtin seine Handschrift lesen?

12. Was muß er sonst noch angeben?

13. Wer klebt die Briefmarken auf das Paket?

14. Hat Paul Kleingeld?

15. Wieviel macht das alles zusammen?

2. *BITTE SETZEN SIE DIE ENTSPRECHENDEN PRONOMEN EIN!*
Please insert the appropriate pronouns.

Beispiel Frau Schmidt kennt den Chef = Sie kennt ihn.

1. Der Chef spricht mit seiner Sekretärin .

2. Ulrike fährt ohne Wolfgang in die Stadt.

3. Ulrike und Wolfgang gehen mit Paul ins Kino.

4. Die Empfangschefin hat zwei Pakete für Herrn Schmidt und mich.

5. Wolfgang gibt Ulrike seine Telephonnummer.

6. Das kleine Kind geht zu seiner Mutter.

7. Heidi sitzt mit Herrn und Frau Schmidt zu Hause.

8. Die Beamtin verkauft Paul mehrere Briefmarken. (**verkaufen** to sell)

3. *SETZEN SIE DIE VERBEN IN DIE ZUKUNFT!*
Put the verbs into the future tense.

Beispiel Ich fliege nach München. = Ich werde nach München fliegen.

1. Paul schreibt einige Briefe.

2. Herr Schmidt arbeitet rund um die Uhr.

3. Wir gehen heute abend ins Theater.

4. Wolfgang und Ulrike gehen zum Trödelmarkt.

5. Wann fliegen Sie nach München?

6. Ich gehe heute nicht in die Stadt.

7. Ich habe keine Zeit.

8. Sprechen wir deutsch?

DAS WETTER
THE WEATHER

Herr Schmidt **Nun, Paul, wollen Sie am Wochenende ins Grüne fahren? Ich weiß, daß Sie die frische Luft schätzen.**
Well, Paul, will you be going out into the country for the weekend? I know that you appreciate the fresh air.

Paul **Nein. Ich ziehe es eigentlich vor, in Berlin zu bleiben.**
No. I actually prefer to stay in Berlin.

Herr Schmidt **Wirklich? Warum denn? Zu dieser Jahreszeit ist die Landschaft um Berlin doch so schön.**
Really? Why is that? The countryside around Berlin is so lovely at this time of year, after all.

Paul **Das stimmt! Aber auch in Berlin kann ich spazierengehen, vor allem bei so schönem Frühlingswetter wie heute. Sehen Sie mal den blauen Himmel an! Die Sonne scheint. Es ist fast keine Wolke am Himmel.**
That's true! But I can go for walks in Berlin as well, especially in such lovely spring weather as today.
Just look at the blue sky! The sun is shining. There is scarcely a cloud in the sky.

Herr Schmidt	**Der Wetterbericht sagt jedoch Regen fürs Wochenende voraus. Was wollen Sie bei Regenwetter machen? Warten Sie auf besseres Wetter?**
	The weather report however forecasts rain for the weekend. What do you intend to do if it rains? Do you wait for better weather?
Paul	**Keineswegs! Ich ziehe meinen Regenmantel an, nehme meinen Regenschirm mit und gehe trotzdem spazieren. Oder ich kann billig mit dem Bus fahren. Ich habe eine Abonnementskarte, die für drei Monate gültig ist.**
	By no means! I put on my raincoat, take my umbrella with me and go for a walk all the same. Or I can travel cheaply on the bus. I have a season ticket, which is valid for three months.
Herr Schmidt	**Aber wenn das Wetter kühl wird, bleiben Sie doch bestimmt zu Hause?**
	But if the weather becomes cool, you will surely stay at home?
Paul	**Im Gegenteil! Bei kühlem Wetter ziehe ich warme Kleidung an und gehe trotzdem aus. Ich habe viele Bekannte, vor allem meine Kommilitonen. Ich kann sie besuchen. Wir können uns gut unterhalten. Wir reden, wir sehen fern, wir hören Musik oder wir lesen Zeitschriften.**
	On the contrary! If the weather is cool, I put on warm clothes and still go out. I have many acquaintances. Mostly my fellow-students. I can visit them. We can have a good time. We talk, we watch T.V., we listen to music or we read magazines.
Herr Schmidt	**Und wo verbringen Sie die Ferien?**
	And where do you spend the vacations?
Paul	**Ich verbringe die Ferien gewöhnlich in Berlin und Umgebung.**
	I usually spend the vacations in Berlin and the surrounding area.

Herr Schmidt	**Was mich angeht, so ziehe ich es vor, die Ferien weit entfernt von Berlin zu verbringen. Im Winter fahre ich manchmal in die Berge, und im Sommer fliege ich nach Österreich, um einen guten Wein zu trinken.**
	As far as I am concerned, I prefer to spend the vacations a long way from Berlin. In the winter, I sometimes go to the mountains and in summer, I fly to Austria to drink good wine.
Paul	**Das ist auch keine schlechte Idee!**
	It's not a bad idea at that!

1. DIE AUSSPRACHE

am Wochenende *(am vokh-en-en-deh)*
ins Grüne *(inss grew-neh)*
die frische Luft *(dee freesh-eh looft)*
schätzen *(shet-sen)*
bleiben *(bleye-ben)*
Landschaft *(lant-shaft)*
Jahreszeit *(yah-ress-tseyet)*
spazierengehen *(shpats-eeren-geh-en)*
Frühlingswetter *(frew-lingz-vett-air)*
blauen *(blowe-en)*
Himmel *(heem-mell)*
Sonne *(zon-neh)*
scheint *(shine-t)*
Wolke *(voll-keh)*
Wetterbericht *(vett-air-beh-rikht)*
Regen *(reh-ghen)*
voraus *(for-owss)*
Regenwetter *(reh-ghen-vett-air)*
besseres *(bess-air-ess)*
abwarten *(ap-vahr-ten)*
Regenmantel *(reh-ghen-man-tel)*
Regenschirm *(reh-ghen-sheer-m)*
mitnehmen *(meet-neh-men)*
keineswegs *(keye-ness-vehgz)*
doch *(dokh)*
billig *(bill-leekh)*

Abonnementskarte *(ah-bon-nem-ments-kahr-teh)*
gültig *(gewl-teeg)*
Monate *(moh-nah-teh)*
kühl *(kewll)*

bestimmt *(beh-shteemt)*
im Gegenteil *(eem geh-ghen-tile)*
die Kleidung *(dee kleye-doong)*
Kommilitonen *(kom-milli-tone-enn)*
besuchen *(beh-zookh-en)*
unterhalten *(oon-tair-hal-ten)*
sehen *(zeh-en)*
fern *(fairn)*
hören *(her-ren)*
Musik *(moo-zeek)*
Zeitschriften *(tseye-t-shreef-ten)*
Ferien *(feh-ree-en)*
angeht *(ann-gate)*
weit *(veye-t)*
entfernt *(ent-fair-nt)*
verbringen *(fair-bring-en)*
gewöhnlich *(geh-vern-leekh)*
Umgebung *(oom-geh-boong)*
Winter *(vinn-tair)*
manchmal *(mansh-mahl)*
Bergen *(bear-ghen)*
Idee *(ee-deh)*

2. DIE MONATE - THE MONTHS

Wieviel Monate gibt es im Jahr?
How many months are there in a year?

Es gibt zwölf Monate im Jahr.
There are twelve months in a year.

der Januar *(dair yan-oo-ahr)*	January
der Februar *(dair feh-broo-ahr)*	February
der März *(dair mairts)*	March
der April *(dair app-reel)*	April
der Mai *(dair meye)*	May
der Juni *(dair yoo-nee)*	June
der Juli *(dair yoo-lee)*	July
der August *(dair ow-goost)*	August
der September *(dair zep-tem-bear)*	September
der Oktober *(dair ock-toh-bear)*	October
der November *(dair noh-fem-bear)*	November
der Dezember *(dair deh-tsem-bear)*	December

Im Mai
In May

3. DIE JAHRESZEITEN -THE SEASONS

Wie viele Jahreszeiten gibt es in Deutschland?
How many seasons are there in Germany?

In Deutschland gibt es vier Jahreszeiten.
In Germany there are four seasons.

Die Jahreszeiten sind:

der Winter *(dair veen-tair)*	winter
der Frühling *(dair frew-leeng)*	spring
das Frühjahr *(dass frew-yahr)*	spring
der Sommer *(dair zom-mair)*	summer
der Herbst *(dair hair-bst)*	fall

Im Winter
In winter

Im Sommer
In summer

Ich habe den Winter nicht gern.	(etwas gern haben
I do not like the winter.	to like something)
Ich ziehe den Frühling vor.	(vorziehen to prefer)
I prefer the spring.	
Welche Jahreszeit ziehen Sie vor?	Wir ziehen den Sommer vor.
Which season do you prefer?	We prefer the summer.

4. WIE IST DAS WETTER? - WHAT IS THE WEATHER LIKE?

Im Winter ist es kalt.
In winter, it is cold.

Im Sommer ist es warm.
In summer, it is warm.

Im Herbst ist es kühl.
In fall, it is cool.

Im Frühling ist es angenehm.
In spring, it is pleasant.

Zu dieser Jahreszeit ist Berlin so schön.
Berlin is so nice at this time of year.

5. COMPOUND WORDS

In German you can make one noun out of two or more other nouns by merging them together; sometimes a linking **s**, an **es** or an **n** needs to be added to the first noun.

Examples:

das Jahr	+ die Zeit	= die Jahreszeit the time of the year / season
die Woche	+ das Ende	= das Wochenende the weekend
der Frühling	+ das Wetter	= das Frühlingswetter the spring weather
das Wetter	+ der Bericht	= der Wetterbericht the weather report
der Regen	+ das Wetter	= das Regenwetter the rainy weather
der Regen	+ der Mantel	= der Regenmantel the raincoat
der Regen	+ der Schirm	= der Regenschirm the umbrella
die Sonne	+ der Schirm	= der Sonnenschirm the sunshade, parasol
das Abonnement	+ die Karte	= die Abonnementskarte the season ticket, subscription card
der Brief	+ die Marke (stamp, coupon)	= die Briefmarke the stamp
die Post	+ das Amt	= das Postamt the post office
die Post	+ die Karte	= die Postkarte the postcard
das Auge (eye)	+ der Blick (glance)	= der Augenblick the moment, instant
der Brief	+ die Tasche	= die Brieftasche the wallet, pocketbook

See what nouns you can recognize in other lessons that are made up of two nouns.

Other examples:

der Arm + das Band + die Uhr   = **die Armbanduhr**
   (arm)   (band, tape)   the wristwatch

die Kraft + das Fahrzeug   = **das Kraftfahrzeug**
   (power)   (vehicle)   the motor vehicle
                                   (often abbreviated to
                                   Kfz e.g. in road signs)

6. VERBEN

ZIEHEN
TO PULL / TO DRAW / TO MOVE

ich ziehe	ich ziehe nicht	ziehe ich . . . ?
Sie ziehen	Sie ziehen nicht	ziehen Sie. . . ?
du ziehst	du ziehst nicht	ziehst du. . . ?
er/sie/es zieht	er/sie/es zieht nicht	zieht er/sie/es. . . ?
wir ziehen	wir ziehen nicht	ziehen wir. . . ?
Sie ziehen	Sie ziehen nicht	ziehen Sie. . . ?
ihr zieht	ihr zieht nicht	zieht ihr. . . ?
sie ziehen	sie ziehen nicht	ziehen sie. . . ?

pronunciation:

ziehe *(tsee-eh)*
ziehst *(tseest)*
zieht *(tseet)*
ziehen *(tsee-enn)*

Examples:

Pflanzen ziehen ihre Nahrung aus dem Boden.
Plants draw their nourishment from the ground.

Das Pferd zieht den Wagen.
The horse is drawing the wagon.

Wolfgang zieht seine Brieftasche aus der Tasche.
Wolfgang draws / takes his wallet out of his pocket.

Bitte die Tür schließen! Es zieht.
Please close the door. There is a draft.

Ziehen!
Pull! (on doors) as opposed to:

Drücken! (in Germany)

Stoßen! (in Austria and Switzerland)
Push!

Ziehen is also used as a basis for many other verbs. Here are some examples, using prepositions you have already encountered.

abziehen to take off

Können Sie etwas vom Preis abziehen?
Can you take something off the price? / Can you give a discount?

anziehen to put on

Paul zieht seinen Regenmantel an.
Paul puts on his raincoat.

Ich habe nichts anzuziehen.
I have nothing to wear.

ausziehen to take off, remove

Ulrike zieht ihren Pullover aus.
Ulrike takes off her sweater.

Wir ziehen aus diesem Haus aus.
We are moving out of this house.

einziehen to enter, move in

Das Wasser zieht in den Boden ein.
The water enters into the ground.

Der neue Mieter zieht ein.
The new tenant is moving in.

zuziehen to draw together, consult

Frau Schmidt zieht die Gardinen zu.
Mrs. Schmidt is drawing the curtains.

Ich werde den Arzt zuziehen (or **hinzuziehen**).
I will consult the doctor.

vorziehen to prefer

Ich ziehe den Frühling vor.
I prefer spring.

Ich ziehe es vor, Tee zu trinken.
I prefer to drink tea.

Paul zieht es vor, in Berlin zu bleiben.
Paul prefers to stay in Berlin.

HÖREN
TO HEAR / TO LISTEN

ich höre	ich höre nicht	höre ich . . . ?
Sie hören	Sie hören nicht	hören Sie. . . ?
du hörst	du hörst nicht	hörst du. . . ?
er/sie/es hört	er /sie/es hört nicht	hört er/sie/es. . . ?
wir hören	wir hören nicht	hören wir. . . ?
Sie hören	Sie hören nicht	hören Sie. . . ?
ihr hört	ihr hört nicht	hört ihr. . . ?
sie hören	sie hören nicht	hören sie. . . ?

pronunciation:

höre *(her-reh)*
hören *(her-ren)*
hörst *(herst)*
hört *(hert)*

Examples:

Paul hört Musik.
Paul is listening to music.

Wolfgang hört ein Konzert im Radio.
Wolfgang is listening to a concert on the radio.

Hören Sie?
Do you hear? / Are you listening? / Can you hear me?

Sie hören in den nächsten Tagen von mir!
You will be hearing from me in the next few days!

Er hört das Gras wachsen.
(lit.:He hears the grass growing) He is over-sensitive.

Wie ich höre, fliegt Ulrike am Freitag nach München.
I hear Ulrike is flying to Munich on Friday.

```
SEHEN
TO SEE / TO LOOK

ich sehe              ich sehe nicht              sehe ich . . . ?
Sie sehen             Sie sehen nicht             sehen Sie. . . ?
du siehst             du siehst nicht             siehst du. . . ?
er/sie/es sieht       er/sie/es sieht nicht       sieht er/sie/es. . . ?

wir sehen             wir sehen nicht             sehen wir. . . ?
Sie sehen             Sie sehen nicht             sehen Sie. . . ?
ihr seht              ihr seht nicht              seht ihr. . . ?
sie sehen             sie sehen nicht             sehen sie. . . ?

pronunciation:

sehe (zeh-eh)
siehst (zeest)
sieht (zeet)
seht (zeht)
sehen (zeh-en)
```

Examples:

Paul sieht Ulrike. Er sieht sie.
Paul sees Ulrike. He sees her.

Frau Schmidt sieht aus dem Fenster.
Mrs. Schmidt is looking out of the window.

Darf ich das bitte sehen?
May I have a look at it please?

Es gibt immer etwas Interessantes auf dem Trödelmarkt zu sehen.
There is always something interesting to see in the flea market.

Wann sehen wir uns wieder?
When shall we meet? / When shall we see each other again?

Sehen, with a preposition added on in front, can be used to form other verbs.

Two examples of these from the dialogue are **ansehen** and **fernsehen.**

ansehen to look at, view, consider

Sehen Sie mal den blauen Himmel an!
Just look at the blue sky!

Wir müssen dies als eine Tatsache ansehen. (die Tatsache fact)
We must consider this as a fact.

Morgen werden wir uns den Film ansehen.
Tomorrow we will see the movie.

Ich muß mir das ansehen.
I must have a look at that.

fernsehen to watch, look at TV

Paul und seine Kommilitonen sehen fern.
Paul and his fellow students are watching TV.

Was gibt es heute abend im Fernsehen?
What is on the television tonight?

WARTEN
TO WAIT

ich warte	ich warte nicht	warte ich . . . ?
Sie warten	Sie warten nicht	warten Sie. . . ?
du wartest	du wartest nicht	wartest du. . . ?
er/sie/es wartet	er/sie/es wartet nicht	wartet er/sie/es. . . ?
wir warten	wir warten nicht	warten wir. . . ?
Sie warten	Sie warten nicht	warten Sie. . . ?
ihr wartet	ihr wartet nicht	wartet ihr. . . ?
sie warten	sie warten nicht	warten sie. . . ?

pronunciation:

warte *(vahr-teh)*
wartest *(vahr-test)*
wartet *(vahr-tet)*
warten *(vahr-ten)*

Examples:

Ulrike wartet auf den Bus.
Ulrike is waiting for the bus.

Bitte warten Sie!
Hold on please / Don't hang up! (on the telephone)

Wir werden bis vier Uhr auf Sie warten.
We will wait until four o'clock for you.

Ich kann warten.
I can wait / I have plenty of time.

Wir wollen mit dem Essen auf ihn warten.
We want to wait with the meal until he comes.

abwarten
to wait for, await.

Werden Sie besseres Wetter abwarten?
Will you wait for better weather?

Wir wollen es abwarten.
Let's wait and see.

Warten Sie ab, bis Sie an die Reihe kommen!
(**die Reihe** row, series, line)
Wait until it is your turn!

Abwarten und Tee trinken!
Wait and drink some tea! / Just be patient and see what happens.

7. WORD ORDER WITH DAß, WENN, OB

Daß, wenn, and **ob** are used as conjunctions, meaning "that," "if/whenever," and "whether."

I know <u>that</u> she is here.
<u>Whenever</u> she comes, she brings her dog.
I don't know <u>whether</u> he is coming, etc.

Sie <u>schätzen</u> die frische Luft.	**Ich weiß, daß Sie die frische Luft <u>schätzen</u>.**
You appreciate fresh air.	I know you appreciate the fresh air.
Sie <u>sind</u> heute keineswegs müde.	**Ich sehe, daß Sie heute keineswegs müde <u>sind</u>.**
You are not at all tired today.	I see that you are not at all tired today.

You have seen that the verb normally comes as the second expression in a German sentence, whichever way around the sentence is. However, in that part of that sentence which begins with **daß, wenn** or **ob** the verb is sent to the end.

If there is an auxiliary verb in the sentence which has already sent the main verb to the end, then putting in **daß** pushes the auxiliary verb right to the end of the sentence.

Sie <u>kommen</u> morgen.	**Ich weiß, daß sie morgen <u>kommen</u>.**
They are coming tomorrow.	I know that they are coming tomorrow.

Sie <u>werden</u> morgen kommen.

They will be coming tomorrow.

Ich hoffe, daß sie morgen kommen <u>werden</u>.

I hope that they will come tomorrow.

Ulrike <u>fliegt</u> am Freitag nach München.

Ulrike is flying to Munich on Friday.

Ich höre, daß Ulrike am Freitag nach München <u>fliegt</u>.

I hear that Ulrike flies to Munich on Friday.

Ulrike <u>wird</u> am Freitag nach München fliegen.

Ulrike will be flying to Munich on Friday.

Ich höre, daß Ulrike am Freitag nach München fliegen <u>wird</u>.

I hear that Ulrike will be flying to Munich on Friday.

Another conjunction, **wenn** (if, when, whenever), also sends the verb to the end of the sentence, just as **daß** does:

Das Wetter <u>wird</u> kühl.

The weather becomes cool.

Wenn das Wetter kühl <u>wird</u>, bleibt Paul zu Hause.

If the weather becomes cool, Paul stays at home.

Let us look at the word order of the last sentence a little more closely:

We have already seen that the verb normally comes as the second expression in a German sentence. An "expression" can be a verb, a noun, a noun with adjectives or a subordinate clause.

The verb **bleibt** in the second part of the above sentence comes as the second expression, while the first half of the sentence (the part which begins with **wenn** and ends with the comma) is considered as all one expression for the purposes of word order.

We can turn the sentence the other way round, and the verb **bleibt** still comes as the second expression in the sentence, while **Paul** is now the first one.

Paul <u>bleibt</u> zu Hause, wenn das Wetter kühl wird.

Paul stays at home if the weather becomes cool.

Similarly, in the following two sentences:

Wenn Ulrike eine Reise macht, <u>fährt</u> sie mit dem Taxi zum Flughafen.

Whenever Ulrike goes on a trip, she travels to the airport by taxi.

Ulrike <u>fährt</u> mit dem Taxi zum Flughafen, wenn sie eine Reise macht.

Ulrike travels to the airport by taxi, whenever she goes on a trip.

In this example, the verb **fährt** is in the second place in both sentences.

Look at these sentences:

Sie <u>bleiben</u> zu Hause.	<u>Bleiben</u> Sie zu Hause?
You are staying at home.	Are you staying at home?

And then, with **daß**:

Ich nehme an, daß Sie zu Hause <u>bleiben</u>.
I assume that you are staying at home.

Look at what happens when an auxiliary verb such as **werden** is included in the sentences:

Sie <u>werden</u> zu Hause bleiben.	<u>Werden</u> Sie zu Hause bleiben?
You will stay at home.	Will you stay at home?

Ich nehme an, daß Sie zu Hause bleiben <u>werden</u>. (annehmen to assume)
I assume that you will be staying at home.
After **daß**, the **werden** goes to the end.

The conjunction **ob** (whether) also has the same effect as **daß** and **wenn**:

Paul <u>bleibt</u> zu Hause.
Paul stays at home.

<u>Bleibt</u> Paul zu Hause?
Is Paul staying at home?

Es hängt von den Umständen ab, ob Paul zu Hause <u>bleibt</u>.
It depends on the circumstances, whether Paul stays at home.

Ob Paul zu Hause <u>bleibt</u>, hängt von den Umständen ab.
Whether Paul stays at home, depends on the circumstances.
(**abhängen von** to depend on)
(**der Umstand** circumstance)

With **werden**:

Paul <u>wird</u> zu Hause bleiben.
Paul will be staying at home.

<u>Wird</u> Paul zu Hause bleiben?
Will Paul be staying at home?

Es hängt von den Umständen ab, ob Paul zu Hause bleiben <u>wird</u>.
It depends on the circumstances, whether Paul will stay at home.

Ob Paul zu Hause bleiben <u>wird</u>, hängt von den Umständen ab.

Whether Paul will stay at home, depends on the circumstances.

Und (and) is used merely to join two sentences together. The verbs remain in position in both sentences, which are still considered as separate sentences for the purposes of word order.

Ulrike fährt mit dem Taxi zum Flughafen und fliegt nach München.
Ulrike travels by taxi to the airport and flies to Munich.

Paul zieht seinen Regenmantel an und geht spazieren.
Paul puts on his raincoat and goes for a walk.

You can insert an adverb, e.g. **dann:**

Paul zieht seinen Regenmantel an und geht dann spazieren.
Paul puts on his raincoat and then goes for a walk.

The separable verbs used in the examples:

annehmen	to assume
abhängen	to depend on
spazierengehen	to go for a walk
mitnehmen	to take (something) with
mitkommen	to come along, to come too
anziehen	to put on

all behave like **anfangen** and **vorziehen**, which you have already met, in that they consist of a separable part, which splits off from its main part, and is sent to the end when the verb is used in a simple sentence.

Wolfgang geht mit Ulrike spazieren.
Wolfgang goes for a walk with Ulrike.

An diesem Sonntag kommt Paul mit.
This Sunday, Paul is coming too.

Paul zieht seinen Regenmantel an.
Paul is putting on his raincoat.

However, the separable part of the verb joins up with the main part again when it is sent to the end of the part of the sentence which begins with **wenn, ob, daß**, and similar conjunctions.

Wenn Wolfgang und Ulrike spazierengehen, nehmen sie ihren Regenmantel mit.
If Wolfgang and Ulrike go for a walk, they take their raincoats with them.

Note: in German, **Regenmantel** is in the singular, even though two people have raincoats in this case.

Es hängt von Paul ab, ob er an diesem Sonntag mitkommt.
It depends on Paul, whether he comes too this Sunday.

Heute bemerkt Herr Schmidt, daß Paul seinen Regenmantel anzieht.
Today, Mr. Schmidt notices that Paul is putting on his raincoat.

(**bemerken** to notice)

The first two sentences can also be expressed the other way round.

Wolfgang und Ulrike nehmen ihren Regenmantel mit, wenn sie spazierengehen.
Wolfgang and Ulrike take their raincoats with them, if they go for a walk.

Ob Paul an diesem Sonntag mitkommt, hängt von ihm ab.
Whether Paul comes too on Sunday, depends on him.

8. TIME, MANNER, AND PLACE

It is important to note that in German sentences, expressions of <u>time</u> normally come before expressions of <u>manner</u>, which come before expressions of <u>place</u>.

Ulrike wird <u>am Freitag</u> <u>mit der Lufthansa</u> <u>nach München</u> fliegen.
          time   manner   place
Ulrike will be flying to Munich on Friday with Lufthansa.

Paul fährt <u>morgen</u> <u>mit dem Bus</u> <u>nach Dahlem</u>.
       time   manner   place
Paul is going to Dahlem by bus tomorrow.

Herr Schmidt kommt <u>jeden Abend</u> <u>müde</u> <u>nach Hause</u>.
           time   manner place
Every evening, Mr. Schmidt comes home tired.

When **daß** is placed in front of the above sentence, the time, manner, place order remains while the verb, in this case **kommt**, is sent to the end.

Frau Schmidt sieht, daß ihr Mann jeden Abend müde nach Hause kommt.
Mrs. Schmidt sees that her husband comes home tired every evening.

9. BRAUCHEN, VORZIEHEN AND ZU

When **brauchen** is used with another verb, **zu** is placed before the second or dependent verb:

Du brauchst es mir nur zu sagen. (**nur** only)
You only have to tell me.

Sie brauchen es mir nicht zu sagen.
You don't have to tell me.

Morgen brauchen wir nicht zu arbeiten, weil Sonntag ist.
We don't have to work tomorrow, because it is Sunday.

Du brauchst noch nicht zu gehen.
You needn't go yet.

The 'zu' is placed between the two parts of a separable verb:

Sie brauchen nichts zuzuzahlen. (**zuzahlen** to pay extra)
You need not pay anything extra.

Paul braucht seinen Regenmantel nicht anzuziehen, wenn morgen besseres Wetter ist.
Paul does not need to put on his raincoat if the weather is better tomorrow.

Paul braucht nicht mitzukommen, wenn Wolfgang und Ulrike ins Kino gehen.
Paul does not need to come along, when Wolfgang and Ulrike go to the movies.

Vorziehen also needs a 'zu', which is added in front of the verb in the dependant clause. If the verb is separable, 'zu' is inserted in the middle of the verb:

Ich ziehe es vor, jetzt nach Hause zu gehen.
I prefer to go home now.

Paul zieht es vor, mit seinen Kommilitonen in Berlin spazierenzugehen.
Paul prefers to go for a walk in Berlin with his fellow students.

Note the **es** in the above sentences.

In German you say:

I prefer it, to go home now.
Ich ziehe es vor, jetzt nach Hause zu gehen.

10. LEHREN UND LERNEN

Zu is also required when the verbs **lernen** (to learn) and **lehren** (to teach) are used with a dependent clause:

Ich werde dich lehren, deinen alten Vater auszulachen.
(**auslachen** (+ accusative) to laugh at)
I will teach you to laugh at your old father (ironic).

Wir lehren die Kinder, alte Leute mit Nachsicht zu behandeln.
We are teaching the children to treat old people with consideration.

Er muß noch lernen, pünktlich anzukommen.
He must still learn to arrive punctually.

Du mußt lernen, vorsichtiger zu zein.
You will have to learn to be more careful.
(**vorsichtig** cautious, careful; **vorsichtiger** more careful)

Note the following usage:

Er lehrt die Kinder schwimmen.
He is teaching the children to swim.

Sie lernt kochen.
She is learning to cook.

Wolfgang lernt Auto fahren.
Wolfgang is learning to drive.

Die Kinder lernen schwimmen.
The children are learning to swim.

11. GUT, BESSER. . .

The comparative of an adjective is usually formed by putting **-er** on the end and the superlative by putting **-st** or **-est** on the end. If the vowel is an **a**, **o** or **u**, it may change to **ä**, **ö**, **ü**, in the comparative and the superlative.

Examples:

schön	so schön wie	schöner als	am schönsten
lovely	as lovely as	more lovely than	the loveliest

klein	so klein wie	kleiner als	am kleinsten
small	as small as	smaller than	the smallest

klug	so klug wie	klüger als	am klügsten
intelligent	as intelligent as	more intelligent than	the most intelligent

but:

gut	so gut wie	besser als	am besten
good	as good as	better than	the best

Werden Sie auf besseres Wetter warten?
Will you wait for better weather?

Paul ist der beste Schüler in seiner Klasse.
Paul is the best pupil in his class.

Ulrike ist die klügste Angestellte in der Bank.
Ulrike is the most intelligent employee in the bank.

Wolfgang ist älter als Paul. (alt old)
Wolfgang is older than Paul.

Monika ist so alt wie Ulrike.
Monika is as old as Ulrike.

Diese Schachtel ist größer als jene.
This box is bigger than that one.

Das ist die größere Schachtel.
It is the bigger box.

Die dritte Schachtel ist am größten.
The third box is the biggest of all.

Es ist eines der interessantesten Bücher.
It is one of the most interesting books.

In Hamburg ist die Luft frischer als in Berlin.
The air is fresher in Hamburg than in Berlin.

Mit dem Taxi fahren wir am schnellsten zum Flughafen.
The taxi is the fastest means of getting to the airport.

Du mußt lernen, vorsichtiger zu sein.
You must learn to be more careful.

WORTSCHATZ

das Wochenende: the weekend
am Wochenende: on the weekend
ins Grüne fahren: to drive out into the countryside
die Landschaft: the countryside
das Grüne: the green, greenery
grün: green (adjective)
frisch: fresh
die Luft: the air

schätzen: to appreciate
eigentlich: actually
vorziehen: to prefer
die Jahreszeit: the season
spazierengehen: to go for a walk
das Wetter: the weather
das Frühlingswetter: the spring weather
blau: blue
die Sonne: the sun
scheinen: to shine
die Wolke: the cloud
der Wetterbericht: the weather report
der Bericht: the report
der Regen: the rain
voraussagen: to forecast
das Regenwetter: the rainy weather
besser: better
abwarten: to wait for, await
wollen: to want, to intend to, to be going to
der Regenmantel: the raincoat
der Regenschirm: the umbrella
mitnehmen: to take (something) with
mitkommen: to come along, to come with
die Abonnementskarte: season ticket
das Abonnement: subscription
gültig: valid, rated
billig: cheap
keineswegs: by no means
doch: after all, however, still
der Monat: the month
kühl: cool
kalt: cold (around about freezing point or below)
heiß: hot
warm: warm
bestimmt: certainly, surely
bleiben: to stay, remain
im Gegenteil: on the contrary, quite the reverse
das Gegenteil: contrary, reverse, opposite
der Kommilitone: the fellow student
besuchen: to visit
wir unterhalten uns gut: we have a good time
sehen: to see
fernsehen: to watch television
das Fernsehen: the television

hören: to hear
die Musik: the music
die Zeitschrift: the journal, the magazine
die Umgebung: the surroundings, the environment
angenehm: pleasant
die Ferien (plural): the vacation
angehen: to concern, regard
was mich angeht: as far as I am concerned
weit: far
entfernt: distant, remote
weit entfernt: far away
verbringen: to spend (time)
ausgeben: to spend (money)
der Winter: the winter
manchmal: sometimes
der Berg: the mountain
der Sommer: the summer
der Frühling: the spring
das Frühjahr: the spring (more formal context)
der Herbst: the fall
zusammengesetzt (aus): composed of, consisting (of)
zusammensetzen: to put together, to assemble
das Auge: the eye
der Blick: the glance
der Augenblick: moment
die Brieftasche: wallet, pocketbook
die Armbanduhr: wristwatch
das Kraftfahrzeug: the motor vehicle
ziehen: to pull
die Pflanze: the plant
die Nahrung: the nourishment
der Boden: ground
das Pferd: the horse
der Wagen: the wagon
die Tür: the door
stoßen: to push
abziehen: to take off, to withdraw
anziehen: to put on, to attract
ausziehen: to take off, to remove
einziehen: to enter, to move in
der Mieter: the tenant
das Wasser: the water
zuziehen: to draw together, to consult
der Arzt: the doctor

die Gardine: the curtain
das Gras: the grass
das Fenster: the window
wie: as
die Tatsache: the fact
ansehen: to look at, consider
das Konzert: the concert, recital
der Schüler: the schoolboy, pupil
die Schülerin: the schoolgirl, pupil
warten: to wait
abwarten: to wait for, await
daß: that
wenn: if, when, whenever
ob: whether
dann: then, thereupon
der Mann: the man, husband
nur: only
alt: old
zuzahlen: to pay extra
auslachen (+ accusative): to laugh at
behandeln: to treat
die Nachsicht: the consideration
vorsichtig: cautious, careful
schwimmen: to swim
kochen: to cook
die Tageskarte: day ticket
folgend: following
abhängen von: to depend on
der Umstand: the circumstance

ÜBUNGEN

1. *BITTE BEANTWORTEN SIE DIE FOLGENDEN FRAGEN (DEM GESPRÄCH ENTSPRECHEND)!*

Please answer these questions (using the dialog).

1. Wird Paul am Wochenende ins Grüne fahren?

2. Was schätzt Paul?

3. Zieht Paul es vor, in Berlin zu bleiben?

4. Wann ist die Landschaft um Berlin am schönsten?

5. Wie ist das Wetter?

6. Was macht Paul bei Regenwetter?

7. Wie fährt Paul billiger, mit einer Tageskarte oder einer Abonnementskarte? (**die Tageskarte** day ticket)

8. Wie fährt er am billigsten, mit dem Bus oder mit dem Taxi?

9. Was nimmt Paul mit, wenn er bei Regenwetter spazierengeht?

10. Was sagt der Wetterbericht für das Wochenende voraus?

11. Zu welcher Jahreszeit ist es am kältesten?

12. Was macht Paul, wenn es kühl wird?

13. Haben Sie einen Regenmantel zu Hause?

14. Hat Paul viele Bekannte in Berlin?

15. Was sind das für Bekannte?

16. Was machen diese jungen Leute, wenn sie zusammen sind?

17. Wo verbringt Paul die Ferien?

18. Verbringt Herr Schmidt seine Ferien in Berlin?

19. Wo fährt er im Winter hin?

20. Was macht er im Sommer?

2. BENUTZEN SIE DAß, WENN, ODER OB IN DEN FOLGENDEN SÄTZEN:

Use **daß**, **wenn**, or **ob** with the following sentences:

Beispiel Paul geht im Regen spazieren. Ich sehe, daß <u>Paul im Regen spazierengeht.</u>

1. Herr Schmidt wird in die Berge fahren. Ich höre, daß _____.

2. Ulrike zieht ihren Pullover aus. Wolfgang bemerkt, daß _____.

3. Der Wetterbericht sagt Regen für das Wochenende voraus. Wir gehen nicht spazieren, wenn _____.

4. Es wird kalt. Wir bleiben zu Hause, wenn _____.

5. Paul wird mitkommen. Ich weiß nicht, ob _____.

6. Es wird ein Konzert im Radio geben. Wir wissen nicht, ob ___.

EIN PICKNICK
A PICNIC

Heute wollen Ulrike und Wolfgang ein Picknick machen. Sie wollen mit ihren Freunden ins Grüne fahren.
Today Ulrike and Wolfgang are going to have a picnic. They are going with their friends into the country.

Ulrike	**Wolfgang, hast du mit Monika gesprochen? Kommt sie mit?** Wolfgang, did you talk to Monika? Is she coming along?
Wolfgang	**Ja, ich habe gestern abend mit ihr telephoniert. Sie kommt mit ihrem Freund. Das heißt, wir sind zu viert. Sie wollen den Käse und den Nachtisch mitbringen.** Yes, I spoke with her yesterday evening on the phone. She is coming with her boy-friend. That means there are four of us. They will bring the cheese and the dessert.
Ulrike	**Ich freue mich.** I am glad.
Wolfgang	**Mm . . . Das sieht gut aus. Was bereitest du für uns zu?** Mm . . . That looks good. What are you preparing for us?

Ulrike	Ich bin gerade dabei, einen gemischten Salat zuzubereiten. Du wirst dich freuen.
	I am just in the process of preparing a mixed salad. You will be pleased.
Wolfgang	Ich verstehe überhaupt nichts vom Kochen. Deshalb habe ich zwei Brathähnchen gekauft. Geht das?
	I don't understand anything at all about cooking, so I have bought two roast chickens. Is that all right?
Ulrike	Großartig! Gib sie her! Ich tue sie in diesen Korb.
	Great! Give them here! I will put them in this basket.
Wolfgang	Haben wir alles, was wir brauchen?
	Do we have everything we need?
Ulrike	Noch nicht! Wir haben noch keinen Wein, und außerdem brauchen wir Brot. Beides können wir im Supermarkt kaufen.
	Not yet! We still have no wine, and as well as that we need some bread. We can buy both of them in the supermarket.
Wolfgang	Ich gehe schnell mal hin.
	I will just go (down) there quickly.
Ulrike	Das ist nett. Zum Supermarkt ist es nicht weit. Du weißt ja Bescheid, nicht?
	That is nice (of you). It is not far to the supermarket. You do know where it is, don't you?
Wolfgang	Ja, weiß ich. Bis gleich!
	Yes, I know. See you in a few minutes!
Ulrike	Mach schnell! Sobald Monika und ihr Freund ankommen, müssen wir losfahren.
	Be quick! As soon as Monika and her friend arrive, we must leave.

1. DIE AUSSPRACHE

Picknick *(peek-neek)*
Monika *(moh-nee-kah)*
gestern *(geh-stairn)*
gesprochen *(geh-shprokh-en)*
begleitet *(beh-gleye-tet)*
zu viert *(tsoo feert)*
Käse *(keh-seh)*

Nachtisch *(nakh-teesh)*
ich freue mich *(ikh froy-eh mich)*
bereitest *(beh-reye-tesst)*
dabei *(dah-beye)*
gemischten *(geh-mish-ten)*
Salat *(zah-laht)*
zuzubereiten *(tsoo-tsoo-beh-reye-ten)*
wirst *(veerst)*
freuen *(froy-en)*
verstehe *(fair-shteh-eh)*
überhaupt *(ew-ber-howpt)*
deshalb *(dess-halp)*
Kochen *(kokh-en)*
Brathähnchen *(braht-hehn-shen)*
gekauft *(geh-kowfft)*
großartig *(grohss-ahr-teeg)*
Korb *(korp)*
tun *(toon)*
Wein *(vine)*
beides *(beye-dess)*
Supermarkt *(zoopair-mahrkt)*
schnell *(shnell)*
Bescheid *(beh-sheyet)*
doch *(dokh)*
bis gleich *(beess gleyekh)*
mach *(makh)*
sobald *(zoh-balt)*
eintreffen *(eyen-treff-en)*
losfahren *(lohs-fahr-en)*

2. DIE ZUKUNFT - THE FUTURE TENSE (continued)

The simplest way to express a future intention in Geman is by using
the present tense. This way is often preferred when it is obvious from
the context that the action is in the future:

Examples:

Ich fahre schnell mal hin. (mal, short for **einmal** once, for once, just)
I (will) just go there quickly.

Ich bin gleich da.
I will be right with you.

Ich komme bald zurück.
I will be back shortly.

Sie kommen bald zurück, nicht wahr?
You will be coming back soon, won't you?

Nächsten Dienstag fahre ich nach Berlin.
I am travelling to Berlin next Tuesday.

The other way, as you saw in the last lesson, is to use **werden**, with the infinitive.

Ich werde den Brief schreiben.
I will write the letter.

Er wird morgen sicherlich pünktlich sein.
He will undoubtedly be punctual tomorrow.

"wohl" can be used with the future tense to indicate probability in the present.

Sie werden wohl wieder zu spät kommen. (zu spät too late)
They <u>are</u> <u>probably</u> late again.

Es wird wohl wahr sein.
It <u>is</u> <u>probably</u> true.

3. INSEPARABLE PREFIXES

Certain prefixes <u>never</u> separate from the verb. There are eight of these prefixes in German.

Examples:

suchen	to search	+ **be-**	=	**besuchen**	to visit	
stehen	to stand	+ **ent-**	=	**entstehen**	to arise	
fehlen	to be missing	+ **emp-**	=	**empfehlen**	to recommend	
warten	to wait	+ **er-**	=	**erwarten**	to expect	
fallen	to fall	+ **ge-**	=	**gefallen**	to please	
achten	to respect, to hold in high regard	+ **miß-**	=	**mißachten**	to disregard	
geben	to give	+ **ver-**	=	**vergeben**	to forgive, to give away	
brechen	to break	+ **zer-**	=	**zerbrechen**	to smash	

Examples:

Er sucht die richtige Lösung.
He is searching for the correct solution.

Sie müssen das Ägyptische Museum besuchen.
You must visit the Egyptian Museum.

Er wartet auf den Bus.
He is waiting for the bus.

Ich erwarte ihn am Bahnhof.
I'll wait for him at the station.

Der Apfel fällt nicht weit vom Stamm.
The apple falls not very far from the trunk. (i.e. Like father, like son.)

Dein neues Kleid gefällt mir.
I like your new dress.

Der Krug geht so lange zum Brunnen, bis er bricht.
The jug goes to the well so often that it breaks. (i.e. The last straw breaks the camel's back.)

Du mußt dir nicht den Kopf darüber zerbrechen.
Don't worry your head about it.

Fehlt noch etwas?
Is something missing?

Es fehlt uns das Geld dazu.
We don't have the money for it.

Ich kann Ihnen dieses Buch wärmstens empfehlen.
I can warmly recommend this book to you.

Achten Sie auf die Stufen!
Mind the steps!

Er will die Warnung mißachten.
He intends to disregard the warning.

Ich stehe mit ihnen auf gutem Fuß.
I am on good terms with them.

Zwischen Wolfgang and Ulrike entsteht eine enge Freundschaft.
A close friendship is springing up between Wolfgang and Ulrike.

Gib mir die Hand!
Give me your hand!

Ich muß Ihnen recht geben.
I must admit you are right.

Das wird er mir nie vergeben.
He will never forgive me for that.

Die Stelle ist schon vergeben. (die Stelle post, position)
The position is already filled (lit.: is already given away).

halten	to hold, to keep	denken	to think
behalten	to keep, to retain	bedenken	to consider
enthalten	to contain	sich bedenken	to deliberate
verhalten	to keep back	erdenken	to think out, to devise
sich verhalten	to behave	gedenken	to think of, to remember

4. DIE VERGANGENHEIT - THE PAST TENSE

The past or perfect tense is usually formed with the present tense of **haben**, plus the <u>past participle</u> of the verb being placed in the past. Some verbs use **sein** instead of **haben**. The past participle is placed at the <u>end</u> of a simple sentence.

The perfect tense is the most commonly used past tense in German, and usually indicates that the event which has happened in the past has some relevance in the present.

Ich habe zwei Glas Wein getrunken.
I have had two glasses of wine. (they are doing me good)

Ich habe recht behalten. (behalten to keep, to retain)
I was right after all. (and I am still right)

Ulrike hat einen gemischten Salat zubereitet.
Ulrike has prepared a mixed salad. (and now we can eat it)

Ich habe nach dem Weg gefragt.
I have asked for directions. (and now I know which way to go)

Ich habe das vergessen.
I have forgotten it. (and I do not know it even now)

Ich bin mit dem Taxi gefahren.
I have travelled by taxi. (and here I am now)

Wir sind in Dresden gewesen.
We were in Dresden. (and still have happy memories of it now)

In all cases, the past participle of the verb being placed in the past is formed from the <u>stem</u> of the verb (the part minus the -en ending).

There are several types of verb and they form the past participle in different ways.

<u>Strong verbs where the stem changes:</u>

The stem takes a **ge-** on the front.
The **-en** on the end is retained.
The stem itself undergoes certain modifications:

Examples:

Infinitive		*Past participle*	
essen	to eat	gegessen	eaten
sitzen	to sit	gesessen	sat
trinken	to drink	getrunken	drunk
schreiben	to write	geschrieben	written
fliegen	to fly	geflogen	flown
treffen	to meet	getroffen	met
nehmen	to take	genommen	taken
tun	to do	getan	done
werden	to become	geworden	become
finden	to find	gefunden	found
sein	to be	gewesen	been
gehen	to go	gegangen	gone
stehen	to stand	gestanden	stood

<u>Strong verbs where the stem does not change:</u>

The stem takes a **ge-** on the front.
The **-en** on the end is retained.
The stem itself remains unchanged.

Examples:

Infinitive		*Past participle*	
lassen	to let, to leave	gelassen	let, left
fahren	to travel	gefahren	travelled
rufen	to call	gerufen	called
kommen	to come	gekommen	come
lesen	to read	gelesen	read
geben	to give	gegeben	given
fangen	to catch	gefangen	caught

Strong verbs with separable prefixes:

The prefix stays on the front of the verb.
A -ge- is added between the separable prefix and the root verb.
The -en on the end is retained.

Examplès:

Infinitive		Past participle	
mitnehmen	to take along	mitgenommen	taken along
anfangen	to begin	angefangen	begun
mitkommen	to come along	mitgekommen	come along
eintreffen	to arrive, to happen	eingetroffen	arrived, happened
ankommen	to arrive	angekommen	arrived
spazierengehen	to go for a walk	spazierengegangen	gone for a walk
ausgehen	to go out	ausgegangen	gone out
zurückkommen	to come back	zurückgekommen	come back

Strong verbs with inseparable prefixes:

No ge- is added to the verb.
The inseparable prefix stays.
The -en on the end is retained.
The stem changes or not, the same as the root verb.

Examples:

Infinitive		Past participle	
verstehen	to understand	verstanden	understood
vergeben	to forgive	vergeben	forgiven
empfehlen	to recommend	empfohlen	recommended
zerbrechen	to smash	zerbrochen	smashed
entstehen	to arise	entstanden	arisen
behalten	to keep, to retain	behalten	kept, retained

Strong verbs with inseparable prefix ge-:

The ge- is retained.
The stem may change.
The -en on the end is retained.

Examples:

Infinitive		Past participle	
gestehen	to confess	**gestanden**	confessed
genießen	to enjoy	**genossen**	enjoyed
geschehen	to happen	**geschehen**	happened
gelingen	to be successful	**gelungen**	been successful

Regular weak verbs:

The stem remains unchanged.
A **ge-** is added on to the front.
A **-t** is added to the end.

Examples:

Infinitive		Past participle	
stellen	to put	**gestellt**	put
machen	to do, to make	**gemacht**	done, made
setzen	to set, to place	**gesetzt**	set, placed
hören	to hear	**gehört**	heard
haben	to have	**gehabt**	had
brauchen	to need	**gebraucht**	needed
mischen	to mix	**gemischt**	mixed
reisen	to travel	**gereist**	travelled

Regular weak verbs with a stem ending in -t:

The stem remains unchanged.
A **ge-** is added on to the front.
An **-et** is added to the end.

Examples:

Infinitive		Past participle	
warten	to wait	**gewartet**	waited
arbeiten	to work	**gearbeitet**	worked

Irregular weak verbs:

The stem undergoes some modification.
A **ge-** is added on to the front.
A **-t** is added on to the end.

LESSON 11

Examples:

Infinitive		Past participle	
müssen	to have to	gemußt	had to
können	to be able	gekonnt	been able
denken	to think	gedacht	thought
wissen	to know	gewußt	known
kennen	to know (someone)	gekannt	known
bringen	to bring	gebracht	brought
senden	to send	gesandt	sent

Weak verbs with separable prefixes:

The stem is modified or not, depending on whether the root verb is regular or irregular (see above).
A -ge- is added between the separable prefix and the stem.
A -t or -et is added on to the end.

Examples (regular):

Infinitive		Past participle	
abwarten	to wait for	abgewartet	waited for
abreisen	to depart	abgereist	departed

Examples (irregular):

Infinitive		Past participle	
mitbringen	to bring along	mitgebracht	brought along
absenden	to send off	abgesandt	sent off

Weak verbs with inseparable prefixes:

The stem remains unchanged.
The inseparable prefix remains on the front.
There is no **ge-** added.
A -t or -et is added on the end.

Examples (regular):

Infinitive		Past participle	
beantworten	to answer	beantwortet	answered
mißachten	to disregard	mißachtet	disregarded
besuchen	to visit	besucht	visited
verreisen	to travel away	verreist	travelled away
verkaufen	to sell	verkauft	sold

Examples (irregular):

Infinitive		Past participle	
verbringen	to spend (time)	**verbracht**	spent
bedenken	to consider	**bedacht**	considered

<u>Verbs with inseparable prefixes, to which is added another separable prefix or preposition with concrete meaning:</u>

These can be either strong or weak.

The past participle is the same as that of the main verb (whether strong or weak) with the addition of the separable prefix or preposition.

Examples:

Infinitive		Past participle	
zubereiten	to prepare	**zubereitet**	prepared
zurückbekommen	to get back	**zurückbekommen**	got back

<u>Verbs ending in -ieren:</u>

These are weak verbs and the **-en** at the end becomes **-t,** to form the past participle.

Examples:

Infinitive		Past participle	
telephonieren	to phone	**telephoniert**	phoned
reduzieren	to reduce	**reduziert**	reduced
studieren	to study	**studiert**	studied

You must learn the past participle for each irregular verb. Study the categories of verb described above so you are sure of how the past participles are formed in each case.

The past participles of verbs are used in sentences with either **haben** or **sein** to form the past tense.

General guidance for whether **haben** or **sein** is to be used:

Use **haben** with:

1. Verbs which have a direct object or take the accusative case:

Ulrike macht eine Reise.   **Ulrike <u>hat</u> eine Reise gemacht.**
Ulrike is making a trip.   Ulrike (has) made a trip.

Sie liest den Brief.	Sie **hat** den Brief gelesen.
She is reading the letter.	She has written the letter.

2. Modal auxiliary verbs (**dürfen, können, müssen, mögen, sollen, wollen**):

Sie kann die Reise machen.	Sie **hat** die Reise machen können.
She can make the journey.	She was able to make the journey.
Er muß den Brief schreiben.	Er **hat** den Brief schreiben müssen.
He must write the letter.	He had to write the letter.
Sie wollen heute nicht kommen.	Sie **haben** heute nicht kommen wollen.
They do not want to come today.	They did not want to come today.

Note that in "double infinitive" constructions such as these, neither the main verb nor the auxiliary verb in these sentences is formed as a past participle.

Compare these with:

Sie kann es.	Sie **hat** es gekonnt.
She can (do) it.	She was able to do it.
Sie wollen es nicht.	Sie **haben** es nicht gewollt.
They do not want to.	They did not want to.

where the regular past participle is used.

3. Reflexive verbs (see later in the lesson)

Sie setzen sich.	Sie **haben** sich gesetzt.
They sit down.	They sat down.
Sie wäscht sich.	Sie **hat** sich gewaschen.
She is washing (herself).	She washed (herself).

Use **haben** with most verbs which have no direct object or which take the dative case:

Sie antwortet ihm.	Sie **hat** ihm geantwortet.
She gives him an answer.	She has given him an answer.
Sie schläft die ganze Nacht gut.	Sie **hat** die ganze Nacht gut geschlafen.
She sleeps well all night.	She slept well all night.

(**schlafen** to sleep)

Use **sein** with:

1. most verbs showing a change from one condition or state to another, and verbs describing motion:

Sie fliegt nach München.	**Sie ist nach München geflogen.**
She flies to Munich.	She flew to Munich.
Sie kommen nicht.	**Sie sind nicht gekommen.**
They are not coming.	They have not come.
Wir schlafen spät ein.	**Wir sind spät eingeschlafen.**
We get to sleep late.	We got to sleep late.

(**einschlafen** to fall asleep, to get to sleep)

Der Chef ist letztes Jahr gestorben. (**sterben** to die)
The manager died last year.

Es wird spät.	**Es ist schon spät geworden.**
It is getting late.	It is already quite late.

2. Past participles of **bleiben** and **sein**:

Es ist kalt.	**Es ist kalt gewesen.**
It is cold.	It was cold.
Er bleibt zu Hause.	**Er ist zu Hause geblieben.**
He stays at home.	He (has) stayed at home.

More examples, showing the various types of verb and their usage with **haben** or **sein**:

Ulrike geht in die Stadt	**Ulrike ist in die Stadt gegangen.**
Ulrike goes into the town.	Ulrike has gone into the town.
(strong verb of motion)	
Frau Schmidt wartet auf ihren Mann.	**Frau Schmidt hat auf ihren Mann gewartet.**
Mrs Schmidt is waiting for her husband.	Mrs Schmidt waited for her husband.
(weak verb with direct object)	
Herr Schmidt nimmt viel Arbeit nach Hause mit.	**Herr Schmidt hat viel Arbeit nach Hause mitgenommen.**
Mr Schmidt is taking a lot of work home with him.	Herr Schmidt has taken a lot of work home with him.
(separable strong verb with direct object)	

Heidi **spricht** mit Frau Schmidt am Telephon.	Heidi **hat** mit Frau Schmidt am Telephon **gesprochen**.
Heidi <u>is speaking</u> with Frau Schmidt on the phone.	Heidi <u>has spoken</u> with Frau Schmidt on the phone.
(strong verb with indirect object)	

Ich **verstehe** alles.	Ich **habe** alles **verstanden**.
I <u>understand</u> everything.	I <u>have understood</u> everything.
(inseparable strong verb with direct object)	

Ich **genieße** mein Mittagessen.	Ich **habe** mein Mittagessen **genossen**.
I <u>am enjoying</u> my lunch.	I <u>have enjoyed</u> my lunch.

(inseparable strong verb beginning with **ge-**, with direct object)
(**genießen** to enjoy, partake of)

Es **entspricht** meinen Erwartungen.	Es **hat** meinen Erwartungen **entsprochen**.
It <u>corresponds to</u> / <u>fulfils</u> my expectations.	It <u>fulfilled</u> my expectations.

(inseparable strong verb with indirect object)
(**entsprechen** to correspond to, to meet, to fulfill)
(**die Erwartung** the expectation)

Wir **treffen** in Berlin **ein**.	Wir **sind** soeben in Berlin **eingetroffen**. (**soeben** just)
We <u>are arriving</u> in Berlin.	We <u>have</u> just <u>arrived</u> in Berlin.

(separable strong verb of motion, no direct object)

Ich **besuche** meinen Vater.	Ich **habe** meinen Vater **besucht**.
I <u>am visiting</u> my father.	I <u>have visited</u> my father.

(inseparable weak verb with direct object)

Ich **bekomme** meine Schlüssel **zurück**.	Ich habe meine Schlüssel **zurückbekommen**.
I <u>am getting</u> my keys back.	I <u>have got</u> my keys back.

(inseparable strong verb with added separable prefix with direct object)

Sentences with inverted word order or questions:

Heute **lernen** wir viel Deutsch.	Gestern **haben** wir auch viel Deutsch **gelernt**.
Today we <u>are learning</u> a lot of German.	Yesterday, we also <u>learned</u> a lot of German.

(regular weak verb with direct object)

Heute **fahren** Ulrike und Wolfgang ins Grüne.	Gestern **sind** Ulrike und Wolfgang ins Grüne **gefahren**.
Today Ulrike and Wolfgang <u>are</u> <u>going</u> into the country.	Yesterday, Ulrike and Wolfgang <u>went</u> into the country.

(strong verb of motion, no direct object)

<u>Geht</u> Paul im Regen <u>spazieren</u>?	**<u>Ist</u> Paul im Regen <u>spazierengegangen</u>?**
<u>Is</u> Paul <u>going</u> <u>for</u> <u>a</u> <u>walk</u> in the rain?	<u>Did</u> Paul <u>go</u> for a walk in the rain?

(separable strong verb of motion, no direct object)

<u>Kommen</u> Sie heute <u>zurück</u>?	**<u>Sind</u> Sie heute <u>zurückgekommen</u>?**
<u>Are</u> you <u>coming</u> back today?	<u>Did</u> you <u>come</u> back today?

(separable strong verb of motion, no direct object)

In all the above sentences, the past participle has been placed at the end of the sentence.

However, in sentences containing a <u>dependent</u> clause (one having a conjunction such as **weil, daß, wenn, ob, wie**) the past participle is placed just <u>before</u> the variant of **haben** or **sein** at the end.

Paul <u>sieht</u>, daß viele Leute ins Kino gehen.	**Paul <u>hat</u> <u>gesehen</u>, daß viele Leute ins Kino <u>gegangen</u> <u>sind</u>.**
Paul <u>sees</u> that many people <u>are</u> <u>going</u> to the movies.	Paul <u>saw</u> that many people <u>went</u> to the movies.

Wie ich <u>höre</u> , <u>fliegt</u> Ulrike am Freitag nach München.	**Wie ich <u>gehört</u> <u>habe,</u> <u>ist</u> Ulrike am Freitag nach München <u>geflogen</u>.**
What I <u>hear</u> is that Ulrike [Literally: As I hear] is <u>flying</u> to Munich on Friday.	What I <u>have</u> <u>heard</u> is that Ulrike <u>flew</u> to Munich on Friday.

Weil Paul im Regen <u>spazierengeht</u>, <u>nimmt</u> er seinen Regenschirm <u>mit</u>.	**Weil Paul im Regen <u>spazierengegangen</u> <u>ist,</u> <u>hat</u> er seinen Regenschirm <u>mitgenommen</u>.**
Because Paul <u>goes</u> for a walk in the rain, he <u>takes</u> his umbrella with him.	Because Paul <u>has gone</u> for a walk in the rain, he <u>has</u> <u>taken</u> his umbrella with him.

Ich weiß nicht, ob Wolfgang zwei Brathähnchen <u>kauft</u>.	**Ich weiß nicht, ob Wolfgang zwei Brathähnchen <u>gekauft</u> <u>hat</u>.**
I do not know whether Wolfgang is <u>buying</u> two roast chickens.	I do not know whether Wolfgang <u>has</u> <u>bought</u> two roast chickens.

Ich bemerke, daß Sie heute
nicht ins Büro gehen.
I notice that you are not going
to the office today.

Ich habe bemerkt, daß Sie gestern
nicht ins Büro gegangen sind.
I noticed that you did not go
to the office yesterday.

Past participles can also be used as adjectives or in other expressions:

Ein gebrauchtes Auto. (brauchen to need, use)
A used car.

Eine vielbesuchte Stadt.
A much-visited town.

Ein gut geschriebenes Buch. (schreiben to write)
A well-written book.

Some adjectives look like participles and derive from nouns:

Sie ist gut gelaunt. (die Laune the mood)
She is in a good mood.

Es ist eine gestirnte Nacht. (der Stern the star)
It is a starry night.

Note the use of **radfahren**, "to cycle":

Ich fahre Rad.
I am going cycling.

Ich bin radgefahren.
I have cycled.

5. DER IMPERATIV (Fortsetzung)

The imperative of the second person singular (familiar "you") is usually formed by leaving the -en off the end of the verb.

Mach schnell! (from **machen**)
Be quick!

Fahr nicht so schnell! (from **fahren**)
Do not drive so fast!

Geh hin! (from **gehen**)
Go there!

Komm her! (from **kommen**)
Come here!

Sometimes an -e is added: if the verb ends in **eln** or **ern** or if the stem ends in **d** or **t** or in a consonant combined with **m** or **n**:

Warte mal! (from **warten**)
Wait a minute!

Öffne die Tür! (from **öffnen**)
Open the door.

Some verbs have an irregular imperative; then no e is added:

Sei tapfer! (from **sein**)   (**tapfer** brave)
Be brave!

Gib's mir! (from **geben**) shortened form for **Gib es mir!**
Give it to me!

Sieh da! (from **sehen**)
Look at that!

Nimm! (from **nehmen**)
Take (it)!

The imperative of verbs with separable prefixes is formed thus:

Zieh dich an!   (**sich anziehen** to get dressed)
Get dressed!

Steh auf!   (**aufstehen** to get up)
Get up!

Some advice about when and when not to use the familiar form,
whether in the imperative form or otherwise, was given in Lektion 5.

6. VERBEN

TUN
TO DO / TO PERFORM / TO PLACE

ich tue	ich tue nicht	tue ich . . . ?
Sie tun	Sie tun nicht	tun Sie. . . ?
du tust	du tust nicht	tust du. . . ?
er/sie/es tut	er /sie/es tut nicht	tut er/sie/es. . . ?
wir tun	wir tun nicht	tun wir. . . ?
Sie tun	Sie tun nicht	tun Sie. . . ?
ihr tut	ihr tut nicht	tut ihr. . . ?
sie tun	sie tun nicht	tun sie. . . ?

Past participle **getan**
pronunciation:

tue *(too-eh)*   **tun** *(toon)*   **tust** *(toost)*   **tut** *(toot)*

Examples:

Ich tue sie in diesen Korb.
I am placing them in this basket.

Sie tut ihr Möglichstes. (möglich possible)
She is doing everything possible.

Wer hat dir denn etwas getan?
Who has done something to you then? / Who hurt you then?

Er tut nur so.
He's only pretending.

Was haben Sie heute getan?
What did you do today?

Ich habe nichts Besonderes getan.
I didn't do anything in particular.

Es tut nichts zur Sache.
It is of no account.

Er tut seine Pflicht. (die Pflicht duty)
He does his duty.

Es tut mir leid.
I am sorry.

Er / Sie tut mir leid.
I feel sorry for him / her.

Das tut mir gut.
That makes me feel good.

Das tut weh.
That hurts.

7. DIE PRONOMEN (FORTSETZUNG)

The pronouns you have studied so far:

mich	me	**mir**	to me
Sie	you	**Ihnen**	to you (singular)
dich	you (familiar)	**dir**	to you
ihn	him	**ihm**	to him
sie	her	**ihr**	to her
uns	us	**uns**	to us
Sie	you (plural)	**Ihnen**	to you (plural)
euch	you (familiar plural)	**euch**	to you (familiar plural)
sie	them	**ihnen**	to them

These personal pronouns can also be used with some verbs to translate other shades of meaning relating to the person or persons involved in the action the verb signifies.

Thus,

in the accusative case:		*in the dative case:*	
mich	myself	**mir**	to / for myself
sich	yourself	**sich**	to / for yourself
dich	yourself (familiar)	**dir**	to / for yourself (familiar)
sich	himself	**sich**	to / for himself
sich	herself	**sich**	to / for herself
uns	ourselves	**uns**	to ourselves
sich	yourselves	**sich**	to / for yourselves
euch	yourselves (familiar plural)	**euch**	to yourselves (familiar plural)
sich	themselves	**sich**	to / for themselves

Verbs used in this way with personal pronouns are called "reflexive" verbs.

Some verbs can be used both reflexively or not.

Some verbs take the accusative, others take the dative, but note that in many cases, the accusative and dative forms of the personal pronouns are the same.

In the following examples illustrating the difference between a reflexive verb and its irreflexive equivalent, the personal pronoun is in the accusative:

Die Arbeit lohnt sich. (reflexive) (**sich lohnen** to be worthwhile)
The work is worthwhile.

Das Museum lohnt einen Besuch. (**lohnen** to reward, to be worth)
The museum is worth a visit.

Die Mühe lohnt sich.
It is worth the trouble/effort.

Ich freue mich. (reflexive)
I am glad.

Es freut uns, daß Sie gekommen sind.
We are glad you have come.

Sie werden sich freuen. (reflexive)
You will be pleased.

Freut mich sehr! (short for **Es freut mich sehr!**)
Pleased to meet you!

Dort teilt sich die Straße. (reflexive)
The street divides there.

Ich teile Ihre Meinung.
I share your opinion.

Der Eiserne Vorhang hat Deutschland jahrelang getrennt.
The Iron Curtain separated Germany for many years.

Wir müssen uns jetzt trennen. (reflexive)
We must part company now. / This is where we say goodbye.

In other cases, the reflexive meaning of a verb is entirely distinct from its other meaning.

Wollen Sie sich bitte eintragen! (reflexive)
Would you sign the register please!

Das Geschäft trägt wenig ein.
The business brings in little / is not very profitable.

Ich wasche mich jeden Morgen und Abend. (reflexive)
I wash (myself) every morning and evening.

Frau Schmidt wäscht einmal in der Woche.
Frau Schmidt does the washing / laundry once a week.

Bitte setzen Sie sich! (reflexive)
Please sit down! / Please take a seat!

Wir setzen uns in fünf Minuten zu Tisch. (reflexive)
We are sitting down to dinner in five minutes time.

Die Mutter setzt das Kind auf den Stuhl.
The mother places the child on the chair.

Ulrike und Wolfgang befinden sich zur Zeit in Dahlem. (reflexive)
They are in Dahlem at present.

Er befindet es für richtig.   (**befinden** to consider, deem)
He considers it correct.   (**richtig** correct, right)

Note:
sich befinden is sometimes used instead of **sein** to mean "to be," "to be located."

es befindet sich can have the same meaning as **es gibt** there is.

Examples where the personal pronoun is in the dative:

Ich kaufe mir einen neuen Mantel.
I am buying myself a new coat.

Sie kaufen sich neue Schuhe.
They are buying themselves new shoes.

Ich wasche mir die Hände.
I am washing my hands.

Some reflexive verbs exist only in their reflexive form:

Ulrike begibt sich auf die Reise.
Ulrike is setting out on her journey.

8. PRONOMINAL ADVERBS - DAMIT, DARAUF, DAZU

To say "with it," "on it," etc. in German, you use da- placed in front of the relevant preposition.

da- becomes dar- before a preposition beginning with a vowel.

Examples:

mit	with	damit	with it
auf	on	darauf	on it
durch	through	dadurch	through it
neben	near, next to	daneben	near it, next to it
gegen	towards, against	dagegen	towards it, against it
für	for	dafür	for it, in return for it
zu	to, for	dazu	to it, for it
an	at, on	daran	at it, on it, to it
bei	close to, at	dabei	close to it, by it, present
vor	in front of	davor	in front of it
von	from	davon	from it, about it
in	in	darin	in it

Some of the strictly literal meanings of these words are now archaic, but they are often used in German in various connotations which approximate their literal meanings.

Examples:

Ich verstehe nichts vom Kochen.
I understand nothing about cooking.

Ich verstehe nichts davon.
I know nothing about it.

Was ist in der Tasche?
What is in the bag?

Mein Reisepaß ist darin.
My passport is in it.

Was liegt auf dem Tisch?
What is on the table?

Es liegt ein Kugelschreiber darauf.
There is a ball-pen on it.

Ich warte auf den Bus.
I am waiting for the bus.

Ich warte darauf, daß der Bus kommt.
I am waiting for the bus to come.

Wir sind gegen Ihren Vorschlag.
We are against your proposal.

Wir sind dagegen.
We are against it.

Die anderen sind dafür.
The others are for it/in favor of it.

Er hält an seiner Meinung fest.
He is sticking to his opinion.
(**festhalten** to stick, to cling to)

Er hält daran fest.
He is sticking to it.

Er kann nichts <u>dafür</u>.
He can't help it. / It isn't his fault.

Ich will mit diesem Geschäft
nichts zu tun haben.
I want to have nothing to do
with this business.

Ich will <u>damit</u> nichts zu tun haben.
I want to have nothing to do
with it.

Wolfgang geht in den
Supermarkt, um Wein zu kaufen.
Wolfgang goes into the
supermarket to buy wine.

Er hat das Geld <u>dazu</u>.
He has the money for it.

Der Supermarkt ist neben der Bank.
The supermarket is next to the bank.

Die Bank ist <u>daneben</u>.
The bank is next to it.

Ich will nichts vom Wetter hören.
I do not want to hear anything
about the weather.

Ich will nichts <u>davon</u> hören.
I do not want to hear anything
about it.

Vor dem Haus steht ein Auto.
A car stands in front of the house.

<u>Davor</u> steht ein Auto.
A car is standing in front of it.

Er fängt mit seiner Arbeit an.
He is starting his work.

Er fängt <u>damit</u> an.
He is starting it.

Lassen wir es <u>dabei</u>!
Let's leave it at that!

These words are also frequently used in other senses and constructions:

Examples:

dabei. . . zu on the point of, about to

Ich bin <u>dabei</u>, den Brief ab<u>zu</u>senden.
I am on the point of sending off the letter.

Ulrike ist gerade <u>dabei</u>, einen Salat zu<u>zu</u>bereiten.(gerade just, straight)
Ulrike is in the process of preparing a salad.

dabei present, there

Darf ich / Dürfen wir <u>dabei</u> sein?
Can I / we be present as well? / Can I / we come as well?

darauf

<u>Darauf</u> kommt es an.
That is what matters. / That's just the point.

dazu to that end, for that purposes

<u>Dazu</u> sind wir da!
That is what we are there for. / That's our job!

daran to it

Sie sind nahe <u>daran</u>, sich zu trennen.
They are close to separating (from each other).

Gehen Sie im Regen spazieren? Ich denke nicht <u>daran</u>. (denken to think)
Are you going for a walk in the rain? I wouldn't dream of it.

damit so that

Wir sind gekommen, <u>damit</u> wir alle ins Restaurant gehen können.
We have come, so that we can all go to the restaurant.

davon on it

Es hängt von Paul ab, ob er heute spazierengeht.
It rests with Paul, whether he goes for a walk today.

Es hängt von ihm ab.
It depends on him. / It is for him to decide.

Es hängt <u>davon</u> ab.
It all depends (on it).

Note: The words beginning with da- as above can only be used with things not people.

You say **mit ihm, zu ihr, von ihnen,** etc. when referring to people.

Examples:

Das Kind geht zu seiner Mutter.   Es geht <u>zu</u> <u>ihr</u>.
The child goes to its mother.   It goes to her.

Kommen Sie <u>mit</u> <u>mir</u>!
Come with me!

Wir haben <u>von</u> <u>ihm</u> nichts gehört.
We have heard nothing from him.

das Picknick: the picnic
gestern: yesterday
zu viert: four of them, four of us
zu dritt: three of them, three of us
der Käse: the cheese
der Nachtisch: the dessert
ich freue mich: I am glad
sich freuen: to be glad, to be pleased
das sieht gut aus: that looks good
aussehen: to look, appear
gemischt: mixed
mischen: to mix
der Salat: the salad
zubereiten: to prepare
dabei: on the point of, in the process of
gerade: just, precisely (adverb); straight (adjective)
nichts: nothing
überhaupt nichts: nothing at all
das Kochen: the cooking
deshalb: therefore, for that reason
das Brathähnchen: the roast chicken
geht das?: is that all right?
großartig! great! tremendous!
der Korb: the basket
tun: to do, to perform, to place
alles: everything
noch nicht: not yet
der Wein: the wine
der Supermarkt: the supermarket
außerdem: as well as that, besides
das Brot: the bread
beides: both (never used as an attribute)
beide: both (can be used on its own and as an attribute)
ich gehe schnell mal hin: I'll just go there quickly
nett: nice
das ist nett (von dir / von Ihnen): that is nice of you
über etwas Bescheid wissen: to know about something
du weißt Bescheid?: do you know about it ? / you do know where it
                          is?
doch: yes, I do (in reply to negative questions)
mach schnell! be quick!
schnell: fast, quick

sobald: as soon as
eintreffen: to arrive, to turn up, to appear
losfahren: to go off, to leave (in a vehicle)
gleich: immediately
wie: as
denken: to think
zu spät: late (in arriving)
zu früh: early (in arriving)
besuchen: to visit
fehlen: to be missing, lacking
empfehlen: to recommend
entstehen: to arise
erwarten: to expect
achten: to respect, to hold in high regard
mißachten: to disregard
brechen: to break
zerbrechen: to smash
vergeben: to forgive, to give away
der Stamm: the stem, the trunk
der Krug: the jug
der Brunnen: the well, the spring
die Kirche: the church
fehlen: to be missing
die Stufe: the step
die Warnung: the warning
behalten: to keep, to retain
gestehen: to confess
gelingen (+ dative): to be successful
geschehen: to happen
abwarten: to wait for
abreisen: to depart
bedenken: to consider
verreisen: to travel away
zurücksenden: to send back
verbringen: to spend (time)
reduzieren: to reduce
schlafen: to sleep
einschlafen: to get to sleep, to fall asleep
sterben: to die
die Erwartung: expectation
entsprechen: to correspond to, to meet, to fulfill (+ dative)
essen: to eat
trinken: to drink
gebraucht: used

radfahren: to cycle, to ride a bicycle
weil: because
tapfer: brave, courageous
aufstehen: to get up
möglich: possible
möglichst: the utmost, everything possible
die Sache: the thing, the affair
die Pflicht: the duty
sich anziehen: to get dressed
genießen: to enjoy, partake of
das Mittagessen: the lunch
besuchen: to visit
lohnen: to reward
sich lohnen: to be worthwhile
die Mühe: trouble, effort
waschen: to wash
sich waschen: to wash (oneself)
sich befinden: to be located, to be
sich setzen: to sit down
die Mutter: the mother
der Stuhl: the chair
setzen: to place, put
befinden: to consider, deem
zur Zeit: at present
die Zeit: the time
richtig: right, correct
sich begeben (auf): to set out, start (on a journey)
sich teilen: to separate, part
trennen: to divide, separate (as a definite action)
sich trennen: to part company
teilen: to divide
die Straße: the street, the road
durch: through
neben: next to, near
gegen: towards, against
vor: in front of
der Vorschlag: the proposal
festhalten an (+ dative): to stick to, to cling to
die Meinung: the opinion
die Hand: the hand
dagegen: against it
darauf: on it
darin: in it
damit: with it, so that

dadurch: through it
dafür: for it, in favor of, in return for
dabei: close to it; by it; on the point of, present
davon: from it, about it
dazu: to it; to that end; to that purpose
daran: at it; on it
daneben: next to it, besides
davor: in front of it
es befindet sich: there is
abhängen von (+ dative): to depend on, to rest with
die Pflicht: the duty
der Schuh: the shoe
die Wohnung: the home

ÜBUNGEN

1. BITTE BEANTWORTEN SIE DIE FOLGENDEN FRAGEN (DEM GESPRÄCH ENTSPRECHEND)!

Please answer the following questions (corresponding to the dialog).

1. Spricht Ulrike mit Wolfgang oder mit Paul?

2. Hat Wolfgang mit Monika gesprochen?

3. Wann hat er mit ihr telephoniert?

4. Kommt Monikas Freund mit?

5. Zu wie vielen fahren die Freunde ins Grüne?

6. Was werden Monika und ihr Freund zum Picknick mitbringen?

7. Was bereitet Ulrike für das Picknick zu?

8. Was versteht Wolfgang vom Kochen?

9. Was hat er gekauft?

10. Wer tut die Brathähnchen in den Korb?

11. Haben sie alles, was sie brauchen?

12. Was brauchen sie noch?

13. Wo will Wolfgang den Wein kaufen?

14. Kann er auch das Brot im Supermarkt kaufen?

15. Ist der Supermarkt weit von Ulrikes Wohnung? (**die Wohnung** the home)

16. Weiß Wolfgang Bescheid?

17. Warum muß er schnell hingehen?

18. Wartet er oder geht er gleich?

19. Was müssen sie tun, sobald Monika und ihr Freund eintreffen?

20. Möchten Sie ein Picknick machen?

2. ERGÄNZEN SIE DIESE SÄTZE!

Beispiel Ulrike <u>hat</u> gestern in der Bank <u>gearbeitet</u>. (arbeiten)

1. Paul ___ gestern im Regen ___ . (spazierengehen)

2. Herr Schmidt ___ gestern abend müde nach Hause ___ . (kommen)

3. Gestern ___ Ulrike und Wolfgang ein Picknick ___ . (machen)

4. Wolfgang ___ gestern abend mit Monika ___ . (telephonieren)

5. Unsere Freunde ___ soeben ___ . (eintreffen)

6. Ulrike ___ einen gemischten Salat ___ . (zubereiten)

7. Gestern ___ Paul bei seinen Kommilitonen ___ . (sein)

8. Wie lange ___ Sie auf den Bus ___ ? (warten)

9. ___ du gestern abend das Buch ___ ? (lesen)

10. ___ Sie den Brief ___ ? (absenden).

3. BITTE SETZEN SIE DIE GLEICHEN SÄTZE IN DIE ZUKUNFTSFORM!

Please place the same sentences into the future tense.

("gestern" becomes "morgen", "soeben" becomes "sogleich" - immediately)

Beispiel Ulrike <u>wird</u> morgen in der Bank <u>arbeiten</u>. (arbeiten)

WIEDERHOLUNG DER LEKTIONEN 7 BIS 11

REVIEW OF LESSONS 7 TO 11

1. BITTE LESEN SIE DIE GESPRÄCHE 7 BIS 11 LAUT!
PLEASE READ THE CONVERSATIONS 7 TO 11 OUT LOUD!

Gespräch 7 DAS FRÜHSTÜCK

Der Kellner	Guten Morgen, die Herrschaften! Was bestellen Sie?
Ulrike	Guten Morgen! Ich nehme einen Tee mit Zitrone, zwei Brötchen und Aprikosenmarmelade.
Der Kellner	Und für den Herrn?
Wolfgang	Für mich, einen Kaffee, Wurst und Brot, bitte.
Der Kellner	Ich bringe es sofort.
Wolfgang	Ulrike, was machst du heute nachmittag?
Ulrike	Nichts Besonderes. Und du?
Wolfgang	Ich habe auch nichts Besonderes vor. Aber "Die Lupe" ist gleich um die Ecke. Wollen wir hingehen? Sie zeigen einen neuen Film.
Ulrike	Ja, einverstanden! Weißt du, wann der Film beginnt?
Wolfgang	Ja. Um halb drei. Bis dann können wir vielleicht den Trödelmarkt besuchen. Es gibt immer etwas Interessantes zu sehen.
Ulrike	Eine gute Idee! Wollen wir gleich nach dem Frühstück hingehen?

Wolfgang	Ja, warum nicht? Aber der Kellner kommt schon.... Vielen Dank. Können wir gleich zahlen, bitte?
der Kellner	Ja, selbstverständlich. Zusammen oder getrennt?
Wolfgang	Zusammen? Bist du einverstanden?
Ulrike	Ja. Danke schön.
Wolfgang	Zusammen.
der Kellner	Also, zusammen macht das elf Mark fünfzig.

Gespräch 8 IM HOTEL

Herr Schmidt	Guten Tag. Ich habe ein Zimmer reserviert.
Die Empfangschefin	Guten Tag, der Herr. Darf ich Sie um Ihren Namen bitten?
Herr Schmidt	Mein Name ist Thomas Schmidt.
Die Empfangschefin	Ja, das habe ich! Eine Reservierung für eine Person, nicht?
Herr Schmidt	Ja, für eine Nacht. Ich reise morgen vormittag ab.
Die Empfangschefin	In Ordnung. Wollen Sie sich bitte eintragen! Haben Sie Gepäck? Sie können Ihre Koffer dem jungen Mann geben.
Herr Schmidt	Danke. Ich habe nur diesen kleinen Koffer. In welchem Stock ist das Zimmer, bitte?
Die Empfangschefin	Im dritten Stock. Sie können den Aufzug nehmen.
Herr Schmidt	Danke schön. Darf ich von meinem Zimmer nach auswärts telephonieren?
Die Empfangschefin	Selbstverständlich. Wählen Sie eine '9' vorab. Bitte, Ihr Schlüssel. Sie haben Zimmer Nummer 27.
Herr Schmidt	Danke. Bis wieviel Uhr servieren Sie morgens das Frühstück?
Die Empfangschefin	Bis zehn Uhr. Das Frühstückszimmer ist dort drüben.
Herr Schmidt	Schönen Dank.
Die Empfangschefin	Bitte schön. Guten Aufenthalt!

Gespräch 9 PAUL IM POSTAMT

Paul	Guten Tag. Ich brauche eine Briefmarke für diese Postkarte bitte.
Die Beamtin	Inland oder Ausland?
Paul	Inland. Ich habe auch zwei Briefe abzusenden: Dieser geht nach England, der andere mit Luftpost in die

USA. Hier bitte.
Die Beamtin nimmt die zwei Briefe und wiegt sie auf der Waage.
Anschließend gibt sie Paul die entsprechenden Briefmarken.

Die Beamtin	Bitte. Diese Marke ist für Ihren Brief nach England, die anderen sind für Ihren Luftpostbrief.
Paul	Danke. Ich möchte dieses Paket nach Kanada absenden. Wie lange wird es mit Luftpost dauern?
Die Beamtin	Normalerweise ungefähr eine Woche.
Paul	In Ordnung. Bitte.
Die Beamtin	Bevor Sie das Paket absenden können, müssen Sie dieses Formular ausfüllen. Bitte.
Paul	Danke.
Die Beamtin	Schreiben Sie hier den Namen und die Adresse des Absenders sowie den Namen und die Adresse des Empfängers.
Paul	Mache ich! ..... Hoffentlich können Sie meine Handschrift lesen!
Die Beamtin	Lassen Sie mal sehen! Ja, das geht.
Paul	Was soll ich hier schreiben?
Die Beamtin	Sie müssen den Inhalt sowie dessen ungefähren Wert angeben.
Paul	Gut. Bitte sehr. Wieviel macht das alles zusammen?

Die Beamtin wiegt das Paket. Sie gibt Paul weitere Briefmarken und rechnet alles zusammen. Paul klebt die Briefmarken auf seine Briefe und auf das Paket.

Die Beamtin	Das macht zusammen zweiundzwanzig Mark und neunzig Pfennig. Haben Sie das zufällig klein?
Paul	Einen Augenblick! Ich sehe nach. Ja, habe ich. Bitte.
Die Beamtin	Danke. Es stimmt.
Paul	Ich danke auch. Auf Wiedersehen!
Die Beamtin	Auf Wiedersehen!

Gespräch 10 DAS WETTER

Herr Schmidt	Nun, Paul, wollen Sie am Wochenende ins Grüne fahren? Ich weiß, daß Sie die frische Luft schätzen.
Paul	Nein. Ich ziehe es eigentlich vor, in Berlin zu bleiben.
Herr Schmidt	Wirklich? Warum denn? Zu dieser Jahreszeit ist die Landschaft um Berlin doch so schön.
Paul	Das stimmt! Aber auch in Berlin kann ich spazierengehen, vor allem bei so schönem Frühlingswetter wie heute. Sehen Sie mal den blauen Himmel an! Die Sonne scheint. Es ist fast keine

	Wolke am Himmel.
Herr Schmidt	Der Wetterbericht sagt jedoch Regen fürs Wochenende voraus. Was wollen Sie bei Regenwetter machen? Warten Sie auf besseres Wetter?
Paul	Keineswegs! Ich ziehe meinen Regenmantel an, nehme meinen Regenschirm mit und gehe trotzdem spazieren. Oder ich kann billig mit dem Bus fahren. Ich habe eine Abonnementskarte, die für drei Monate gültig ist.
Herr Schmidt	Aber wenn das Wetter kühl wird, bleiben Sie doch bestimmt zu Hause?
Paul	Im Gegenteil! Bei kühlem Wetter ziehe ich warme Kleidung an und gehe trotzdem aus. Ich habe viele Bekannte, vor allem meine Kommilitonen. Ich kann sie besuchen. Wir können uns gut unterhalten. Wir reden, wir sehen fern, wir hören Musik oder wir lesen Zeitschriften.
Herr Schmidt	Und wo verbringen Sie die Ferien?
Paul	Ich verbringe die Ferien gewöhnlich in Berlin und Umgebung.
Herr Schmidt	Was mich angeht, so ziehe ich es vor, die Ferien weit entfernt von Berlin zu verbringen. Im Winter fahre ich manchmal in die Berge, und im Sommer fliege ich nach Österreich, um einen guten Wein zu trinken.
Paul	Das ist auch keine schlechte Idee!

Gespräch 11 EIN PICKNICK

Ulrike	Wolfgang, hast du mit Monika gesprochen? Kommt sie mit?
Wolfgang	Ja, ich habe gestern abend mit ihr telephoniert. Sie kommt mit ihrem Freund. Das heißt, wir sind zu viert. Sie werden den Käse und den Nachtisch mitbringen.
Ulrike	Ich freue mich.
Wolfgang	Mm... Das sieht gut aus. Was bereitest du für uns zu?
Ulrike	Ich bin gerade dabei, einen gemischten Salat zuzubereiten. Du wirst dich freuen.
Wolfgang	Ich verstehe überhaupt nichts vom Kochen. Deshalb habe ich zwei Brathähnchen gekauft. Geht das?
Ulrike	Großartig! Gib sie her! Ich tue sie in diesen Korb.
Wolfgang	Haben wir alles, was wir brauchen?
Ulrike	Noch nicht! Wir haben noch keinen Wein, und außerdem brauchen wir Brot. Beides können wir im Supermarkt kaufen.

Wolfgang	Ich gehe schnell mal hin.
Ulrike	Das ist nett. Zum Supermarkt ist es nicht weit. Du weißt ja Bescheid, nicht?
Wolfgang	Ja, weiß ich. Bis gleich!
Ulrike	Mach schnell! Sobald Monika und ihr Freund ankommen, müssen wir losfahren.

ÜBUNGEN

A. WÄHLEN SIE DEN PASSENDEN ARTIKEL: DER, DIE, DAS ODER DIE (Plural)!

Beispiele   der Kaffee
die Tasse
das Buch
die Jahreszeiten

1. ___ Brot

2. ___ Marmelade

3. ___ Tee

4. ___ Film

5. ___ Kinos

6. ___ Trödelmarkt

7. ___ Städte

8. ___ Mann

9. ___ Reservierung

10. ___ Stock

11. ___ Aufzug

12. ___ Beamtin

13. ___ Telephon

14. ___ Sekretärinnen

15. ___ Chef

16. ___ Zimmer

18. ___ Postkarte

19. ___ Vereinigten Staaten

20. ___ Paket

21. ___ Flugzeug

22. ___ Luftpost

23. ___ Briefmarken

24. ___ Empfänger

25. ___ Wolke

26. ___ Sommer

27. ___ Inhalt

28. ___ Absender

29. ___ Jahr

30. ___ Wagen

31. ___ Regenmantel

32. ___ Sonne

33. ___ Wochenende

34. ___ Auge

17. ___ Postamt	53. ___ Formular
35. ___ Augenblick	54. ___ Waage
36. ___ Bus	55. ___ Woche
37. ___ Regenschirm	56. ___ Landschaft
38. ___ Wetter	57. ___ Regen
39. ___ Supermarkt	58. ___ Pferd
40. ___ Zeitschriften	59. ___ Büro
41. ___ Ferien	60. ___ Freundinnen
42. ___ Herbst	61. ___ Nacht
43. ___ Brathähnchen	62. ___ Kleingeld
44. ___ Käse	63. ___ Abonnementskarte
45. ___ Nachtisch	64. ___ Frühstück
46. ___ Uhr	65. ___ Korb
47. ___ Salat	66. ___ Meinungen
48. ___ Wein	67. ___ Stuhl
49. ___ Bergen	68. ___ Straße
50. ___ Zeit	69. ___ Mühe
51. ___ Haus	70. ___ Mittagessen
52. ___ Hotel	

2. SETZEN SIE DIE VERBEN IN DIE GEGENWART!
Put the verbs in the present tense!

Beispiele   (trinken) Frau Schmidt <u>trinkt</u> Tee.
(sprechen) Paul <u>spricht</u> mit Ulrike.

1. (servieren) Der Kellner ___ das Frühstück.

2. (anziehen) Bei kaltem Wetter ___ ich warme Kleidung ___ .

3. (scheinen) Die Sonne ___ am Himmel.

4. (machen) Was ___ du da?

5. (tun) Ich ___ nichts.

6. (erkennen) ___ Sie Monika?

7. (zubereiten) Ulrike ___ einen gemischten Salat ___ .

8. (geben) Paul ___ der Beamtin das Paket.

9. (bleiben) Bei Regenwetter ___ Herr Schmidt zu Hause.

10. (hören) Ich ___ sie.

11. (mitkommen) ___ Sie ins Kino ___ ?

12. (spazierengehen) Morgen ___ wir ___ .

13. (fliegen) Das Flugzeug ___ nach München.

14. (absenden) Paul ___ zwei Briefe ___ .

15. (warten) Wolfgang ___ auf den Bus.

16. (vorziehen) ___ Sie blau oder grün ___ ?

17. (dürfen) ___ ich nach auswärts telephonieren?

18. (müssen) Was ___ wir zahlen?

19. (sollen) Du ___ nicht hingehen.

3. SETZEN SIE DIE SÄTZE UNTER 2 IN DIE ZUKUNFT (NUR 1 BIS 16):

Put the sentences in exercise 2 into the future tense (only 1 to 16)!

Beispiele   (trinken) Frau Schmidt <u>wird</u> Tee <u>trinken</u>.
(sprechen) Paul <u>wird</u> mit Ulrike <u>sprechen</u>.

4. WÄHLEN SIE DAS PASSENDE WORT!

Choose the appropriate word!

Beispiele   Ich sehe die Kinder. = Ich sehe <u>sie</u>.
Ich spreche mit Ulrike. = Ich spreche mit <u>ihr</u>.

1. Ich rufe das Taxi.

Ich rufe ____ (ihn, sie, es)

2. Wir fangen mit dem Studium an.
   Wir fangen ____ an. (daran, damit, dazu)

3. Sie wartet auf den Bus.
   Sie wartet ____ . (darauf, damit, dazu)

4. Die zwei Brathähnchen sind im Korb.
   Sie sind ____ . (darin, daneben, daran)

5. Haben Sie mit Monika gesprochen?
   Haben Sie mit ____ gesprochen? (ihm, ihnen, ihr)

6. Morgen werden wir Herrn und Frau Schmidt besuchen.
   Morgen werden wir ____ besuchen (sich, sie, ihnen).

7. Den Wein hat er noch nicht gekauft.
   Er hat ____ noch nicht gekauft. (es, ihn, sich)

8. Heute habe ich Paul guten Tag gesagt.
   Heute habe ich ____ guten Tag gesagt. (ihn, ihm, sich)

9. Ist gestern ein Brief für den Chef gekommen?
   Ist gestern ein Brief für ____ gekommen? (ihm, ihn, sie)

10. Ich gebe Wolfgang und Ulrike die Schlüssel.
    Ich gebe ____ die Schlüssel. (sie, ihn, ihnen)

5. *SETZEN SIE DIE SÄTZE UNTER 2 IN DIE VERGANGENHEIT!*
   (NUR 1 BIS 16)

Put the sentences in exercise 2 into the past tense (only 1 to 16).

Beispiele (trinken) Frau Schmidt <u>hat</u> Tee <u>getrunken</u>.
(sprechen) Paul <u>hat</u> mit Ulrike <u>gesprochen</u>.

6. *ANTWORTEN SIE IN DER ZUKUNFT!*

Answer in the future tense.

Beispiele Haben Sie heute die Lektion 13 gelernt?
<u>Nein, ich werde die Lektion 13 morgen lernen.</u>

Ist Heidi heute in Berlin gewesen?
<u>Nein, sie wird morgen in Berlin sein.</u>

1. Haben Sie heute mit der Empfangschefin gesprochen?

2. Hat der Kellner heute das Frühstück serviert?

3. Hat der junge Mann die Briefe heute abgesandt?

4. Haben wir heute gutes Wetter gehabt?

5. Ist Herr Schmidt heute nach Hannover gefahren?

KÖNNEN SIE MIR BITTE ERKLÄREN. . .
CAN YOU PLEASE EXPLAIN TO ME. . .

ein Tourist, in Berlin	Entschuldigen Sie! Können Sie mir bitte erklären, wie ich am besten zum Schloß Charlottenburg gelange? Excuse me! Can you please explain to me how I best get to the Charlottenburg Palace?
der Gemüsehändler	Ja, sind Sie zu Fuß? Yes, are you on foot?
der Tourist	Ja. Yes.
der Gemüsehändler	Also, gehen Sie geradeaus, bis Sie die Bismarckstraße erreichen. Überqueren Sie die Straße. Gehen Sie nach links und dann etwa zweihundert Meter bis zum Sophie-Charlotte-Platz, dann rechts in die Schloßstraße hinein. Von dort werden Sie das Schloß schon sehen. Well, you walk straightahead, until you reach the Bismarckstraße. Cross the street. You go left, about two hundred meters to Sophie-Charlotte-Platz. Then right into the Schloßstraße. From there you will see the palace.

der Tourist	**Ich habe es nicht ganz verstanden. Sie haben gesagt: geradeaus zur Bismarckstraße, links , und was dann?** I haven't quite understood. You said straight ahead to the Bismarckstraße, left and what then?
der Gemüsehändler	**Nachdem Sie die Hauptstraße überquert haben gehen Sie etwa zweihundert Meter zum Sophie-Charlotte-Platz. Sie werden die U-Bahn- Station sehen. Biegen Sie rechts in die Schloßstraße ein, und von dort werden Sie das Schloß schon sehen. Habe ich mich so verständlich gemacht?** After you have crossed the main street, you walk the two hundred meters or so to Sophie-Charlotte-Platz. You will see the subway station. Turn right into the Schloßstraße and from there you will see the palace. Have I made myself understood now?
der Tourist	**Danke, ja. Wie lange brauche ich zum Schloß?** Thank you, yes. How long do I need / will it take me to get to the palace?
der Gemüsehändler	**Ungefähr fünfundzwanzig Minuten.** About twenty-five minutes.
der Tourist	**Kann man mit dem Bus fahren?** Can one go by bus?
der Gemüsehändler	**Das lohnt sich nicht. Die Bushaltestelle ist kurz vorm Sophie-Charlotte-Platz, und dann sind Sie gleich in der Schloßstraße.** It is not worth it. The bus stop is just before Sophie-Charlotte-Platz and the Schloßstraße is then only a little further on.
der Tourist	**Wissen Sie, ob man das Schloß heute besichtigen kann?** Do you know whether one can look around the palace today?

der Gemüsehändler	Ja, das Schloß ist heute geöffnet. Aber Sie sollten das Ägyptische Museum nicht vergessen! Es ist ganz nah beim Schloß. Der Besuch lohnt sich. Dort können Sie die Büste der Nofretete sehen. Yes, the palace is open today. But do not forget the Egyptian Museum! It is quite close to the palace. It is worth visiting. You can see the Nofretete-bust there.
der Tourist	Ich werde auf jeden Fall Ihren Rat befolgen. Haben Sie recht schönen Dank! Auf Wiedersehen! I will certainly take your advice. Thank you very much indeed. Goodbye.
der Gemüsehändler	Auf Wiedersehen! Viel Spaß! Goodbye! Enjoy yourself!

1. DIE AUSSPRACHE

Weg *(vehg)*
fragen *(frah-ghen)*
Tourist *(to-oor-eest)*
entschuldigen *(ent-shool-dee-ghen)*
Schloß *(shloss)*
Charlottenburg *(shahr-lot-ten-boorg)*
gelange *(geh-lang-eh)*
Gemüsehändler *(geh-mew-zeh-hend-lair)*
Fuß *(fooss)*
geradeaus *(geh-rah-deh-owss)*
Bismarck *(bees-mark)*
überqueren *(ew-bair-kweh-ren)*
erreichen *(ehr-reye-khen)*
links *(leenks)*
etwa *(ett-wah)*
Meter *(meh-tair)*
Sophie-Charlotte *(zoh-fee shar-lot-teh)*
Platz *(plats)*
rechts *(rekhts)*
Straße *(shtrah-seh)*
hinein *(hin-eyen)*
schon *(shone)*
ganz *(gants)*

verstanden *(fair-shtan-den)*
gesagt *(geh-sahgt)*
nachdem *(nakh-dame)*
Hauptstraße *(howpt-shtrah-seh)*
verständlich *(fair-shtend-leekh)*
Station *(shtat-see-ohn)*
ungefähr *(oon-geh-fair)*
man *(man)*
lohnt *(lohnt)*
kurz *(koorts)*
besichtigen *(beh-zeekh-ti-ghen)*
ob *(op)*
geöffnet *(geh-erff-net)*
vergessen *(fair-ghess-en)*
sollten *(zoll-ten)*
Ägyptische *(eh-gewp-tish-eh)*
Museum *(moo-zeh-oom)*
Besuch *(beh-zookh)*
dort *(dort)*
Büste *(bew-steh)*
Nofretete *(noff-reh-teh-teh)*
auf jeden Fall *(owff yeh-den fal)*
Rat *(raht)*
befolgen *(beh-fol-ghen)*
Spaß *(shpass)*

2. IMPERSONAL CONSTRUCTIONS: MAN

"man" is used to express generalities, hearsay or to give information.
It can mean *one, we, they, anyone.*

Examples:

Kann man mit dem Bus fahren?
Can one travel by bus? / Is it possible to travel by bus?

Man sagt, daß die Museen heute geschlossen sind.
They say that the museums are closed today.

Man kann nie wissen.
One can never know. / You never know.

Das kann man nicht sagen.
That is not so. / One cannot say so.

So etwas tut man nicht.
We don't do that. / It is just not done.

In diesem Restaurant kann man billig essen.
You can eat cheaply in this restaurant.

Expressions with "**man**" are not as frequently used as they once were, but you should be aware of them.
For saying "somebody" or "someone" German uses **jemand**.

3. JEMAND

jemand
somebody, someone
Examples:

Jemand hat mir erzählt, daß...
Somebody has told me, that...

Es kommt jemand.
Someone is coming.

Spricht hier jemand Englisch?
Does anybody speak English here?

Sonst noch jemand?
Anybody else?

Ist jemand da?
Is there somebody there?

Falls jemand anrufen sollte: ich bin nicht zu Hause.
If / In case someone should ring, I am not at home.

Jemand becomes jemanden in the accusative, and jemandem in the dative; the genitive is expressed by von jemandem.

Sie ist mit jemandem gekommen, den wir nicht kennen.
She has come with somebody we don't know.

Ich habe jemanden mit Schnurrbart gesehen.
I have seen someone with a moustache.

Gehört dieser Mantel jemandem? (gehören: to belong to)
Does this coat belong to someone?

Ich habe die Theaterkarte von jemandem, der nicht kommen kann.
I've got the theater ticket of someone who cannot make it.

4. JEDER, JEDE, JEDES

jeder, jede, jedes
each, every, any, all

Examples:

Sie sind zu jeder Zeit willkommen.
You are welcome any time./You are always welcome.
(**zu jeder Zeit** can be contracted to **jederzeit**)

Ich werde auf jeden Fall Ihren Rat befolgen.   (**auf jeden Fall** in any
I will certainly take your advice.   case, certainly,
                                                                              whatever happens)

Er kann jede Minute kommen.
He can come any minute.

Der Bus fährt jede Viertelstunde.
The bus runs every quarter hour.

Ich bin in jeder Hinsicht Ihrer Meinung.
I agree completely with you.
(Literally: I am in every respect of your opinion.)

Betonen Sie jedes Wort!
Emphasise every word!

Paul geht bei jedem Wetter spazieren.
Paul goes for a walk in all weathers.

Es wird mit jedem Tag kälter.
It is getting colder by the day.

Das kann jedem passieren.
That can happen to anybody.

Jeder hat seine Mängel.
Everyone has his shortcomings.

In the last two examples, **jeder** stands for "every person", **jedem** "to every person." There is no need to always say "person" in German. **Jeder** can stand for each person or every (masculine) person in general, while **jede** stands for each or every (feminine) person.

Everyone can also be expressed by **jedermann**.

Kochen ist nicht jedermanns Sache. (**die Sache** the thing)
Cooking is not to everyone's liking.

5. NIEMAND

niemand
nobody, no one

The opposite of **jemand** is **niemand**.

Examples:

Es ist niemand da.
There is nobody there.

Niemand da?
Anybody there?

Auf der Straße ist niemand.
There is nobody in the street.

Es meldet sich niemand.
There is no one answering (the phone).

6. ES

In German, the use of the third person singular pronoun **es** to make a statement about something or someone is very common. **Es** can be used with personal and impersonal verbs as well as with the passive voice for general statements; it also can be very useful if one wants to change the word-order for special emphasis. Here are some examples:

Es friert.
It is freezing.

Es ist kalt.
It is cold.

Es ist heiß.
It is hot.

Es ist schönes Wetter.
The weather is nice.

Es steht gut um ihn.
Things are going well for him.

Es wird getanzt. (**tanzen** to dance)
There is dancing.

Es befinden sich zwei Bücher auf dem Tisch/Zwei Bücher befinden sich auf dem Tisch.
There are two books on the table.

Es kann jederzeit ein Krieg ausbrechen/Ein Krieg kann jederzeit ausbrechen.
A war can break out at any time.

7. WER, WEN, WESSEN, WEM

wer	wen	wessen	wem
who	whom	of whom	to whom

The pronoun **wer** can be used both as an interrogative and as a relative pronoun. It declines just as definite articles do.

Examples:

Wer ist da?
Who is there?

Wer hat das gesagt?
Who said that?

Wen haben Sie zum Picknick eingeladen?
Whom have you invited to the party?

Ich weiß nicht, mit wem ich gesprochen habe.
I do not know who it was I spoke to.
{Lit. I do not know with whom I have spoken.}

Für wen haben Sie die Tasche gekauft?
For whom did you buy the bag? / Who did you buy the bag for?

Wem haben Sie die Schlüssel gegeben?
To whom did you give the keys? / Who did you give the keys to?

Wer weiß?
Who knows?

Wem auch immer ich die Schlüssel gegeben habe, ich bekomme sie zurück.
Whoever I have given the keys to, I (shall) get them back.

Meine Schuld ist es nicht.
It is not my fault.

Wessen Schuld ist es?
Whose fault is it?

> **LASSEN**
> TO LET, TO MAKE; TO LEAVE, TO ALLOW, TO TOLERATE
>
> | | | |
> |---|---|---|
> | ich lasse | ich lasse nicht | lasse ich . . . ? |
> | Sie lassen | Sie lassen nicht | lassen Sie. . . ? |
> | du läßt | du läßt nicht | läßt du. . . ? |
> | er/sie/es läßt | er/sie/es läßt nicht | läßt er/sie/es. . . ? |
> | | | |
> | wir lassen | wir lassen nicht | lassen wir. . . ? |
> | Sie lassen | Sie lassen nicht | lassen Sie. . . ? |
> | ihr laßt | ihr laßt nicht | laßt ihr. . . ? |
> | sie lassen | sie lassen nicht | lassen sie. . . ? |

Lassen can be used as an auxiliary verb, as a main verb in its own right, and as a reflexive verb it occurs in certain turns of phrase which are specifically idiomatic.

Examples:

Ich habe ihn rufen lassen.
I had him called for.

Sie hat sich einen Mantel machen lassen.
She had a new coat made (for her).

Der Wein läßt sich gut trinken.
The wine is very drinkable.

Lassen Sie mal sehen!
Let me see!

Das lasse ich mir nicht gefallen. (gefallen to please/es gefällt mir I like it)
I won't stand for that.

Lassen Sie von sich hören!
Keep in touch! {Lit. Let's hear from you!}

Ich werde es Sie wissen lassen.
I will let you know.

Er kann das Trinken nicht lassen.
He cannot stop drinking.

Ich werde die Angelegenheit nicht unerforscht lassen.
I will not neglect to investigate the matter.

Sie läßt ihm völlig freie Hand, den Wein zu kaufen.
She is leaving him completely free to buy the wine.
(die Hand the hand völlig completely)

Er läßt sie grüßen. (der Gruß the greeting)
He sends his greetings / his regards to her.

Lassen Sie mich das Buch einige Tage behalten.
Let me keep the book for a few days.

Laßt uns ins Kino gehen.
Let's (familiar usage) go to the movies.

Ich habe meine Schlüssel im Büro gelassen.
I have left my keys in the office.

Ich werde mich photographieren lassen.
I will have (I am going to have) my photograph taken.

9. WERDEN

The verb werden as an auxiliary verb together with the past
participle of another verb, is used to express the passive voice, e.g. an
action being carried out by someone or something else.

Er öffnet die Tür.	Die Tür wird geöffnet.	Die Tür wird von ihm geöffnet.
He opens the door.	The door is being opened.	The door is being opened by him.

Monika wird von ihrem Freund begleitet.
Monika is being accompanied by her friend.

Clara wird von Herrn Schmidt auf dem Klavier begleitet.
Clara is being accompanied on the piano by Mr. Schmidt.

You saw examples of werden being used to express the future tense
in the dialogue:

Ich werde auf jeden Fall Ihren Rat befolgen.
I will certainly take your advice.

Sie werden das Schloß schon sehen.
You will <u>see</u> the palace.

Werden forming the future tense can also express uncertainty, often
used together with wohl.

Er wird es wohl tun.
He will probably do it.

Sie werden es wohl vergessen haben.
They will probably have forgotten it.

Ich werde es wohl übersehen haben.
I have probably overlooked it.

Ich werde es wohl verloren haben.
I have probably lost it.

Sie werden das Schloß schon gesehen haben.
You will probably have seen the palace already / by then.
(Here **schon** is used in its own right to mean already / by then.)

Ihr werdet doch nicht schon gehen wollen?
You (familiar) surely don't want to go already, do you?

Werden is also used to describe an action continuing from the present or the past into the future.

Es wird allmählich dunkel.
It is gradually becoming dark.

Die Röcke werden länger.
Skirts are getting longer.

Mir wird kalt.	**Mir ist kalt.**
I am getting cold. / I am beginning to feel cold.	I am cold.

The past participle of **werden** is **geworden**, when it is the main verb:

Er ist alt geworden.
He has become old.

Es ist spät geworden.
It has become late.

Er ist Lehrer geworden.
He has become a teacher.

Ich bin von dem Essen satt geworden.
I have eaten my fill.

Das Wetter ist schön geworden.
The weather has become nice / has turned out nice.

The past participle is <u>**worden**</u>, if it is used as an auxiliary (cp. the "double infinitive" construction with **müssen, sollen** etc.):

Es ist uns gesagt worden, daß. . .
We have been told, that . . .

Wir sind schnell bedient worden.
We were served very quickly.

10. SCHON - ALREADY

This ubiquitous word is used in many senses and is one of the essential "little words" in German.

Ich habe es Ihnen schon gesagt.
I have already told you.

Ich weiß schon.
I already know. / I do know.

It can be used to reinforce another adverb:

Ich habe das schon immer gesagt.
I have always said that.

Ich muß schon um 8 Uhr anfangen.
I have to start as early as 8 o'clock.

Note:

Wie lange <u>sind</u> Sie schon hier? How long have you been here?	**Ich <u>bin</u> schon lange hier.** I have been here quite some time.
Es ist schon lange her. It was quite a while ago.	(**lange** for a long time **lange her**: a long time ago)

Er weiß schon warum.
He knows perfectly well why.

Ich verstehe schon.
I do understand. / I have understood. / I hear what you say.

Sie können jetzt schon mitkommen, wenn Sie wollen.
You can come <u>now</u>, if you want to.

and it can mean "all right".

Er wird schon kommen.
He will come all right. / He will come, don't worry.
Es stimmt schon. (stimmen to be correct)
Keep the change.

Es wird schon gehen.
It will be all right. / Things will work out.

Wir verstehen uns schon.
We understand each other all right. / I think we understand each other.

11. NACH DEM WEG FRAGEN - ASKING THE WAY

Examples:

Können Sie mir den Weg <u>zum</u> Schloß zeigen?
Can you show me the way <u>to</u> the palace?

To indicate places *within* a town or city, you use **zu** with the dative. You use **nach** to indicate *another* geographical location, e.g. a city (see below).

Wie gelange ich dorthin?
How do I get there?

Die erste Straße links.
The first street on the left.

Die zweite Straße rechts.
The second street on the right.

Fahren Sie geradeaus bis zur Ampel.
Drive straight on as far as the traffic lights.

Biegen Sie in die nächste Straße ein.
Turn into the next street.

Sie nehmen nach der Kreuzung die dritte Straße rechts.
Take the third street to the right, after the intersection.

Das Museum befindet sich auf der rechten Seite. (die Seite side**)**
The museum is to be found on the right.

Es liegt gegenüber.
It is on the other side / the opposite side.

Wie komme ich auf dem kürzesten (schnellsten) Weg <u>nach</u> Bremen?
Which is the shortest (quickest) way to Bremen?

Sie sollten in Richtung Hamburg fahren.
You should drive in the direction of Hamburg.

In welche Richtung? (die Richtung the direction**)**
In which direction?

Nach ungefähr zwei Kilometern erreichen Sie das Dorf.
After about two kilometers you come to the village.

Es ist noch eine halbe Stunde Wegs.
It is another half hour trip (usually on foot).

Wohin führt diese Straße, bitte?
Where does this street lead to please?

In fünf Minuten sind Sie da.
You will be there in five minutes.

Können Sie mir das auf der Karte zeigen?
Can you show me that on the map?

In Austria, you will often hear the word **Gasse** instead of **Straße**. It originally describes a narrow street. It is also used in this sense in Germany, though it occurs less frequently.

WORTSCHATZ

entschuldigen: to excuse, pardon
entschuldigen Sie: excuse me, I beg your pardon
der Weg: the way
fragen: to ask
erklären: to explain
die Erklärung: the explanation
das Schloß: the palace
gelangen zu: to arrive at, to get to
das Gemüse: the vegetable
der Gemüsehändler: the vegetable grocer
der Fuß: the foot
zu Fuß: on foot
geradeaus: straightahead
überqueren: to cross over, transverse
erreichen: to reach
links: left
rechts: right
der Meter: the meter
der Kilometer: the kilometer
der Platz: square, place
die Straße: the street, road
die Hauptstraße: the main road
die Gasse: lane, narrow street
schon: already, all right (or just for emphasis)
ganz: very, quite
sehr: very
sagen: to say
verstehen: to understand
nachdem: after
die Station: the station (for subway)
der Bahnhof: the station (for railway)
ungefähr: roughly, approximately
man: one, we, they (people in general)

kurz: short
die Länge: length
lang: long (in distance)
verständlich: comprehensible
sich verständlich machen: to make oneself understood
besichtigen: to look round, to examine, to visit (a place)
vergessen: to forget
ägyptisch: Egyptian
das Museum: the museum
der Besuch: the visit
dort: there
dorthin: to there (away from the speaker)
die Büste: the bust
der Rat: advice, suggestion
befolgen: to follow (something)
der Spaß: the good time, joke, fun
geschlossen: closed (from **schließen** to close)
geöffnet: open (from **öffnen** to open)
jemand: someone, somebody
falls: in case, if
der Schnurrbart: the moustache
gehören (+ dative): to belong to
die Theaterkarte: the theater ticket
jeder, jede, jedes: each, every
der Fall: the case
auf jeden Fall: in any case, at all events, whatever happens
betonen: to emphasize
das Wort: the word
die Hinsicht: the regard, respect, instance
passieren: to happen
der Mangel: the fault, shortcoming
die Sache: the thing
niemand: nobody
tanzen: to dance
der Baum: the tree
der Krieg: the war
ausbrechen: to break out
einladen: to invite
bekommen: to get
zurückbekommen: to get back, recover
die Schuld: the fault, guilt
lassen: to let, leave, allow, tolerate
gefallen: to please
es gefällt mir: I like it

das **Trinken:** the drinking (here of alcohol)
das **Essen:** the meal, eating
die **Angelegenheit:** the matter, affair
erforschen: to explore, investigate
unerforscht: unexplored
die **Hand:** the hand
völlig: completely
frei: free, vacant
behalten: to keep
photographieren: to photograph
das **Klavier:** the piano
bauen: to build
vergessen: to forget
übersehen: to overlook
verlieren: to lose
der **Rock:** the skirt
allmählich: gradually
dunkel: dark
alt: old
spät: late
satt werden: to be replete, eat one's fill
stimmen: to be correct
der **Weg:** the way, the path, the lane
zeigen: to show
die **Ampel:** the traffic lights
die **Seite:** the side
das **Dorf:** the village
erreichen: to reach, to come to
gegenüber: opposite, over the way
die **Karte:** the map
die **Richtung:** the direction
lange: for a long time (adverb)
lang: long (adjective)
aufhaben: to be open
die **Erklärung:** the explanation

ÜBUNGEN

A. *BEANTWORTEN SIE DIE FOLGENDEN FRAGEN (DEM GESPRÄCH ENTSPRECHEND)!*

1. Wohin will der Tourist gehen?

2. Mit wem hat er gesprochen?

3. Ist der Tourist zu Fuß oder fährt er mit dem Taxi?

4. Was muß er tun, nachdem er die Bismarckstraße überquert hat?

5. Ist das Schloß von der Schloßstraße zu sehen?

6. Hat der Tourist die Erklärung des Gemüsehändlers verstanden?
(die Erklärung the explanation)

7. Versteht der Tourist die zweite Erklärung?

8. Wie lange wird er zum Schloß brauchen?

9. Lohnt es sich, mit dem Bus dorthin zu fahren?

10. Kann man das Schloß heute besichtigen?

11. Was sollte der Tourist nicht vergessen?

12. Was kann er im Ägyptischen Museum sehen?

13. Ist das Ägyptische Museum nah beim Schloß?

14. Wird der Tourist den Rat des Gemüsehändlers befolgen?

15. Sind Sie schon in Berlin gewesen?

B. *BITTE ERGÄNZEN SIE DIE FOLGENDEN SÄTZE MIT
DER VERGANGENHEITSFORM DER VERBEN!*

Please complete the following sentences with the perfect tense of
the verbs.

Beispiele   Wir <u>haben</u> viel Arbeit <u>gehabt</u>. (haben)
Wolfgang <u>ist</u> nach Dahlem <u>gegangen</u>. (gehen)

1. Monika ___ ihren Freund ins Kino ___ . (begleiten)

2. Ich ___ einen Salat für vier Personen ___ . (zubereiten)

3. Der Tourist ___ dem Gemüsehändler nach dem Weg ___ .
(fragen)

4. Wir ___ mit dem Taxi zum Bahnhof ___ . (fahren)

5. Wir ___ um 7 Uhr morgens ___ . (ankommen)

6. Wir ___ nach zwanzig Minuten das Museum ___ . (erreichen)

7. Wo ___ Sie ___ ? (sein)

8. Paul ___ den Namen des Absenders ___ . (schreiben)

9. Ich ___ es Ihnen schon ___ . (sagen)

10. Ich ___ das Buch noch nicht ___ . (lesen)

11. Das Wetter ____ schön ____ . (werden)

12. Wir ____ uns gut ____ . (verstehen)

13. ____ Sie sich satt ____ ? (essen)

14. Der Tourist ____ den Rat des Gemüsehändlers _____.
    (befolgen)

15. Das Museum ____ den ganzen Tag ____ . (aufhaben)

C. JETZT SETZEN SIE DIE VERBEN IN DIESEN SÄTZEN IN DIE ZUKUNFTSFORM!

Now put the verbs in those sentences into the future tense.

Beispiele: Wir <u>werden</u> viel Arbeit <u>haben</u>. (haben)
Wolfgang <u>wird</u> nach Dahlem <u>gehen</u>. (gehen)

WIR SPRECHEN ÜBER DIE FAMILIE

TALKING ABOUT THE FAMILY

Heute nachmittag sind Wolfgang and Ulrike zum Kaffee bei Herrn und Frau Schmidt eingeladen. Alle vier sitzen bequem im Wohnzimmer der Familie Schmidt. Frau Schmidt serviert gerade Kaffee.

This afternoon, Wolfgang and Ulrike are being entertained to coffee at Mr. and Mrs. Schmidt's. The four of them are sitting comfortably in the Schmidt family's living room. Mrs. Schmidt is just serving coffee.

Frau Schmidt	**Darf ich Ihnen noch etwas Kaffee anbieten, Ulrike?** May I offer you some more coffee, Ulrike?
Ulrike	**Ja, gern. Keinen Zucker. Danke.** Yes, please. No sugar, thank you.
Frau Schmidt	**Wolfgang, noch etwas Kaffee?** Wolfgang, some more coffee?

Wolfgang	**Danke. Ich trinke nicht viel Kaffee. Wissen Sie, das Koffein...** No thanks. I do not drink a lot of coffee. The caffeine, you know...
Frau Schmidt	**Da sind Sie wie mein Mann. Er trinkt nie Kaffee.** You are like my husband. He never drinks coffee.
Herr Schmidt	**Das ist wahr. Ich trinke lieber Tee.** It is true. I prefer to drink tea.
Frau Schmidt	**Leider enthält Tee auch Koffein, mein Schatz!** I'm afraid tea also contains caffeine, honey!
Herr Schmidt	**Nicht so viel. Immerhin muß man ja etwas trinken.** Not as much. After all, one has to drink something.
Ulrike	**Herr Schmidt, Sie hatten gesagt, Sie stammen aus Österreich. Haben Sie noch Verwandtschaft dort?** You had said you come from Austria. Do you still have family there?
Herr Schmidt	**Ja, natürlich! Mein Bruder und meine Schwester wohnen in Wien. Außerdem habe ich einen Onkel im Alter von sechzig Jahren. Der wohnt in Vorarlberg. Mein Bruder ist wie Sie, Wolfgang, noch unverheiratet. Meine Schwester ist aber verheiratet und hat drei Kinder, einen Jungen und zwei Mädchen.** Yes, indeed! My brother and my sister live in Vienna. I also have an uncle, aged sixty. He lives in the Vorarlberg (in the west of Austria). My brother is like you, Wolfgang, still unmarried. My sister is married though and has three children - a boy and two girls.
Ulrike	**Wie alt sind die Kinder?** How old are the children?
Herr Schmidt	**Mein Neffe ist zwölf Jahre alt. Die eine Nichte ist acht und die andere fünf Jahre alt.** My nephew is twelve years old. One niece is eight and the other five years old.
Frau Schmidt	**Und wo wohnen Sie, Ulrike?** And where do you live, Ulrike?

Ulrike	Ich wohne in Berlin - Frohnau, und zwar bei meinen Eltern. Mein Großvater und meine Großmutter wohnen auch bei uns. I live in Berlin - in the Frohnau district, to be more precise, with my parents. My grandfather and my grandmother also live with us.
Herr Schmidt	Sie arbeiten aber im Stadtzentrum von Berlin, in einer Bank, nicht wahr? But you nevertheless work in downtown Berlin, in a bank, don't you?
Ulrike	Ja. Ich fahre jeden Morgen mit der S-Bahn in die Stadt. Deshalb suche ich eine Einzimmerwohnung näher am Zentrum. Ich lese jeden Sonntag die Kleinanzeigen in der "Berliner Morgenpost", aber ich habe noch nichts gefunden. Es braucht nicht unbedingt eine Neubauwohnung zu sein. Eine Altbauwohnung geht auch. Aber, wissen Sie, seit der Wiedervereinigung ist alles teurer geworden. Yes. I travel into town every morning by the S-bahn (local train). Every Sunday I read the small-ads in the "Berliner Morgenpost" (a popular newspaper), however I have not found anything yet. It does not have to be an apartment in a new building. An apartment in an old building would also do. But, you know, everything has become more expensive since the unification (the joining together of West and East Germany in October 1990).
Wolfgang	Du willst aber eine Wohnung zu relativ niedriger Miete mitten im Zentrum haben. Deshalb hast du Schwierigkeiten! But you want to have an apartment with a relatively low rent right in the center. That is why you are having difficulties!
Ulrike	Ich weiß. Aber es eilt nicht. Momentan wohne ich bei meinen Eltern nicht schlecht. Davon abgesehen wohnen mein Vetter and meine Kusinen auch im Norden von Berlin. I know. However, there is no hurry. At present, I am not badly off living with my parents. Apart from that, my cousins also live to the north of Berlin.

Frau Schmidt	Und wie steht es mit Ihnen, Wolfgang? Wohnen Sie auch bei Ihren Eltern?
	And what about you, Wolfgang. Do you live with your parents, too?
Wolfgang	Nein, ich habe eine Einzimmerwohnung in Berlin-Schöneberg. Meine Eltern wohnen in Bremen. Ich telephoniere oft mit ihnen. Wenn ich Urlaub habe, fahre ich mit dem Intercity-Zug dorthin.
	No, I have a one-room apartment in Berlin-Schöneberg. My parents live in Bremen. I often speak to them on the phone. When I am on vacation, I go there by Intercity-Train.
Ulrike	Leider fährt die S-Bahn bei weitem nicht so schnell!
	Unfortunately, the S-bahn does not travel anything like as fast!

1. DIE AUSSPRACHE

eingeladen *(eyen-geh-lah-den)*
bequem *(beh-kvehm)*
Wohnzimmer *(vohn-tseem-air)*
gerade *(geh-ra-deh)*
anbieten *(ann-beet-en)*
ganz gern *(gants gairn)*
Zucker *(tsoo-kair)*
wissen *(veess-en)*
Koffein *(koff-eh-een)*
nie *(nee)*
lieber *(lee-bear)*
leider *(leye-dair)*
Schatz *(shats)*
immerhin *(eem-mair-hin)*
sagten *(zarg-ten)*
stammen *(shtamm-en)*
Familie *(fam-eel-ee-eh)*
die Verwandtschaft *(dee fair-vant-shaft)*
natürlich *(nah-tewr-leekh)*
Bruder *(broo-dair)*
Schwester *(shvest-air)*
außerdem *(owss-air-dame)*
Onkel *(on-kell)*
Alter *(al-tair)*
Vorarlberg *(for-ahrl-bairg)*

unverheiratet *(oon-fair-heye-rah-tet)*
verheiratet *(fair-heye-rah-tet)*
Jungen *(yoon-ghen)*
Mädchen *(maid-khen)*
Neffe *(neff-en)*
Nichte *(neekh-teh)*
wohnen *(voh-nen)*
Frohnau *(froh-now)*
und zwar *(oont tsvahr)*
Eltern *(ell-tairn)*
Großvater *(grohss-far-tair)*
Großmutter *(grohss-moot-tair)*
Stadtzentrum *(shtatt-tsenn-troom)*
S-Bahn *(ess-bahn)*
deshalb *(dess-halp)*
Einzimmerwohnung *(eyen-tseem-air-voh-noong)*
Zentrum *(tsenn-troom)*
Kleinanzeigen *(kleyen-ann-tseye-ghen)*
Morgenpost *(mor-ghen-posst)*
gefunden *(geh-foon-den)*
unbedingt *(oon-beh-deengt)*
Neubauwohnung *(noy-bow-voh-noong)*
Altbauwohnung *(alt-bow-woh-noong)*
Wiedervereinigung *(fair-eye-nee-ghoong)*
teurer *(toy-rer)*
willst *(veelst)*
relativ *(reh-lat-eef)*
niedriger *(neeh-dree-gair)*
Miete *(meet-eh)*
mitten *(mit-ten)*
Schwierigkeiten *(shvee-eh-reekh-keye-ten)*
eilt *(eye-llt)*
momentan *(moh-men-tahn)*
abgesehen *(ap-geh-zeh-enn)*
Vetter *(fett-air)*
Kusinen *(koo-zee-nen)*
Norden *(nor-denn)*
von Berlin *(fonn bear-leen)*
Schöneberg *(shewn-eh-bairg)*
Bremen *(breh-men)*
oft *(offt)*
Urlaub *(oor-lowp)*
Intercity *(een-tair-see-tee)*
Zug *(tzoog)*

dorthin *(dort-heen)*
weitem *(veye-tem)*
schnell *(sshnell)*

2. UND ZWAR

This is a useful device to add something to a sentence that you omitted in the first place.

Ich wohne in Frohnau, und zwar bei meinen Eltern.
I live in Frohnau, to be more precise, with my parents.

is the same as:

Ich wohne bei meinen Eltern in Frohnau.
I live with my parents in Frohnau.

Ich bin aus den U.S.A., und zwar aus Texas.
I am from the U.S.A., to be more precise, from Texas.

3. VERBEN

trinken is an irregular strong verb.

> **TRINKEN**
> **TO DRINK**
>
> *present tense*
>
> **ich trinke** (pronounced *treen-keh)*
> **Sie trinken** (pronounced *treen-ken)*
> **du trinkst** (pronounced *treen-kst)*
> **er/sie/es trinkt** (pronounced *treen-kt)*
>
> **wir trinken** (pronounced *treen-ken)*
> **Sie trinken** (pronounced *treen-ken)*
> **ihr trinkt** (pronounced *treen-kt)*
> **sie trinken** (pronounced *treen-ken)*

Examples:

Herr Schmidt trinkt viel Tee.
Mr. Schmidt drinks a lot of tea.

Die Kinder dürfen keinen Wein trinken.
The children are not permitted to drink wine.

Unless we mention that a verb uses **SEIN** in the past tense, assume that it uses **HABEN**.

---

past tense

ich habe getrunken   ich habe nicht getrunken
Sie haben getrunken   Sie haben nicht getrunken
du hast getrunken   du hast nicht getrunken
er/sie/es hat getrunken   er/sie/es hat nicht getrunken

wir haben getrunken   wir haben nicht getrunken
Sie haben getrunken   Sie haben nicht getrunken
ihr habt getrunken   ihr habt nicht getrunken
sie haben getrunken   sie haben nicht getrunken

(pronounced: *geh-troon-ken)*

Examples:

Ulrike hat ihre zweite Tasse Kaffee getrunken.
Ulrike has had her second cup of coffee.

Ich habe heute kein Bier getrunken.
I have not had any beer today.

Er hat die Flasche leer getrunken.
He drank the bottle till it was empty.

essen is also an irregular verb.

ESSEN
TO EAT

present tense

ich esse (pronounced *ess-seh)*
Sie essen (pronounced *ess-sen)*
du ißt (pronounced *eesst)*
er/sie/es ißt (pronounced *eesst)*

wir essen (pronounced *ess-sen)*
Sie essen (pronounced *ess-sen)*
ihr eßt (pronounced *esst)*
sie essen (pronounced *ess-sen)*

Examples:

Sie ißt kein Fleisch.
She does not eat meat.

Note: er/sie/es <u>ist</u>: he/she/it <u>is</u>, *but* er/sie/es <u>ißt</u>: he/she/it <u>eats</u>.

---

past tense

ich habe gegessen	ich habe nicht gegessen
Sie haben gegessen	Sie haben nicht gegessen
du hast gegessen	du hast nicht gegessen
er/sie/es hat gegessen	er/sie/es hat nicht gegessen
wir haben gegessen	wir haben nicht gegessen
Sie haben gegessen	Sie haben nicht gegessen
ihr habt gegessen	ihr habt nicht gegessen
sie haben gegessen	sie haben nicht gegessen

(pronounced: *geh-ghess-en*)

Examples:

Was haben Sie zu Mittag gegessen?
What have you had for lunch?

Er hat den Teller leer gegessen.
He ate everything on the plate.

rauchen is a regular verb.

rauchen
to smoke

Examples:

Sie raucht nicht.
She does not smoke.

Er raucht eine leichte Marke.
He smokes a mild brand (of cigarette).

Ich habe heute keine einzige Zigarette geraucht.
I have not smoked a single cigarette today.

There are a number of nouns derived from **rauchen**:

der Raucher the smoker
das Raucherabteil smoking compartment (on a train)
der Nichtraucher the non-smoker.
Rauchen verboten! smoking prohibited / no smoking
das Rauchen smoking

4. VERBS TO NOUNS

You can form a noun from some verbs very easily by beginning the verb with a capital letter and giving it the neuter gender.

Examples:

rauchen	to smoke	das Rauchen	the smoking
essen	to eat	das Essen	the eating, the meal
trinken	to drink	das Trinken	the drinking
schreiben	to write	das Schreiben	the writing, the letter
sein	to be	das Sein	the existence
haben	to have	das Haben	the credit
wissen	to know	das Wissen	the knowledge
versprechen	to promise	das Versprechen	the promise
gehen	to go, to walk	das Gehen	the going, the walking

Examples:

Er hat das Trinken aufgegeben.
He has given up drinking.

Sein oder Nichtsein, das ist hier die Frage.
To be or not to be, that is the question.

Er hat sein Versprechen gehalten.
He has kept his promise. / He was as good as his word.

Sie besitzt ein gutes technisches Wissen.
She possesses a good technical knowledge.

Das Essen ist fertig!
Lunch / dinner is ready!

Kann ich noch ein Essen bekommen?
Can I still get a meal? / Can I still get something to eat? (in a restaurant)

Ihr Schreiben von. . .
(Referring to) your letter of. . . (in formal correspondence)

Das Gehen fällt meinem Großvater schwer.
Walking is difficult for my grandfather. / My grandfather has

difficulty in walking.

(**schwerfallen** (+ dative): to have difficulty)

haben - *to have* - verb is used in a number of common expressions which differ from the English usage.

Examples:

Ich habe Hunger.
I am hungry.

but: **Das ganze Land leidet Hunger.**
The whole country is suffering from hunger.

Ich habe Durst.
I am thirsty.

Ich habe Durst auf ein Glas Bier.
I could drink a glass of beer.

Sie haben Angst vor dem Hund.
They are afraid of the dog / anxious about the dog.

Er hat es schwer.
He is having a difficult time.

Sie hat es eilig.
She is in a hurry.

(but,   **Es eilt.**   **Es eilt nicht.**
It is urgent.   There is no hurry.)

Was hast du? Was haben Sie?
What is wrong with you?

Haben Sie vielen Dank!
Thank you very much!

Sie hat mich sehr gern.
She likes me very much.

Ich habe es nötig.
I need it. / I require it.

Ich habe es satt.
I am fed up with it.
but: **Ich bin satt.** I have had enough to eat.

Ich habe genug davon.
I have (had) enough of it.

5. NICHT / NICHTS

Nicht means not. It is placed immediately after the verb in a simple sentence.

Ich weiß es nicht.
I do not know (it).

Sie kommt nicht.
She is not coming.

Er ist nicht da.
He is not there.

When there is more than one verb in the sentence, **nicht** is usually placed before the last verb or verbal expression.

Ich habe ihn heute nicht gesehen.
I have not seen him today.

Sie ist heute nicht ins Stadtzentrum gegangen.
She did not go downtown today.

Wir sind nicht nach München gefahren.
We did not travel to Munich.

Die Lage im Mittelosten wird nicht besser werden.
The situation in the Middle East will not get any better.

However, where you want to negate a certain word, you place **nicht** before that word.

Ist das Schreiben nicht richtig?
Is the letter not correct?

Study the following two sentences:

Wir sind nicht nach München gefahren, sondern nach Heilbronn.
We did not drive to Munich, but to Heilbronn.

where you are negating "Munich."

Wir sind nach München nicht gefahren, sondern geflogen.
We did not drive to Munich, (but) we flew there.

where you are negating "drive."

Note that **sondern** is used for "but" after a negative statement:

Ich bin nicht ins Kino gegangen, sondern ins Theater.
I did not go to the movies, but to the theater.

Sie hat nicht Bier getrunken, <u>sondern</u> Wein.
She did not drink beer, she drank wine.

but: **Sie hat kein Bier getrunken.** She drank <u>no</u> beer.

Sondern can also be used in the idiomatic expression **nicht nur ...,
sondern auch** - not only ..., but also:

**Er hat sich <u>nicht nur</u> eine neue Jacke gekauft, <u>sondern auch</u> eine neue
Krawatte.**
He has <u>not only</u> bought a new jacket for himself, <u>but also</u> a new tie.

Sie ist <u>nicht nur</u> gut, <u>sondern auch</u> teuer.
It (the tie) is not only good, but it is also expensive.

Nichts means nothing:

Ich habe heute <u>nichts</u> Besonderes getan.
I have done <u>nothing</u> special today.

Er spricht von <u>nichts</u> anderem.
He is speaking of <u>nothing</u> else.

Ich weiß von <u>nichts</u>.
I know nothing about it.

<u>Nichts</u> für ungut!
Don't take it amiss! / So sorry!

Es macht <u>nichts</u>.
It is not important.

<u>Nichts</u> Neues.
Nothing new.

6. RELATIVE PRONOUNS

We have already met some relative pronouns in previous lessons.
They can be used in so-called relative clauses to mean "who" or
"which."

The relative pronouns are identical to the definite articles except in
the genitive, where the masculine and neuter genitive definite article
des becomes **dessen, der** in the feminine and all plural genitives takes
-en to become **deren,** and **den** in the plural datives takes **-en** to
become **denen.**
Examples:

<u>Der</u> junge Mann, <u>der</u> spazierengeht, ist ein Freund von Ulrike.
The young man, <u>who</u> is going for the walk, is a friend of Ulrike.

Die Frau, **die** am Fenster steht, heißt Clara Schmidt.
The lady, who is standing at the window, is called Clara Schmidt.

Das kleine Kind, **das** wir in Wien gesehen haben, ist die Nichte von Herrn Schmidt.
The small child, whom we have seen in Vienna, is the niece of Mr. Schmidt.

Das Buch, **das** auf dem Tisch liegt, gehört mir.
(**gehören** (+ dative) to belong)
The book, which is lying on the table, belongs to me.

Die Gläser, **die** leer sind, müssen gespült werden.
The glasses, which are empty, must be washed.

Der Mantel, **den** Herr Schmidt trägt, ist neu. (**tragen**: to carry, to wear)
The coat, which Mr. Schmidt is wearing, is new.

Der Schreibtisch, an **dem** er sitzt, ist aus Holz.
The desk, at which he is sitting, is made of wood.

Die Mädchen, mit **denen** ich gestern gesprochen haben, gehen in die Schule.
The girls, with whom I spoke yesterday, go to school.

Die Frau, **deren** Tochter wir kennen, arbeitet in der Bank.
The lady, whose daughter we know, works in the bank.

Mein Freund, **dessen** Frau ich auch kenne, wohnt nebenan.
My friend, whose wife I know as well, lives next door.

To summarise:

	Masculine	Feminine	Neuter	Plural
Nominative	der	die	das	die
	who	who	that, which	who, which
Accusative	den	die	das	die
	whom	whom	that, which	whom, which
Genitive	dessen	deren	dessen	deren
	whose	whose	of which	whose, of which
Dative	dem	der	dem	denen
	to whom	to whom	to which	to whom, to which

The relative pronoun agrees in gender and number (singular or plural) with the noun to which it refers.

The relative part of the sentence (beginning with the relative pronoun) has its verb at the <u>end</u> (the middle part in all examples above).Note that in German <u>all</u> relative clauses are marked by commata.

Another form of the relative pronoun is **welch-**, which behaves very similarly to the relative pronouns just described. Its genitive forms are identical to the above, and the other forms follow the form of the definite article.

In the order masculine, feminine, neuter and plural, they are:

	Masculine	Feminine	Neuter	Plural
Nominative	welcher	welche	welches	welche
Accusative	welchen	welche	welches	welche
Dative	welchem	welcher	welchem	welchen

Die Frau, welche am Fenster steht, heißt Clara Schmidt.

The lady, <u>who</u> is standing at the window, is called Clara Schmidt.

This pronoun is much more rare in modern German than the relative **der, die, das.**

The same words can also be used as interrogative pronouns.

Von welcher Frau haben Sie mir erzählt? **Welche Frau?**
Which lady did you tell me about? Which lady?

Welcher Zug?
Which train?

Im welchem Buch haben Sie über Österreich gelesen?
In which book have you read about Austria?

Welches Buch?
Which book?

Welche Zeitschriften?
Which magazines?

7. SO

The word **so**, is a very useful word in German, but it is not always used in the same way as in English.

Examples:

Die S-Bahn fährt nicht so schnell wie der Intercity-Zug.
The S-Bahn does not travel as fast as the Intercity-Train.

So geht das nicht!
You can't do it like that!

So ist das Leben!
Such is life! / Life is like that.

Es ist nun einmal so.
That is the way things are.

So einfach ist das auch wieder nicht.
It is not quite as easy as that.

Sie sollten es nicht so ernst nehmen.
You should not take it so seriously. / Don't take it so hard!

So habe ich das nicht gemeint. (meinen to mean, to have an opinion)
I didn't mean it like that.

So was Schönes haben wir noch nie gesehen.
We have never seen anything as lovely as that.

Ich komme so gegen sieben Uhr.
I will come around seven o'clock.

So ein Blödsinn!
What nonsense!

Haben Sie genug Geld? So ziemlich. (ziemlich fairly, tolerable)
Do you have enough money! Just about.

Bei so einem Wetter geht Herr Schmidt nicht spazieren.
Mr. Schmidt does not go for a walk in such weather.

So?
Is that so?

so. . . wie. . . means "as. . . as . . . "

Er ist etwa so groß wie seine Schwester. (etwa about, approximately)
He is about as tall as his sister.

Ich werde so früh wie möglich kommen. (möglich possible)
I will come as early as possible.

So gut wie. . . means next to, virtually, practically

Du hast ja so gut wie nichts gegessen!
You've eaten next to nothing!

So combines with other words:			
so	+ lang(e) long	= solang(e)	as long as, while
so	+ bald soon	= sobald	as soon as, the moment. . .
so	+ fern for, distant	= sofern	so far as, in as much, provided that
so	+ mit with	= somit	thus, therefore
so	+ fort away, gone	= sofort	immediately
so	+ eben even, just	= soeben	just now
eben	+ so	= ebenso	equally, just so

Examples:

Solange es regnet, können wir kein Tennis spielen. (regnen to rain)
As long as it rains, we cannot play any tennis. (**spielen** to play)

Ich komme, sobald ich kann.
I (will) come, as soon as I can.

Wir haben uns in der Stadt getroffen; somit ist die Sache geregelt.
(**regeln** to regulate, settle)
We met each other in the town; therefore the affair is settled.

Ich komme sofort!
I am coming immediately. / I'll be right with you! / I'm coming!

This is often shortened to:
Komme sofort!

or you can say
Sofort! or **Ich bin gleich da!**

They all mean the same.

Sofort nach dem Essen gehen wir ins Kino.
Immediately after lunch, we are going to the movies.

Sofern das Wetter schön bleibt, werden Wolfgang und Ulrike ein Picknick machen.
Provided that the weather remains nice, Wolfgang and Ulrike will have a picnic.

Sofern nicht means unless:

Sofern es nicht regnet, werden wir am Strand liegen.
Unless it rains, we will lie on the beach.
(**der Strand** the beach)

Soeben

Wir sind soeben in Berlin gelandet. (**landen** to land (a plane))
We have just landed in Berlin.

Ebenso. . . wie:

Wir sind ebenso gute Freunde wie vorher. (**vorher** previously)
We are just as good friends as previously.

Ebenso in its turn can be combined with other words:

Ich hatte ebensoviel Glück wie er. (**ebensoviel** just as much)
I had just as much luck as he (did).

Sie hat mich ebensogern wie vorher. (**ebensogern** just as well)
She likes me just as before.

Sie kann ebensowenig Fleisch essen wie ihr Mann.
She cannot eat meat and neither can her husband.
(**ebensowenig** just as little)

Wir können ebensogut zu Hause bleiben. (**ebensogut** just as well)
We can just as well stay at home.

WORTSCHATZ

die Familie: the family
einladen: to invite
bequem: comfortable
das Wohnzimmer: the living room
gerade: just, straight
anbieten: to offer, tender
ja, gern! yes, please!

der Zucker: the sugar
wissen: to know (something)
kennen: to know (somebody, some place)
das Koffein: caffeine
koffeinfrei: decaffeinated
nie: never
der Schatz: the treasure; sweetheart, honey
immerhin: after all, for all that
stammen: to come from, hail from (a place)
die Verwandtschaft: relations, family
sicherlich: surely, certainly, undoubtedly
der Bruder: the brother
die Schwester: the sister
außerdem: as well as that, besides, moreover
der Onkel: the uncle
das Alter: the age
Vorarlberg: the Vorarlberg region of Austria (used without the article)
unverheiratet: unmarried, single
verheiratet: married
der Junge: the boy
das Mädchen: the girl
der Neffe: the nephew
die Nichte: the niece
wohnen: to live (in a place)
. . . , und zwar. . .: to be more precise. . .
die Eltern: (plural) the parents
der Vater: the father
die Mutter: the mother
der Sohn: the son
die Tochter: the daughter
der Großvater: the grandfather
die Großmutter: the grandmother
trotzdem: nevertheless, all the same
das Stadtzentrum: the city center
im Stadtzentrum: down town
die S-Bahn: S-Bahn (town railroad in Berlin)
deshalb: therefore
die Einzimmerwohnung: the one-room apartment
die Kleinanzeigen (feminine plural): the classified advertisements, small ads
finden: to find (past participle **gefunden**)
unbedingt: absolutely, without fail, in all circumstances
die Neubauwohnung: the apartment in a new building

die Altbauwohnung: the apartment in an old building
die Wiedervereinigung: the unification
teuer: expensive
teurer: more expensive
die Miete: the rent
mitten in (+ dative): in the middle of, in the center of
die Schwierigkeit: the difficulty
eilen: to make haste, hurry
es eilt nicht: there is no hurry
momentan: at the moment, for the present
die Eltern: the parents
abgesehen davon: quite apart from that
der Vetter: the cousin (male)
die Kusine: the cousin (female)
der Norden: the north
im Norden (von): to the north(of)
der Süden: the south
der Westen: the west
der Osten: the east
der Urlaub: the vacation, leave
der Zug: the train, traction, pull
dorthin: to there (away from the speaker)
bei weitem: by far
bei weitem schneller: faster by far
bei weitem nicht so schnell: by no means as fast
unregelmäßig: irregular
regelmäßig: regular
die Flasche: the bottle
leer: empty
das Fleisch: the meat
rauchen: to smoke
einzig: single, solitary
leicht: light, mild
die Marke: brand
die Zigarette: the cigarette
der Raucher: the smoker
das Raucherabteil: the smoking compartment
der Nichtraucher: the non-smoker
das Rauchen: the smoking
das Trinken: the drinking
das Sein: the existence
das Haben: the credit
das Soll: the debit
das Kochen: the cooking

das Wissen: knowledge
das Versprechen: the promise
das Gehen: the going, walking
schwerfallen (+ dative): to have difficulty with
aufgeben: to abandon, to give up
besitzen: to possess, own
fertig: ready, finished
halten: to hold, keep
technisch: technical
bekommen: to get
der Hunger: the hunger
der Durst: the thirst
die Angst: the fear, anxiety
der Hund: the dog
schwer: difficult, heavy
eilig: hurried, urgent
gern haben: to like (something, somebody)
nötig: necessary
genug: enough
das Schreiben: the writing, the letter
die Lage: the situation
Nichts für ungut! Don't take it amiss! So sorry!
sondern: but (after a negative statement)
die Krawatte: the tie
die Jacke: the jacket
das Glas: the glass
nebenan: nearby, next door, close by
der Blödsinn: the silliness, the nonsense
möglich: possible
meinen: to mean, to have an opinion
ziemlich: fairly, tolerable
etwa: about, approximately
so. . . wie. . .: as. . . as. . .
so gut wie . . .: next to, virtually, practically
solang(e): as long as, while
sobald: as soon as, the moment. . .
somit: thus, consequently
sofort: immediately
sofern: so far as, inasmuch, provided that
der Strand: the beach
landen: to land
soeben: just now
ebensoviel: just as much
ebensogern: just as well

ebensowenig: just as little
ebensogut just as well
der Anfang: the beginning
bewohnen: to occupy, to inhabit
der Eilzug: the express train
die Großeltern: the grandparents
sonntags: on Sundays

ÜBUNG

*BITTE BEANTWORTEN SIE DIESE FRAGEN (ENTSPRECHEND DEM
GESPRÄCH AM ANFANG DER LEKTION)!*

1. Wer hat Wolfgang and Ulrike eingeladen?

2. Was wird von Frau Schmidt serviert?

3. Möchte Ulrike noch etwas Kaffee?

4. Trinkt Ulrike ihren Kaffee mit oder ohne Zucker?

5. Trinkt Herr Schmidt Kaffee?

6. Hat er Angst vor dem Koffein?

7. Was trinkt er lieber?

8. Hat Herr Schmidt noch Verwandtschaft in Österreich?

9. Wo wohnt Herrn Schmidts Onkel?

10. Wie alt ist der Onkel?

11. Ist Herrn Schmidts Schwester verheiratet oder unverheiratet?

12. Wie viele Kinder hat sie?

13. Wie alt sind die Kinder?

14. Wo wohnt der Bruder?

15. Wohnt Ulrike mit Wolfgang zusammen?

16. Wer wohnt noch in dem Haus in Frohnau außer Ulrike?

17. Fährt sie jeden Tag mit der S-Bahn oder mit dem Eilzug? (**der Eilzug** - express train)

18. Sucht Ulrike eine Einzimmerwohnung in Frohnau?

19. Muß es unbedingt eine Neubauwohnung sein?

20. Am welchem Tag liest sie die Kleinanzeigen?

21. Hat sie schon etwas gefunden?

22. Hat Ulrike es eilig mit der Wohnung?

23. Muß die Wohnung im Stadtzentrum sein?

24. Sind Wohnungen in Berlin seit der Wiedervereinigung teurer geworden?

25. Wo wohnen Ulrikes Vetter und ihre Kusine?

26. Wohnt Wolfgang bei seinen Eltern?

27. Wo wohnt er?

28. Wo wohnen seine Eltern?

29. Fährt er mit der S-Bahn dorthin?

30. Fährt die S-Bahn so schnell wie der Intercity-Zug?

"ENDE GUT, ALLES GUT"
"ALL'S WELL THAT ENDS WELL"

ein Reisender **Entschuldigung! Haben Sie zufällig einen kleinen blauen Koffer gesehen? Ich muß meinen Koffer hier gelassen haben.**
Excuse me! Have you by any chance seen a small blue suitcase? I must have left my suitcase here.

eine Reisende **Nein, es tut mir leid. Hier ist kein Koffer.**
No, I'm sorry. There is no suitcase here.

der Reisende **Dann ist mein Koffer verlorengegangen! Das ist eine Katastrophe! Meine ganzen Kleider mitsamt meinen persönlichen Sachen sind drin.**
Then my suitcase is lost. That is a disaster! All my clothes and my personal things are in it.

die Reisende	**Sie werden ihn vielleicht zurückbekommen! Denken Sie mal nach. . . Wo sind Sie mit Ihrem Koffer gewesen? Können Sie sich erinnern?**
	Perhaps you will get it back. Try and think back. . . . Where have you been with your suitcase? Can you remember?
der Reisende	**Ja. Als ich das Haus verließ, nahm ich meinen Koffer mit. Ich fuhr mit dem Bus zum Bahnhof und hatte meinen Koffer noch in der Hand, als ich ankam. Dann ging ich zur Wechselstube, wo ich einige Minuten Schlange gestanden habe. Ich hatte den Koffer neben mich auf den Boden gestellt. Dann ging ich zum Bahnsteig und erinnerte mich an meinen Koffer. Ich bin unverzüglich hierher zurückgekehrt, aber jetzt finde ich meinen Koffer nicht mehr.**
	Yes, when I left the house, I took my suitcase with me. I traveled by bus to the station and still had my suitcase in my hand when I arrived. After that, I went to the currency exchange bureau, where I stood for a few minutes in a line. I had placed the suitcase beside me on the floor. Then I went to the platform and I remembered my suitcase. I returned here without delay, but I cannot find my suitcase any more.
die Reisende	**Schauen Sie sich den Koffer vor der Treppe mal an! Kann das vielleicht <u>Ihr</u> Koffer sein?**
	Just look at that suitcase in front of the steps. Can that perhaps be your suitcase?
der Reisende	**Nein, mein Koffer ist nicht so groß. Die Farbe ist auch anders. Ach, wie dumm!**
	No, my suitcase is not so big. It is also a different color. Darn it!
die Reisende	**Welche Farbe hat Ihr Koffer?**
	What color is your suitcase?
der Reisende	**Blau. Wo befindet sich das Fundbüro?**
	Blue. Where is the lost and found office?
die Reisende	**Am anderen Ende des Bahnhofs. Aber sehen Sie den anderen Koffer, da, auf dem Schalter? Ist das Ihr Koffer?**
	At the other end of the station. Now, do you see the other suitcase, there, on the counter? Is that your suitcase?

der Reisende	Nein. Das ist nicht mein Koffer. Er hat Räder dran ganz wie der Koffer auf dem Gepäckkarren des Gepäckträgers. Aber. . . . das <u>ist</u> doch mein Koffer! Ein blauer Koffer mit Rädern. Ja, das ist ganz bestimmt mein Koffer! Hallo! No that is not my suitcase. Mine has wheels on it, just like the suitcase on the porter's luggage trolley. But. . . . that is my suitcase. A blue suitcase with wheels. Yes, that is quite definitely my suitcase. Hey! (He attracts the attention of the porter.)
der Gepäckträger	Ja! Wollten Sie <u>mich</u> sprechen? Yes! Did you want to speak to <u>me</u>?
der Reisende	Ja! Den Koffer da, auf dem Gepäckkarren, wo haben Sie ihn gefunden? Yes! The suitcase, there on the luggage trolley. Where did you find it?
der Gepäckträger	Bei der Wechselstube, samt den anderen Gepäckstücken. Near the currency exchangebureau, together with the other items of luggage.
der Reisende	Andere Gepäckstücke? Was für andere Gepäckstücke? Other items of luggage? What other items of luggage?
der Gepäckträger	Die Gepäckstücke, die der Reisegruppe gehören. Ich habe sie alle auf dem Karren mitgenommen. The items of luggage, which belong to the (travel) group. I took them all with me on the trolley.
der Reisende	Sie haben sich wohl geirrt! Ich gehöre keiner Reisegruppe an. Sie haben meinen Koffer irrtümlich mitgenommen. Sehen Sie, mein Name steht drauf. You must have made a mistake. I do not belong to any group. You have taken my suitcase by mistake. Look, my name is on it.
der Gepäckträger	Oh! Entschuldigen Sie bitte! Das wußte ich nicht. Ich nehme Ihren Koffer sofort vom Karren herunter. Bitte sehr. Do please forgive me! I didn't realize. I will get your suitcase down from the trolley at once. Here

you are.

der Reisende	**Danke. Danke. Aber es ist ja nochmal alles gut gegangen. So was kann ja passieren.** Thank you. Thank you. But, everything turned out well, after all. This sort of thing can happen.
die Reisende	**Sehen Sie! "Ende gut, alles gut."** You see! "All's well that ends well."
der Reisende	**Ja. Sie haben recht. Ich bedanke mich herzlich dafür, daß Sie so nett gewesen sind. Sagen Sie, wohnen Sie hier in Leipzig?** Yes, you are right. I am eternally grateful to you, for having been so kind. Tell me, do you live here in Leipzig?

1. DIE AUSSPRACHE

Reisender *(reyez-end-air)*
Reisende *(reyez-end-eh)*
zufälligerweise *(tsoo-fellee-ghair-veye-zeh)*
stehenlassen *(shteh-enn-lass-enn)*
leid *(leyed)*
verlorengegangen *(fair-lor-enn-geh-gang-en)*
Katastrophe *(cat-ass-troh-feh)*
ganzen *(gants-enn)*
Kleider *(kleye-dair)*
mitsamt *(meet-zamt)*
persönliche *(pair-zern-leekh-eh)*
Sachen *(zakh-en)*
drin *(drinn)*
vielleicht *(feel-eyekht)*
zurückbekommen *(tsoo-rewk-beh-komm-en)*
denken *(den-ken)*
gewesen *(geh-veh-zen)*
erinnern *(air-inn-airn)*
verließ *(fair-leess)*
fuhr *(foor)*
ankam *(ann-kahm)*
Bahnhof *(bahn-hohff)*
Wechselstube *(vekh-sell-shtoo-beh)*
Schlange *(shlann-geh)*
gestanden *(geh-shtan-den)*
stellte *(shtell-teh)*

Boden *(boh-den)*
gestellt *(geh-shtellt)*
Bahnsteig *(bahn-shteyeg)*
erinnerte *(air-in-air-teh)*
unverzüglich *(oon-fair-tsoog-leekh)*
zurückgekehrt *(tsoo-rewk-geh-kehrt)*
Treppe *(trepp-eh)*
Farbe *(far-beh)*
Ach *(akh)*
dumm *(doom)*
Fundbüro *(foont-bew-roh)*
Schalter *(shall-tair)*
Räder *(reh-dair)*
Gepäckkarren *(geh-peck-karr-en)*
Gepackträger *(geh-peck-treh-gair)*
bestimmt *(beh-shteemt)*
gefunden *(geh-foon-den)*
samt *(zammt)*
Gepäckstücken *(geh-peck-shtew-ken)*
Reisegruppe *(reye-zeh-groo-peh)*
Karren *(karr-en)*
geirrt *(geh-eerrt)*
gehöre *(geh-her-eh)*
irrtümlich *(eer-tewm-leekh)*
wußte *(vooss-teh)*
herunternehemen *(hair-oon-tair-neh-men)*
nochmal *(nokh-mahl)*
passieren *(pass-eer-en)*
bedanke *(beh-dan-keh)*
herzlich *(hairts-leekh)*
dafür *(dah-fewr)*
Leipzig *(leyep-tseeg)*

2. DAS PRÄTERITUM - THE PRETERITE TENSE

We have already studied the past formed in German by using the verb **haben** (or **sein** for verbs of motion or changes of state) with the past participle. This is known as the *past perfect tense*. Refer back to Lektion 11 if you need to refresh your memory.

Examples of the perfect tense:

Er hat es getan.
He has done it.

Sie haben es mir gegeben.
They have given it to me. / They gave it to me.

Wir sind in Berlin gewesen.
We have been in Berlin. / We were in Berlin.

Ich habe ihn gesehen.
I have seen him. / I saw him.

Sie hat die Zeitung gelesen.
She has read the newspaper. (She has finished reading it).

Another way of expressing the past is to use the *preterite* tense.

In spoken German, the perfect tense is often preferred to the preterite tense as it is felt to be livelier. The preterite tense is used less in spoken German but it is prevalent in written texts such as reports. (The preterite tense is often known as the "imperfect" in English, but as this does not describe its characteristics in German, we are using the term preterite).

Using the above examples as a basis:

Er tat es.
He did it.

Sie gaben es mir.
They gave it to me.

Wir waren in Berlin.
We were in Berlin.

Ich sah ihn.
I saw him.

Sie las die Zeitung während der Mittagspause.
She was reading the newspaper during the lunch break.

Other examples using the preterite tense:

Er tat es und ging weg. (**weggehen** to go away)
He did it and went away.

Sie gaben es mir und lächelten dabei.
They gave it to me and smiled as they did so.

Wir waren in Berlin und sahen uns einen Film an.
We were in Berlin and saw a movie.

Ich sah ihn and sagte guten Tag.
I saw him and said hello.

Sie las die Zeitung und rauchte eine Zigarette dabei.
She read the newspaper and smoked a cigarette as she did so.

Paul zog seinen Mantel an und ging spazieren.
Paul put on his coat and went for a walk.

Er stand auf, als ich ins Zimmer kam.
He stood up as I came into the room.

Früher pflegten sie ins Kino zu gehen.
Previously they were in the habit of going / they used to go to the movies.

Vor zwei Jahren trank ich zwei Glas Bier pro Tag.
Two years ago, I was drinking two glasses of beer every day.

Während der Ferien gingen wir jeden Tag Bergsteigen.
During the holidays we went climbing every day.

Er hatte eine Freundin in Bremen.
He had a girl friend in Bremen.

Formation of the preterite tense

The same differences between weak (in general regular) verbs and strong (irregular) verbs which were described for the formation of the past participle are valid for the past tenses.

The preterite of regular weak verbs is formed as follows:

-te is added to the verb stem except for verbs whose stem already ends in **-t**, e.g. **arbeiten, antworten, zubereiten, warten,** where **-ete** is added. You are familiar with the personal endings from the present tense, only the 3rd person singular is different.

Examples:

bemerken to notice	lernen to learn
ich bemerkte	ich lernte
Sie bemerkten	Sie lernten
du bemerktest	du lerntest
er/sie/es bemerkte	er/sie/es lernte
wir bemerkten	wir lernten
Sie bemerkten	Sie lernten
ihr bemerktet	ihr lerntet
sie bemerkten	sie lernten
machen to do	warten to wait
ich machte	ich wartete
Sie machten	Sie warteten
du machtest	du wartetest
er/sie/es machte	er/sie/es wartete
wir machten	wir warteten
Sie machten	Sie warteten
ihr machtet	ihr wartetet
sie machten	sie warteten

The preterite constructions of strong verbs and irregular weak verbs have to be learnt separately.

It is best to learn the 3rd person of the present tense, the 3rd person of the preterite tense and the past participle of the irregular verbs together.

Here are some of the verbs from lesson 11, with the 3rd person preterite added in, and a few more verbs:

Irregular weak verbs

absenden	sendet ab	sandte ab	abgesandt
bringen	bringt	brachte	gebracht
denken	denkt	dachte	gedacht
kennen	kennt	kannte	gekannt
nennen	nennt	nannte	genannt
wissen	weiß	wußte	gewußt

Strong verbs

anbieten	bietet an	bot an	angeboten
anfangen	fängt an	fing an	angefangen
beginnen	beginnt	begann	begonnen
bekommen	bekommt	bekam	bekommen
eintragen	trägt ein	trug ein	eingetragen
eintreffen	trifft ein	traf ein	eingetroffen
entsprechen	entspricht	entsprach	entsprochen
essen	ißt	aß	gegessen
fahren	fährt	fuhr	gefahren
finden	findet	fand	gefunden
fliegen	fliegt	flog	geflogen
geben	gibt	gab	gegeben
gehen	geht	ging	gegangen
genießen	genießt	genoß	genossen
kommen	kommt	kam	gekommen
lassen	läßt	ließ	gelassen
lesen	liest	las	gelesen
nehmen	nimmt	nahm	genommen
rufen	ruft	rief	gerufen
schließen	schließt	schloß	geschlossen
schreiben	schreibt	schrieb	geschrieben
sehen	sieht	sah	gesehen
sein	ist	war	gewesen
stehen	steht	stand	gestanden
trinken	trinkt	trank	getrunken
tun	tut	tat	getan
verlieren	verliert	verlor	verloren
verlassen	verläßt	verließ	verlassen
verstehen	versteht	verstand	verstanden
werden	wird	wurde	geworden
zurückbekommen	bekommt zurück	bekam zurück	zurückbekommen

As far as word order is concerned, verbs in the preterite tense are used in sentences like they are in the present tense.

Als ich das Haus verließ, nahm ich meinen Koffer mit.
When I left the house, I took my suitcase with me.

Ich hatte meinen Koffer noch in der Hand, als ich am Bahnhof ankam.
I still had my suitcase in my hand, when I arrived in the station.

Ich stellte fest, daß ich meinen Koffer nicht mehr hatte.
(**feststellen** to notice, to ascertain)
I noticed I no longer had my suitcase.

Separable verbs in the preterite tense behave as they do in the present tense:

Ich kam am Bahnhof an.
I arrived at the station.

Wolfgang und Ulrike gingen mit Paul spazieren.
Wolfgang and Ulrike went for a walk with Paul.

Herr Schmidt nahm seinen Hut ab.
Mr Schmidt took his hat off.

Ulrike bereitete einen gemischten Salat zu.
Ulrike prepared a mixed salad.

Separable verbs based on another root verb have the same preterite form as their root verb:

kommen	er/sie/es kam
mitkommen	er/sie/es kam mit
fangen	er/sie/es fing (fangen to catch)
anfangen	er/sie/es fing an
tragen	er/sie/es trug (tragen to carry)
eintragen	er/sie/es trug ein
rechnen	er/sie/es rechnete (rechnen to calculate)
zusammenrechnen	er/sie/es rechnete zusammen

Examples:

Es fing an zu regnen.
It began to rain.

Er fing mehrere Fische mit seiner neuen Angel.
(**die Angel** the fishing rod)
He caught several fish with his new fishing rod.

Sie kamen mit ins Theater.
They came along to the theater as well.

Sie kamen zu zweit.
They came two by two / in pairs.

Wir trugen eine schwere Last. (**die Last** the load)
We carried a heavy load.

Wir trugen uns ins Register ein.(das Register the register)
We entered our names in the register.

Ich bekam den falschen Eindruck.
(der Eindruck the impression)
I got the wrong impression.

Ich bekam meine Schlüssel zurück.
I got my keys back.

Verbs (whether strong or weak) which are based on a root verb with
be-, emp-, ent-, er-, ge-, ver- on the front, have the same preterite
construction as the root verb:

Examples:

schreiben	er/sie/es schrieb
beschreiben	er/sie/es beschrieb (beschreiben to describe)
sprechen	er/sie/es sprach
entsprechen	er/sie/es entsprach
lassen	er/sie/es ließ
verlassen	er/sie/es verließ
stehen	er/sie/es stand
verstehen	er/sie/es verstand
kennen	er/sie/es kannte
erkennen	er/sie/es erkannte (erkennen to recognise)
suchen	er/sie/es suchte (suchen to search)
besuchen	er/sie/es besuchte

Auxiliary verbs

The auxiliary verbs we have studied can also be used in the preterite
tense - in fact, they are more commonly used in the preterite than in
the perfect tense.

Er konnte nicht schwimmen.
He could not swim.

Wir sollten in Berlin sein.
We were supposed to be in Berlin.

Ich durfte noch ein Glas Bier trinken.
I was permitted to drink another glass of beer.

Sie wollte kein Fleisch essen.
She did not want to eat any meat.

Reflexive verbs

Reflexive verbs in the preterite tense act in the same way to the present tense:

Sie irren sich.
They are making a mistake.

Sie irrten sich. (sich irren to make a mistake)
They made a mistake.

Ich bedanke mich.
(sich bedanken to ask someone to accept one's thanks)
Accept my thanks.

Ich bedankte mich bei ihr.
I asked her to accept my thanks.

Er begibt sich an die Arbeit.
He sets to work.

Er begab sich an die Arbeit.
He set to work.

Wir treffen uns in Dahlem.
We are meeting in Dahlem.

Wir trafen uns in Dahlem. (sich treffen to meet)
We met in Dahlem.

Sie ruht sich einige Minuten aus. (sich ausruhen to have a rest)
She is having a rest for a few minutes.

Sie ruhte sich einige Minuten aus.
She had a rest for a few minutes.

The Pluperfect tense

The preterite tense of **haben** and **sein** is also used in conjunction with the past participle of the verb concerned to form the <u>pluperfect</u> tense, which describes something which happened in a previous past, prior to something else being described in the perfect or preterite tense:

Ich <u>hatte</u> meinen Koffer vorher auf den Boden <u>gestellt</u>.
I <u>had</u> previously <u>placed</u> my suitcase on the ground.

Ich <u>kam</u> zum Schluß, daß ich meinen Koffer <u>verloren</u> <u>hatte</u>.
I <u>came</u> to the conclusion, that I <u>had</u> <u>lost</u> my suitcase.

The Passive Voice

The *passive* can also be expressed in the past, by using the preterite tense of **werden**, in conjunction with the past participle of the verb concerned:

Er wurde nach seinem Vater genannt.
(**nennen** to name)
He was named after his father.

Das Haus wurde von einer angesehenen Firma gebaut.
(**angesehen** reputable)
The house has been built by a reputable firm.

Das neue Bürogebäude wurde 1991 eröffnet.
(**das Gebäude** the building)
The new office building was opened in 1991.

Der Koffer wurde von Gepäckträger auf den Wagen geladen.
(**laden** to load)
The suitcase was put on the trolley by the porter.

3. ALS

als
when, as, while, than

This word, used as a conjunction, has the same effect on word order as **daß** does:

Examples:

Als sie ankam, waren wir im Garten.
When / As she arrived, we were in the garden.

Als ich im Garten arbeitete, fing es an zu regnen.
When / As I was working in the garden, it began to rain.

Als ich jung war, radelte ich gern.
When I was young, I enjoyed cycling.

It can also be used to mean "as" in the sense of "in the capacity of":

Herr Schmidt ist als Lehrer tätig. (**tätig sein** to work, have a job)
Mr Schmidt works as a teacher.

Als Junge ging ich oft in die Berge.
As / while a boy, I often went to the mountains.

It is used in expressions of comparison:

Ulrike ist älter als Paul.
Ulrike is older than Paul.

Das ist leichter gesagt als getan.
It is easier said than done.

It is used in the expression "both. . . . and . . . . .":

Sowohl meine Eltern als auch meine Großeltern wohnen in jenem Haus.
Both my parents and my grandparents are living in that house.

4. DIE FARBEN - COLORS

Welche Farbe hat Milch?
What color is milk?

Milch ist WEIß.
Milk is white.

Wein ist ROT oder WEIß.
Wine is red or white.

Ein Rasen ist GRÜN.
A lawn is green.

Der Himmel ist BLAU.
The sky is blue.

Der Kanarienvogel ist GELB.
The canary is yellow.

Erde ist BRAUN.
Earth is brown.

Ich trinke meinen Kaffee SCHWARZ.
I drink my coffee black.

SCHWARZ gemischt mit WEIß wird GRAU.
Black mixed with white becomes gray.

Other examples:

In New York sah ich viele gelbe Taxis.
In New York, I saw many yellow taxis.

Er trank seinen Rotwein mit Vergnügen.
He drank his red wine with pleasure / He enjoyed drinking his red wine.

Im Kino haben wir einen Schwarzweißfilm gesehen.
We saw a black and white movie at the movie house.

Sie trägt eine goldene Brille.
She wears gold-rimmed eyeglasses.

Er besitzt eine silberne Uhr.
He owns a silver watch.

Wir fahren morgen ins Grüne.
Tomorrow we are going into the countryside.

Wir machten eine Fahrt ins Blaue.
We went on a mystery trip / a trip into the blue.

5. GANZ

ganz
whole, entire, all; quite, exactly

ganz can be used as an adjective:

Meine ganzen Kleider sind drin.
<u>All</u> my clothes are inside (it).

Der Treibhauseffekt betrifft die ganze Welt.
(**das Treibhaus** the greenhouse)
The greenhouse effect concerns the <u>whole</u> world.

Er hat die ganze Nacht nicht geschlafen.
He didn't sleep the <u>entire</u> night.

Meine ganzen Freunde waren zur Hochzeit anwesend.
<u>All</u> my friends were present at the wedding.
(**die Hochzeit** the wedding)
(**anwesend** present)

It can also be used as an adverb:

Das ist mir ganz egal.
(**egal** equal, the same)
It is <u>all</u> the same to me.

Das ist ganz bestimmt mein Koffer.
That is <u>quite</u> definitely my suitcase.

Das ist ganz wie mein Koffer.
That is <u>just / exactly</u> like my suitcase.

Das gefällt mir **ganz und gar nicht**.
I do **not** like that **at all**.

Herr Schmidt widmet sich ganz seiner Arbeit.
(**sich widmen** to devote oneself to (+ dative))
Mr. Schmidt devotes himself **entirely** to his work.

Es sind nur ganz kleine Unterschiede zwischen den beiden Computern.
There are only **very** small differences between the two computers.

Note: **ganz** can also be used to qualify a positive judgement:

Das Essen im Restaurant war ganz gut.
The meal in the restaurant was **quite** good.

WORTSCHATZ

das Ende: the end
der Reisende: the traveler (male)
die Reisende: the traveler (female)
zufälligerweise: by (any) chance
stehenlassen: to leave standing, forget
die Kleider: the clothes (plural)
verlorengehen: to get lost
mitsamt (+ dative): together with
die Katastrophe: the disaster, the catastrophe
es tut mir leid: I am sorry
die Sache: the thing
persönlich: personal
drin = darin: inside
sich erinnern: to remember
verlassen: to leave
der Bahnhof: the railroad station
die Wechselstube: the currency exchange bureau
wechseln: to change, to exchange
Schlange stehen: to stand in a line, to line up
der Boden: the floor, the ground
der Bahnsteig: platform (in a railway station)
zurückkehren: to return, come back
finden: to find
anschauen: to look at
die Treppe: the steps (plural)
die Farbe: the color
das Fundbüro: the lost and found office, lost property office

der **Schalter:** the counter, window, office
das **Rad:** the wheel
dumm: stupid
die **Räder:** the wheels
der **Gepäckträger:** the porter
der **Gepäckkarren:** the luggage trolley
bestimmt: definitely
ganz bestimmt: quite definitely
hallo! hey!
wollten Sie mich **sprechen?** did you want to speak to me?
das **Gepäckstück:** the item of luggage
die **Reisegruppe:** the travel group
die **Gruppe:** the group
der **Karren:** the trolley
sich irren: to make a mistake
angehören: to belong to
irrtümlich: by mistake
mitnehmen: to take (something) with
herunternehmen: to take down
es ist ja nochmal alles gut gegangen: everything turned out well after all
passieren: to happen
das kann ja passieren: these things do happen, this sort of thing can happen
Ende gut, alles gut: all's well that end's well
sich bedanken: to express one's thanks, to ask someone to accept one's thanks
herzlich danken: to thank wholeheartedly
pflegen: to be accustomed to, to be in the habit of
früher: previously, formerly
die **Zeitung:** the newspaper
die **Pause:** interval, break
die **Mittagspause:** the lunch break
das **Bergsteigen:** mountain climbing
schwimmen: to swim
feststellen: to notice, to ascertain
zum Schluß kommen: to reach a conclusion
nennen: to name
angesehen: reputable
das **Gebäude:** the building
das **Bürogebäude:** the office building
laden: to load
regnen: to rain
der **Fisch:** the fish

beschreiben: to describe
erkennen: to recognize
suchen: to search
fangen: to catch
tragen: to carry
rechnen: to calculate
die Angel: the fishing tackle, the fishing rod
die Last: the load, the burden
das Register: the register
der Eindruck: the impression
schwer: heavy, difficult
sich irren: to make a mistake
sich treffen: to meet
sich ausruhen: to have a rest
radeln: to cycle, to ride a bicycle
tätig sein: to work, have a job
die Milch: the milk
der Rasen: the lawn
der Kanarienvogel: the canary
weiß: white
rot: red
grün: green
blau: blue
gelb: yellow
schwarz: black
grau: gray
der Rotwein: the red wine
das Vergnügen: the pleasure, the enjoyment
der Schwarzweißfilm: the black and white movie
golden: golden
silbern: silver
besitzen: to own, to possess
das Treibhaus: the greenhouse
die Hochzeit: the wedding
anwesend: present
egal: equal, the same
ganz und gar nicht: not at all
sich beziehen auf (with accusative): to relate to
das Verkehrsmittel: means of transportation, public transportation
vorhanden: available
wechseln: to change

ÜBUNGEN

BITTE BEANTWORTEN SIE DIESE FRAGEN, DIE SICH AUF DAS GESPRÄCH AM ANFANG DER LEKTION BEZIEHEN:
Please answer these questions, which relate to the dialog at the beginning of the lesson:

1. Sind die zwei Reisenden in einem Bahnhof oder auf einem Flughafen?

2. Was sucht der Reisende?

3. Hat die Reisende den Koffer gesehen?

4. Hat er seinen Regenschirm verloren?

5. Er hat seinen Koffer verloren, nicht wahr?

6. Er schaut den Koffer vor der Treppe an. War das sein Koffer?

7. Ist sein Koffer größer oder kleiner als dieser?

8. Welche Farbe hat sein Koffer - grau, weiß, grün oder blau?

9. Was hatte er in seinem Koffer?

10. Hatte er seinen Koffer einem Freund gegeben?

11. Mit welchem Verkehrsmittel fuhr er zum Bahnhof? (**das Verkehrsmittel** means of transport, public transport)

12. Hatte er den Koffer in der Hand, als er das Haus verließ?

13. War der Koffer noch vorhanden, als er im Bahnhof ankam? (**vorhanden** available, on hand)

14. Wo hat er Schlange gestanden?

15. Wohin hat er seinen Koffer gestellt?

16. Wollte er vielleicht Geld wechseln? (**wechseln** to change)

17. Wo war er, als er sich an seinen Koffer erinnerte?

18. Wo befindet sich das Fundbüro?

19. Waren Räder an seinem Koffer?

20. Wo hat er seinen Koffer gefunden?

21. Hat der Gepäckträger viel Gepäck auf dem Karren?

22. Wo hat der Gepäckträger den Koffer gesehen?

23. Hat der Gepäckträger sich geirrt?

24. Steht der Name des Reisenden auf dem Koffer?

25. Ist die Reisende nett?

LEKTION 16

WIEDERHOLUNG DER LEKTIONEN 13, 14 UND 15

REVIEW OF LESSONS 13 TO 15

1. LESEN SIE DIE GESPRÄCHE 13, 14 UND 15 LAUT!

Gespräch 13 KÖNNEN SIE MIR BITTE ERKLÄREN . . . ?

ein Tourist, in Berlin	Entschuldigen Sie! Können Sie mir bitte erklären, wie ich am besten zum Schloß Charlottenburg gelange?
der Gemüsehändler	Ja, sind Sie zu Fuß?
der Tourist	Ja.
der Gemüsehändler	Also, gehen Sie geradeaus, bis Sie die Bismarckstraße erreichen. Überqueren Sie die Straße. Gehen Sie nach links und dann etwa zweihundert Meter bis zum Sophie-Charlotte-Platz, dann rechts in die Schloßstraße hinein. Von dort werden Sie das Schloß schon sehen.
der Tourist	Ich habe es nicht ganz verstanden. Sie haben gesagt: geradeaus zur Bismarckstraße, links, und was dann?
der Gemüsehändler	Nachdem Sie die Hauptstraße überquert haben, gehen Sie etwa zweihundert Meter zum Sophie-Charlotte-Platz. Sie werden die U-Bahn Station sehen. Biegen Sie rechts in die

	Schloßstraße ein, und von dort werden Sie das Schloß schon sehen. Habe ich mich so verständlich gemacht?
der Tourist	Danke, ja. Wie lange brauche ich zum Schloß?
der Gemüsehändler	Ungefähr fünfundzwanzig Minuten.
der Tourist	Kann man mit dem Bus fahren?
der Gemüsehändler	Das lohnt sich nicht. Die Bushaltestelle ist kurz vorm Sophie-Charlotte-Platz, und dann sind Sie gleich in der Schloßstraße.
der Tourist	Wissen Sie, ob man das Schloß heute besichtigen kann?
der Gemüsehändler	Ja, das Schloß ist heute geöffnet. Aber Sie sollten das Ägyptische Museum nicht vergessen! Es ist ganz nah beim Schloß. Der Besuch lohnt sich. Dort können Sie die Büste der Nofretete sehen.
der Tourist	Ich werde auf jeden Fall Ihren Rat befolgen. Haben Sie recht schönen Dank! Auf Wiedersehen!
der Gemüsehändler	Auf Wiedersehen! Viel Spaß!

Gespräch 14 WIR SPRECHEN ÜBER DIE FAMILIE

Frau Schmidt	Darf ich Ihnen noch etwas Kaffee anbieten, Ulrike?
Ulrike	Ja, gern. Keinen Zucker. Danke.
Frau Schmidt	Wolfgang, noch etwas Kaffee?
Wolfgang	Danke. Ich trinke nicht viel Kaffee. Wissen Sie, das Koffein.....
Frau Schmidt	Da sind Sie wie mein Mann. Er trinkt nie Kaffee.
Herr Schmidt	Das ist wahr. Ich trinke lieber Tee.
Frau Schmidt	Leider enthält Tee auch Koffein, mein Schatz!
Herr Schmidt	Nicht so viel. Immerhin muß man ja etwas trinken.
Ulrike	Herr Schmidt, Sie hatten gesagt, Sie stammen aus Österreich. Haben Sie noch Verwandtschaft dort?
Herr Schmidt	Ja, natürlich! Mein Bruder und meine Schwester wohnen in Wien. Außerdem habe ich einen Onkel im Alter von sechzig Jahren. Der wohnt in Vorarlberg. Mein Bruder ist wie Sie, Wolfgang, noch unverheiratet. Meine Schwester ist aber verheiratet und hat drei Kinder, einen Jungen und zwei Mädchen.
Ulrike	Wie alt sind die Kinder?
Herr Schmidt	Mein Neffe ist zwölf Jahre alt. Die eine Nichte ist acht und die andere fünf Jahre alt.

Frau Schmidt	Und wo wohnen Sie, Ulrike?
Ulrike	Ich wohne in Berlin - Frohnau, und zwar bei meinen Eltern. Mein Großvater und meine Großmutter wohnen auch bei uns.
Herr Schmidt	Sie arbeiten aber im Stadtzentrum von Berlin, in einer Bank, nicht wahr?
Ulrike	Ja. Ich fahre jeden Morgen mit der S-Bahn in die Stadt. Deshalb suche ich eine Einzimmerwohnung näher am Zentrum. Ich lese jeden Sonntag die Kleinanzeigen in der "Berliner Morgenpost", aber ich habe noch nichts gefunden. Es braucht nicht unbedingt eine Neubauwohnung zu sein. Eine Altbauwohnung geht auch. Aber, wissen Sie, seit der Wiedervereinigung ist alles teurer geworden.
Wolfgang	Du willst aber eine Wohnung zu relativ niedriger Miete mitten im Zentrum haben. Deshalb hast du Schwierigkeiten!
Ulrike	Ich weiß. Aber es eilt nicht. Momentan wohne ich bei meinen Eltern nicht schlecht. Davon abgesehen wohnen mein Vetter und meine Kusinen auch im Norden von Berlin.
Frau Schmidt	Und wie steht es mit Ihnen, Wolfgang? Wohnen Sie auch bei Ihren Eltern?
Wolfgang	Nein, ich habe eine Einzimmerwohnung in Berlin-Schöneberg. Meine Eltern wohnen in Bremen. Ich telephoniere oft mit ihnen. Wenn ich Urlaub habe, fahre ich mit dem Intercity-Zug dorthin.
Ulrike	Leider fährt die S-Bahn bei weitem nicht so schnell!

Gespräch 15 "ENDE GUT, ALLES GUT"

ein Reisender	Entschuldigung! Haben Sie zufällig einen kleinen blauen Koffer gesehen? Ich muß meinen Koffer hier gelassen haben.
eine Reisende	Nein, es tut mir leid. Hier ist kein Koffer.
der Reisende	Dann ist mein Koffer verlorengegangen! Das ist eine Katastrophe! Meine ganzen Kleider mitsamt meinen persönlichen Sachen sind drin.
die Reisende	Sie werden ihn vielleicht zurückbekommen! Denken Sie mal nach... Wo sind Sie mit Ihrem Koffer gewesen? Können Sie sich erinnern?
der Reisende	Ja. Als ich das Haus verließ, nahm ich meinen Koffer mit. Ich fuhr mit dem Bus zum Bahnhof und hatte meinen Koffer noch in der Hand, als ich

ankam. Dann ging ich zur Wechselstube, wo ich einige Minuten Schlange gestanden habe. Ich hatte den Koffer neben mich auf den Boden gestellt. Dann ging ich zum Bahnsteig und erinnerte mich an meinen Koffer. Ich bin unverzüglich hierher zurückgekehrt, aber jetzt finde ich meinen Koffer nicht mehr.

die Reisende   Schauen Sie sich den Koffer vor der Treppe mal an! Kann das vielleicht Ihr Koffer sein?

der Reisende   Nein, mein Koffer ist nicht so groß. Die Farbe ist auch anders. Ach, wie dumm!

die Reisende   Welche Farbe hat Ihr Koffer?

der Reisende   Blau. Wo befindet sich das Fundbüro?

die Reisende   Am anderen Ende des Bahnhofs. Aber sehen Sie den anderen Koffer, da, auf dem Schalter? Ist das Ihr Koffer?

der Reisende   Nein. Das ist nicht mein Koffer. Er hat Räder dran ganz wie der Koffer auf dem Gepäckkarren des Gepäckträgers. Aber.... das ist doch mein Koffer! Ein blauer Koffer mit Rädern. Ja, das ist ganz bestimmt mein Koffer! Hallo!

der Gepäckträger   Ja! Wollten Sie mich sprechen?

der Reisende   Ja! Den Koffer da, auf dem Gepäckkarren, wo haben Sie ihn gefunden?

der Gepäckträger   Bei der Wechselstube, samt den anderen Gepäckstücken.

der Reisende   Andere Gepäckstücke? Was für andere Gepäckstücke?

der Gepäckträger   Die Gepäckstücke, die der Reisegruppe gehören. Ich habe sie alle auf dem Karren mitgenommen.

der Reisende   Sie haben sich wohl geirrt! Ich gehöre keiner Reisegruppe an. Sie haben meinen Koffer irrtümlich mitgenommen. Sehen Sie, mein Name steht drauf.

der Gepäckträger   Oh! Entschuldigen Sie bitte! Das wußte ich nicht. Ich nehme Ihren Koffer sofort vom Karren herunter. Bitte sehr.

der Reisende   Danke. Danke. Aber es ist ja nochmal alles gut gegangen. So was kann ja passieren.

die Reisende   Sehen Sie! "Ende gut, alles gut".

der Reisende   Ja. Sie haben recht. Ich bedanke mich herzlich dafür, daß Sie so nett gewesen sind. Sagen Sie, wohnen Sie hier in Leipzig?

ÜBUNGEN

1. BITTE ERGÄNZEN SIE DIESE SÄTZE MIT DEM PASSENDEN WORT.

Beispiel: Ich werde Ihnen den Weg <u>zeigen</u>. (fragen / zeigen / gehen)

1. Dieser ____ ist ein Gemüsehändler. (Mann / Frau / Auto)

2. Können Sie ____ bitte diesen Satz erklären? (mich / mir / meinem)

3. Ich ____ nicht ganz verstanden. (werde / mußte / habe)

4. Das Schloß ____ heute geöffnet. (hat / geht / sind)

5. Ich werde auf ____ Fall Ihren Rat befolgen. (diesen / jenem / jeden)

6. Wohin ____ diese Straße? (kommt / führt / fällt)

7. Das Theater ist nur ____ geöffnet. (abend / Abend / abends)

8. Ich habe heute ____ Besonderes getan. (nicht / nichts / niemand)

9. Wir sind gekommen, ____ wir alle ins Restaurant gehen können. (dazu / dabei / damit)

10. Monika ____ von ihrem Freund begleitet. (bist / werdet / wird)

11. Das Museum ist nicht ____. (entfernt / weit / hoch)

12. Ist der Wein ____ oder weiß? (schwarz / grau / rot)

13. Darf ich Ihnen noch einen Kaffee ____? (versprechen / anbieten / geben)

14. Wollen Sie ____ oder getrennt zahlen? (damit / möglich / zusammen)

15. Der Tourist hat einige ____ über Berlin gelesen. (Buch / Bücher / Büchern)

16. Wolfgang ist nicht mit Ulrike ____. (unverheiratet / verlassen / verheiratet)

17. Ich trinke ____ Bier. (keine / keinen / kein)

18. Ulrike trinkt ihren Kaffee ____ Zucker. (noch / ohne / bei)

19. Mein Onkel ist sechzig Jahre ____. (alt / neu / spät)

20. Der Bruder von Herrn Schmidt ____ in Wien. (kennt / wohnt / fährt)

21. Ulrike wohnt im ____ von Berlin. (Norden / Frohnau / außerhalb)

22. Ich werde ____ dem Taxi zum Flughafen fahren. (bei / mit / in)

23. Ich lese die ____ jeden Tag. (Buch / Schrank / Zeitung)

24. Ulrike wohnt ____ ihren Eltern. (mit / bei / zusammen)

25. Wolfgang und Ulrike werden ein Picknick ____. (tun / machen / essen)

26. Wolfgang ____ mit dem Intercity-Zug. (geht / fährt / tut)

27. Haben Sie ____ einen kleinen Koffer gesehen? (zufällig / irrtümlich / möglich)

28. Er ____ nicht schwimmen. (werde / konnte / können)

29. Wir ____ in Berlin gewesen. (haben / sind / können)

30. Wo ____ sich das Fundbüro? (liegt / ist / befindet)

31. Der Reisende mußte ____ stehen. (Zimmer / Wechselstube / Schlange)

32. Die Gepäckstücke ____ der Reisegruppe. (gehen / hören / gehören)

33. Der Gepäckträger ____ sie alle mit. (tut / stellt / nahm)

34. Wollten Sie ____ sprechen? (mir / mich / mein)

35. Ich hatte den Koffer in ____ Hand. (meinem / der / meine)

36. Wir ____ bei schlechtem Wetter nicht spazierenzugehen. (müssen / können / brauchen)

37. ____ Sie! Ich habe mich geirrt. (Bitten / Entschuldigung / Entschuldigen)

38. In dem Zug ____ ich mich an meinen Koffer. (fand / erinnerte / zurückkehrte)

39. ____ haben Sie diesen Koffer gefunden? (wie / wer / wo)

40. Diese Schüssel gehören ____ nicht. (ihn / mir / sie)

41. Er wurde ____ seinem Vater genannt. (nach / ohne / noch)

42. Ulrike ist älter ____ Paul. (wie / als / so)

43. Das Schloß ist heute ____. (frei / geöffnet / gesehen)

44. Der Besuch ____ sich. (braucht / gelange / lohnt)

45. Frau Schmidt ____ Kaffee. (trinken / serviert / kochst)

46. Ich trinke ____ Tee. (lieber / viele / meiner)

47. Meine ____ sind die Töchter meines Onkels. (Neffen / Vetter / Kusinen)

48. Ich telephoniere oft ____ ihnen. (zu / an / mit)

49. Was haben Sie ____ Mittag gegessen? (in / bei / zu)

50. Das Gehen ____ meinem Großvater schwer. (fällt / fährt / geht)

51. Ich ____ Hunger. (bin / habe / werde)

52. Sie hat nicht Bier getrunken, ____ Wein. (aber / deshalb / sondern)

53. Der Schreibtisch, an dem er sitzt, ist ____ Holz. (aus / von / gut)

54. Das Buch, ____ auf dem Tisch liegt, gehört mir. (dem / den / das)

55. Mein Freund, ____ Frau ich auch kenne, wohnt nebenan. (deren / dessen / denen)

56. Ich werde so früh ____ möglich kommen. (wie / so / eben)

57. ____ es regnet, können wir kein Tennis spielen. (soeben / sofort / solange)

58. Ich ____ eine Flasche Wein, bitte. (frage / konnte / möchte)

69. Ulrike geht ____ Fuß. (auf / bei / zu)

2. ERGÄNZEN SIE DIESE SÄTZE MIT DEM PRÄTERITUM.
Complete these sentences with the preterite form of the verb.

Beispiele Gestern <u>war</u> ich müde. (sein)

Ich <u>ging</u> mittags <u>spazieren</u>. (spazierengehen)

1. Gestern ____ wir viel Arbeit. (haben)

2. Wolfgang ____ in die Stadt. (fahren)

3. Gestern ____ wir ins Kino. (gehen)

4. Was ____ Sie? (sagen)

5. Paul ____ seinen Regenschirm ____. (mitbringen)

6. Ulrike ____ einen gemischten Salat ____. (zubereiten)

7. Clara ____ mit Heidi am Telephon. (sprechen)

8. Der Büroangestellte ____ die Briefe ____. (absenden)

9. Paul ____ sein Paket auf dem Tisch. (stellen)

10. Der Reisende ____ seinen Koffer. (verlieren)

11. Die Reisende ____ sehr nett. (sein)

12. Er ____ seinen Koffer ____. (zurückbekommen)

13. Frau Schmidt ____ Ulrike einen Kaffee ____. (anbieten)

14. Ich ____ ein Buch über Kanada. (lesen)

15. Ich ____ auf den Bus. (warten)

16. Ich ____ nichts von der Sache. (wissen)

17. Ulrike ____ die Brathähnchen in den Korb. (tun)

18. Wir ____ ein gutes Essen. (essen)

19. Wir ____ uns zu Tisch. (setzen)

20. Er ____ sein Bier. (genießen)

21. Sie (plural) ____ das Zimmer. (verlassen)

22. Der Chef ____ seine Sekretärin. (rufen)

23. Die Reise ____ meinen Erwartungen. (entsprechen)
    (die Erwartung: the expectation)

24. Er ____ seinen Koffer auf dem Karren. (finden)

25. Ulrike ____ mit der Lufthansa nach München. (fliegen)

26. Sie ____ mir einen schönen Brief. (schreiben)

27. Herr Schmidt ____ sich ins Register ____. (eintragen)

28. Vor einigen Jahren ____ wir London. (besuchen)

29. Die Reisende ____ ihn an seinen Koffer. (erinnern)

30. Es ____ ____ zu regnen. (anfangen)

31. Sie ____ zu singen. (beginnen)

32. Das Museum ____ um 17 Uhr. (schließen)

33. Sie ____ ihm eine Flasche Wein. (geben)

34. Wir ____ keine Wolke am Himmel. (sehen)

35. Ich ____ viel Deutsch. (lernen)

3. *WÄHLEN SIE DAS PASSENDE WORT!*
   Choose the appropriate word.

   Beispiele Ich weiß, <u>daß</u> Sie das Auto verkauft haben.

Die Kinder, <u>die</u> auf der Straße spielen, sind aus Wien.
Das Buch, <u>das</u> auf dem Tisch liegt, gehört mir.

1. Kennen Sie den Herrn, ____ das Zimmer soeben verlassen hat?

2. Kennen Sie den Mann, ____ dieses Buch gehört?

3. ____ ist leichter gesagt als getan.

4. Ich stellte fest, ____ ich meinen Koffer nicht mehr hatte.

5. Wie heißt der junge Mann, ____ wir heute gesehen haben?

6. Haben Sie sich mit der Frau getroffen, ____ das Auto kaufen möchte?

7. Der Kellner brachte den Kaffee, ____ wir bestellt hatten.

8. Hast du die Schlüssel gesehen, ____ auf dem Tisch waren?

9. Ich habe gehört, ____ in München viel gebaut wird.

10. Der Reisende, ____ seinen Koffer verloren hat, heißt Werner.

11. Sie ist die Sekretärin, ____ immer so nett ist. (**immer**: always)

12. Die Reisenden nahmen den ersten Autobus, ____ sie sahen.

13. Das Kino, in ____ wir gestern den Film sahen, ist heute geschlossen.

14. Der Mantel, ____ ich gestern gekauft habe, ist verlorengegangen.

15. Die Übüngen, ____ wir heute gemacht haben, sind nützlich. (**nützlich** - useful)

4. GEBEN SIE AUF DIE FOLGENDEN FRAGEN EINE NEGATIVE ANTWORT!

Give a negative answer to the following questions.

Beispiele Haben Sie heute ein Bier getrunken?
<u>Nein, ich habe heute kein Bier getrunken</u>.

Waren Sie gestern in Hamburg?
<u>Nein, ich war gestern nicht in Hamburg</u>.

1. Mußten Sie am Bahnhof lange warten?

2. Konnten Sie gestern die Berge sehen?

3. Werden Sie heute die Zeitung lesen?

4. Wollten Sie heute ins Kino mitkommen?

5. Haben Sie heute mit Ihrer Mutter telephoniert?

5. GEBEN SIE AUF DIESE FRAGEN EINE POSITIVE ANTWORT!
Give a positive answer to these questions.

Beispiele   Waren sie heute nicht in der Stadt?
<u>Doch, sie waren heute in der Stadt.</u>

Wollten Sie gestern nicht spazierengehen?
<u>Doch, ich wollte gestern spazierengehen.</u>

1. Hat Ulrike ihren Kaffee nicht getrunken?

2. Kommen Sie heute nicht ins Büro?

3. Wurde sie nicht von ihrem Freund begleitet?

4. Hat der Reisende seinen Koffer nicht zurückbekommen?

5. Können Sie diese Fragen nicht beantworten?

6. ANTWORTEN SIE MIT VOLLSTÄNDIGEN SÄTZEN!
Answer with complete sentences!

1. Ist das Flugzeug schneller als der Zug?

2. Ist der Winter in Deutschland kälter als der Herbst?

3. Fährt die S-Bahn so schnell wie der Intercity-Zug?

4. Welche Farbe hat der Himmel bei schönem Wetter?

5. Nehmen Sie einen Koffer mit, wenn Sie eine Reise machen?

6. Hilft Ihnen der Lehrer beim Lernen? (**helfen**: to help)

7. Haben Sie zufällig einen kleinen blauen Koffer gesehen?

8. Wollen Sie bei Regenwetter Ihren Regenmantel anziehen?

9. Gibt es einen Trödelmarkt in Ihrer Stadt?

10. Wollen Sie Deutschland besuchen?

ANDERE WÖRTER!

die Erwartung: the expectation
immer: always
nützlich: useful
helfen (+ dative): to help

PAUL HAT BESUCH
PAUL HAS A VISITOR

Paul hat Verwandtschaft ausßerhalb Berlins. Silke, eine Kusine, besucht Paul von Zeit zu Zeit in Berlin. Während der Osterferien verbringt sie einige Tage bei ihm. Die beiden jungen Leute, die im gleichen Alter sind, wollen heute abend ausgehen, um das Nachtleben Berlins auszuprobieren.

Paul has relations outside Berlin. Silke, a cousin, visits Paul now and then in Berlin. She is spending a few days with him during the Easter vacation. The two young people, who are the same age, are planning to go out this evening to sample something of Berlin's night-life.

Paul   Wie findest du Berlin diesmal?
         What do you think of Berlin this time?

Silke Ich finde, in Berlin wird zu spät ins Bett gegangen.
         I think that people in Berlin go to bed too late.

Paul   Das trifft nicht für alle zu! Manche Leute müssen früh
         aufstehen, damit sie um acht oder gar um sieben Uhr bei der

Arbeit sein können. Deshalb müssen sie früh ins Bett. Da wir im Urlaub sind, können wir es uns leisten, etwas später schlafenzugehen.

That's not true for all (of them). Some people have to get up early so they can be at work at eight or even at seven o'clock. That is why they have to (go) to bed early. Since we are on holiday, we can afford to go to bed a little later.

Silke In unserer Kleinstadt wird früh aufgestanden. Ich bin um sechs Uhr wach. Ich wasche mich, ich ziehe mich an, und ich frühstücke gemeinsam mit meinen Eltern, alles vor Sonnenaufgang.

In our little town, people get up early. I get washed, I get dressed, and I have breakfast with my parents, all before sunrise.

Paul Dafür mußt du ganz früh ins Bett gehen.

Because of that you must have to go to bed quite early.

Silke Ja, ich gehe um halb zehn ins Bett und schlafe sofort ein.

Yes, I go to bed at half past nine and go to sleep straight away.

Paul Ich gehe normalerweise um elf Uhr schlafen.

I normally go to bed at eleven o'clock.

Silke Das überrascht mich nicht. In Berlin kann man viel mehr tun. Bei uns ist es sehr ruhig. Ich sehe ab und zu mal eine Sendung im Fernsehen oder ich lese ein Buch, manchmal spielen wir Karten. Am Wochenende gibt es eine Disko. Ein Kino gibt es leider nicht mehr. Deshalb langweile ich mich und gehe früh ins Bett.ins Bett.

That does not surprise me. There is a lot more to do in Berlin. It is very quiet where we are. I watch a program on TV now and then. I read a book, sometimes we play cards. On the weekend there is a disco. There isn't a movie house any more, unfortunately. That's why I feel bored and go to bed early.

Paul Das glaube ich dir! Ich möchte nicht in einer solchen Kleinstadt wohnen. Das Leben dort scheint etwas eintönig zu sein.

I can believe that! I would not like to live in a small town like that. Life there seems to be somewhat monotonous.

Silke Nicht immer. Im Frühling wird das Volksfest mit vielen Blumen veranstaltet, und im Herbst findet der Jahrmarkt statt. Im nächsten Dorf gibt es eine Buchhandlung. Die ist nicht schlecht. Da kann man gute Taschenbücher kaufen. Außerdem gibt es eine öffentliche Bücherei, wo man Bücher leihen kann. Sonntags ist der Gottesdienst in der Kirche. Unser Pastor ist ein sehr guter Prediger. Er hat sich stark für die neue Demokratie eingesetzt.

Not always. In spring, the village festival is held with lots of flowers. In the fall there is the fair. In the next village there is a bookstore. It is not bad. You can buy good paperback books there. As well as that, there is a public library where one can borrow books. On Sundays there is the service in the church. Our pastor is a good preacher. He stood up strongly for the new democracy.

Paul   Wir können diesen Sonntag in die Kirche gehen, wenn du willst. Die Kirche ist nicht weit. Aber was wollen wir heute abend machen? Ich habe den "Tagesspiegel" gekauft. Es stehen nicht nur die ganzen Kinoprogramme drin, sondern auch Einzelheiten über die anderen Veranstaltungen, Oper, Theater usw. Oder wir können in eine Studentenkneipe gehen. Da treffen wir bestimmt einige Bekannte von mir. Was hältst du davon?

We can go to church this Sunday, if you like. The church is not far. But what shall we do this evening? I have bought the "Tagesspiegel" (quality Berlin newspaper). There are not only all the movie programs in it, but also details about the other events, opera, theater, etc. Or, we can go to a student bar. We will certainly meet some of my acquaintances there. What do you think?

Silke   Ich schlage vor, wir gehen erst mal spazieren, dann können wir uns entscheiden.

I suggest, we first of all go out for a walk, then we can decide on something.

1. DIE AUSSPRACHE

Besuch *(beh-zookh)*
Silke *(zeel-keh)*
Kusine *(koo-zee-neh)*
verbringt *(fair-bringt)*
Osterferien *(oss-tair-feh-ree-en)*
gleichen *(gleye-khen)*
Alter *(al-tair)*
ausgehen *(owss-geh-en)*

Nachtleben *(nakht-leh-ben)*
auszuprobieren *(owss-tsoo-proh-beer-en)*
diesmal *(deess-mahl)*
spät *(shpeh-t)*
aufstehen *(owff-shteh-en)*
deshalb *(des-halp)*
Urlaub *(oor-lowp)*
leisten *(leye-sten)*
schlafen *(schlah-fen)*
Kleinstadt *(kleyen-shtatt)*
aufgestanden *(owff-geh-shton-den)*
wach *(vakh)*
frühstücke *(frew-shtew-keh)*
gemeinsam *(geh-meyen-zahm)*
ins *(ins)*
Bett *(bett)*
normalerweise *(nor-mahlair-veye-zeh)*
überrascht *(ewbair-rasht)*
ruhig *(rooh-ig)*
Sendung *(zen-doong)*
Karten *(kahr-ten)*
Wochenende *(vokh-en-endeh)*
langweile *(lang-veye-leh)*
glaube *(glow-beh)*
solchen *(zolsh-en)*
Leben *(leh-ben)*
scheint *(sheye-nt)*
eintönig *(eyen-ter-nig)*
Volksfest *(follks-fest)*
Blumen *(bloo-men)*
Jahrmarkt *(yahr-mahrkt)*
statt *(shtatt)*
nächsten *(nekh-sten)*
Buchhandlung *(bookh-hand-loong)*
Taschenbücher *(tash-en-bew-khair)*
außerdem *(owss-air-dame)*
öffentliche *(erff-ent-leekh-eh)*
Bücherei *(bewkh-air-eye)*
leihen *(leye-hen)*
sonntags *(zonn-tahgz)*
Gottesdienst *(gott-ess-deenst)*
Kirche *(keer-kheh)*
Pastor *(passtor)*
Prediger *(preh-dee-ghair)*

Demokratie *(demm-oh-krah-tee)*
eingesetzt *(eyen-geh-zetzt)*
Tagesspiegel *(tahg-ess-shpee-ghel)*
Kinoprogramme *(kee-noh-proh-gram-meh)*
drin *(drin)*
Einzelheiten *(eyen-tsell-heye-ten)*
Veranstaltungen *(fair-ann-shtal-toon-ghen)*
Oper *(oh-pair)*
usw.= und so weiter *(oont-zoh-weye-tair)*
Studentenkneipe *(shtoo-den-ten-kneye-peh)*
treffen *(treff-en)*
bestimmt *(beh-shtimmt)*
hältst *(helltst)*
schlage *(shlah-geh)*
entscheiden *(ent-sheye-den)*

2. REFLEXIVE VERBEN (FORTSETZUNG)

The uses of reflexive verbs can be illustrated as follows:

Der Kellner bedient die Kunden.
The waiter is serving the customers.

Die Kunden werden (vom dem Kellner) bedient.
The customers are being served (by the waiter).

Die Kunden bedienen sich.
The customers are helping themselves.

In the first sentence, the verb is being used in the normal way, with an accusative object, the customers. In the second, it is being used in the passive voice, where the customers are still the logical object of the action of serving. In the third sentence, the verb is being used reflexively, that is, the subject and the object of the action are identical (the customers).

Some verbs can only be used reflexively:

Wir müssen uns beeilen. (sich beeilen to hurry up)
We must hurry up / get a move on.

Er weigert sich, nach Hause zu gehen. (sich weigern to refuse)
He refuses to go home.

Ich freue mich, Sie zu sehen. (sich freuen to be glad, be pleased)
I am glad to see you.

Der Gepäckträger hat sich geirrt. (sich irren to make a mistake)
The porter made a mistake.

Ich habe mich entschlossen, nicht mehr zu rauchen. (sich entschliessen to decide)
I have decided to give up smoking.

Some verbs can be used both reflexively and non-reflexively.

Der Reisende erinnerte sich an seinen Koffer.
(sich erinnern an + acc. to remember)
The traveler remembered his suitcase.

Seine Frau erinnerte ihn an seinen Koffer.
(erinnern (+ acc. object) an + acc. to remind)
His wife reminded him of his suitcase.

Wir können es uns leisten, etwas später schlafenzugehen.
(sich leisten to afford)
We can afford to go to bed somewhat later.

Er leistete mehr, als erwartet.
(leisten to do, to perform)
He performed more than had been expected.

Silke langweilt sich in der Kleinstadt.
(sich langweilen to feel bored, to be bored)
Silke feels bored in the little town.

Diese Art von Leben langweilt sie.
(langweilen to bore)
This sort of life bores her.

Ich interessiere mich für Kunst.
(sich interessieren für to be interested in)
I am interested in art.

Kunst interessiert mich.
(interessieren to interest)
Art interests me.

Ich ziehe mich an.
(sich anziehen to get dressed)
I am getting dressed.

Sie zieht ein Kleid an. (anziehen to put on)
She is putting on a dress.

The reflexive pronoun can often be used to mean "for me," "for himself," "for themselves," etc., where the pronoun is in the dative:

Ich bestellte <u>mir</u> ein Glas Bier. (bestellen to order)
I ordered a glass of beer <u>for myself</u>.

Sie holte <u>sich</u> den Mantel. (holen to fetch)
She went to fetch the coat <u>for herself</u> / <u>her</u> coat.

Wir schälten <u>uns</u> eine Apfelsine. (die Apfelsine the orange)
We peeled an orange <u>for ourselves</u>. (schälen to peel)

Notice that all reflexive verbs take "haben" in the past tense:

Es hat sich einen Verkehrsunfall ereignet.
(der Verkehrsunfall the traffic accident.)
A traffic accident has happened.
(sich ereignen to happen)

Wir haben uns über Ihren Brief gefreut.
We were glad to receive your letter.

Some reflexive verbs take a dative reflexive pronoun:

Ich leistete <u>mir</u> eine neue Armbanduhr.
(sich leisten to afford, to treat oneself)
I treated <u>myself</u> to a new wristwatch.

Du sollst <u>dir</u> einige Tage Ruhe gönnen.
(sich gönnen to allow oneself, give oneself)
You should give yourself a few days' rest.

Das werde ich <u>mir</u> merken.
(sich merken to remember, to bear in mind)
I shall bear that in mind.

Some reflexive verbs can take both an accusative and a dative reflexive pronoun:

Ich wasche mich. (accusative)
I am washing (myself).

Ich wasche mir die Hände. (dative)
I am washing my hands.

The reflexive is also be used in idiomatic expressions such as:

Die Tür öffnete sich. (sich öffnen to open)
The door opened.

Die Kirche füllte sich. (sich füllen to fill up)
The church filled up.

Reflexive pronouns can be used to express a reciprocal relationship:

Wolfgang und Ulrike begegneten sich und umarmten sich.
(**sich begegnen** to meet, **sich umarmen** to embrace)
Wolfgang and Ulrike met and embraced <u>each other</u>.

Sie haben sich lieb.
They are fond of each other. / They love each other.

Er liebt sie. Sie liebt ihn.
He loves her. She loves him.

Sie lieben sich.
They are in love.

But:
Sie sind <u>ineinander</u> verliebt.
They are in love <u>with each other</u>.

3. VERBEN

gehören - to belong to - verb takes the dative case and is declined like **hören:**

Dieses Auto gehört mir.
This car belongs to me.

Dieser Koffer gehört ihr.
This suitcase belongs to her.

Wem gehört der Mantel?
Who does the coat belong to?

Seine freien Stunden gehören seiner Familie.
His free time belongs to his family.

Diese Sachen gehören in den Schrank.
These things belong in the cupboard.

Sie gehört zu den großen Sängerinnen.
She is one of the great singers.

Schlesien gehört nicht mehr zu Deutschland.
Silesia is no longer part of Germany.

Es gehört dazu.
It is all part of the procedure.

Er gehört ins Bett.
He ought to be in bed.

Das gehört nicht zur Sache.
That is beside the point.

It can also be used reflexively in this idiomatic expression:

Das gehört sich nicht.
It is bad manners.

4. DEMONSTRATIV PRONOMEN

dieser/diese/dieses/diese
this one

jener/jene/jenes/jene
that one

The most common demonstrative pronouns are **dieser, diese, dieses, diese** (this one) and **jener, jene, jenes, jene** (that one). They are declined like the demonstrative adjectives **dieser** and **jener**.

Dieses Haus ist schön, jenes ist nicht so schön.
This house is beautiful; that one is not so beautiful.

Nicht dieser hat es getan, sondern jener.
This one did not do it, but that one (did).

Definite articles are also used as demonstrative pronouns:

Der hat es nicht getan.
He did not do it.

Und der Haifisch, der hat Zähne. . . .
And the shark, he has teeth. . . . . (Brecht)

Es gibt eine Buchhandlung im Dorf. Die ist nicht schlecht.
There is a bookstore in the village. It (the one I am talking about) is not bad.

Das, like **es,** with no gender connection, can stand for a whole sentence:

Sie wird morgen kommen. Das hat sie mir versprochen/Sie hat es mir versprochen.
She will come tomorrow. She has promised me that.

dessen/deren
his/her/its/their

Dessen/deren are also used as demonstrative pronouns to avoid ambiguity instead of the normal sein, ihr.

Ich traf den Philosophen und seinen Sohn sowie dessen Freund.
I met the philosopher and his son as well as his (the son's) friend.
(sein Freund could refer to both, the philosopher and his son.)

5. SOLCH-

solch-
such

It is used as an adjective:

Ein solcher Mann	**Eine solche Frau**	**Ein solches Buch**
Such a man	Such a woman	Such a book

Ein solches Buch kommt selten auf den Markt.
Such a book rarely appears on the market.

Ich wünsche mir einen solchen Mantel.
I'd like to have such a coat.

Eine solche Chance sollte man nicht verpassen.
Such an opportunity should not be missed.

Ich möchte nicht in einer solchen Kleinstadt wohnen.
I should not like to live in such a small town.

It can be used without an article:

Solches Material ist teuer.
Such material is expensive.

Solcher Stahl ist sehr hart. (hart hard)
Such steel is very hard.

Solche Liebe kommt selten vor. (selten rare(ly))
Such love occurs rarely. (vorkommen to occur, to happen)

Die Härte solchen Stahls ist unübertroffen. (die Härte the hardness)
The hardness of such steel is unsurpassed. (der Stahl the steel)
(unübertroffen unsurpassed,unmatched)

Solch by itself with no ending can be placed before the indefinite article:

Solch ein Mann	**Mit solch einem Messer**	**Solch ein Wetter**
Such a man	With such a knife	Such weather

Mit solch einem scharfen Messer muß man vorsichtig umgehen.

One must handle such a sharp knife with care.
(**vorsichtig** careful, prudent)
(**umgehen** to deal with, to handle)

and also before a declined adjective, but this usage belongs to highly stylized texts:

Solch harter Stahl	**Solch tiefe Liebe**	**Solch teures Material**
Such hard steel	Such deep love	Such expensive material

Solch gute Ratschläge. (**der Ratschlag** the advice)
Such good advice.

6. VERBEN

WOLLEN
TO WANT

Present	Imperfect
ich will	**ich wollte**
Sie wollen	**Sie wollten**
du willst	**du wolltest**
er/sie/es will	**er/sie/es wollte**
wir wollen	**wir wollten**
Sie wollen	**Sie wollten**
ihr wollt	**ihr wolltet**
sie wollen	**sie wollten**

past participle **gewollt**

This word is used as an auxiliary verb:

To describe an intention:

Was ich sagen wollte, ist folgendes. . . .
What I meant to say is the following. . . ..

Das will ich nicht gehört haben.
I will pretend I didn't hear that (lit.: I do not want to have heard that).

Wollen wir gleich nach dem Frühstück hingehen?
Shall we go there straight after breakfast?

Wir wollen gehen!
Let's go!

To describe a wish:

Ich will wissen, was hier los ist.
I want to know what is going on here.
Das will ich hoffen!
I should hope so!

Das will nicht viel sagen!
That doesn't say a lot!

It can mean "to claim":

Er will nichts gesehen haben.
He claims to have seen nothing.

Sie will eine Sängerin sein.
She claims to be a singer.

To express a polite wish:

Wollen Sie sich bitte hier eintragen!
Would you please enter your name here!

It can be used as a free-standing verb to mean *to want, to intend*

Ich will nicht.
I don't want to.

Wie Sie wollen! / Wie du willst!
As you like!

Was wollen Sie eigentlich? (eigentlich really, actually)
What do you really want?

Wollen Sie ein Bier?
Do you want a beer?

Was wollen Sie essen?
What do you want to eat?

Sie können kommen, wann Sie wollen.
You can come when ever you like.

Wir wollen heute abend ins Kino.
We intend to go to the movies this evening.

Ich will nach Hause.
I want to go home.

Ich will meine Ruhe haben.

I want to be left in peace.

Sie will unbedingt ein schnelles Auto.
(**unbedingt** absolutely, unconditionally)
She absolutely wants/is determined to have a fast car.

Das wollte sie um keinen Preis. (**um keinen Preis** at any price)
She would have none of it (lit.: She did not want that at any price).

Was wollen Sie, es ist doch alles gut verlaufen?
(**verlaufen** to end, to turn out, to go off)
Everything went off all right, what more do you want?

Sie haben es so gewollt.
That's the way you wanted it.

wollen as an adjective means "woollen":

Ulrike hat sich ein wollenes Kleid gekauft.
Ulrike has bought herself a woollen dress.

7. GEGENSÄTZE - CONTRASTS

SPÄT	FRÜH
Sie steht gern früh auf. She likes getting up early.	**Wir gehen spät ins Bett.** We go to bed late.
Er arbeitete bis in die frühen Morgenstunden. He worked into the small hours.	**Wir hatten ein spätes Abendessen.** We had a late supper.

SCHÖN	HÄßLICH
Das Leben in Berlin ist schön. Life in Berlin is pleasant.	**Das ist häßlich von dir.** That is not very nice of you.
Wir hatten schönes Wetter. We enjoyed lovely weather.	**Er hat ein häßliches Wesen.** He has an ugly disposition.

BREIT	ENG
Der Fluß ist breit. The river is wide.	**Die Straße ist eng.** The road is narrow.
Das Buch fand breites Interesse. The book aroused wide-spread interest.	**Sie leben in engen Verhältnissen.** They live in cramped conditions.

WEIT

Der Bahnhof ist 100 Meter
weit von hier.
The station is 100 meters
from here.

Das liegt in weiter Ferne.
That is a long way off.

SCHNELL

Der Zug fährt schnell.
The train travels fast.

Die Situation erfordert schnelles
Handeln.
The situation calls for prompt
action.

AUF

Der Laden ist auf.
The shop is open.

WEICH

Das Kissen ist weich.
The cushion is soft.

Er hat ein weiches Herz.
He is soft-hearted.

EINFACH

Ein einfacher Bruch.
A simple fracture.

Ich möchte eine einfache Fahrkarte.
I should like a single ticket.

LANGWEILIG

Nichtstun ist langweilig.
Idleness is boring.

NAH

Das Dorf ist nah.
The village is near.

Sie ist eine nahe Verwandte.
She is a close relation.

LANGSAM

Langsam fahren!
Drive slowly!

Der Schiff fährt in langsamem
Tempo.
The ship travels at a slow speed.

ZU

Das Museum ist zu.
The museum is closed.

HART

Der Stein ist hart.
The stone is hard.

Das ist eine harte Nuß.
That is a hard nut to crack
(a difficult problem).

KOMPLIZIERT

Sie hat einen komplizierten Bruch.

She sustained a compound
fracture.

UNTERHALTSAM

Kartenspielen ist unterhaltsam.
Playing cards is entertaining.

LEICHT

Eine Feder ist leicht.
A feather is light.

HELL

Während des Tages ist es hell.
During the day it is light.

STARK

In Mathematik war ich nie sehr stark.
I was never very strong in maths.

Sie trinkt starken Kaffee.
She drinks strong coffee.

SCHWER

Eisen ist schwer.
Iron is heavy.

DUNKEL

Während der Nacht ist es dunkel.
During the night it is dark.

SCHWACH

Die Börse ist heute schwach.
The stock market is weak today.

Das ist ein schwaches Argument.
That is a weak argument.

Contrasts can also be formed by adding un- onto an adjective:

ECHT

Der Schmuck ist echt.
The jewelry is genuine.

Sie ist eine echte Amerikanerin.
She is an all-American girl /
a typical American girl.

UNECHT

Dieser Teppich ist unecht.
This carpet is not genuine.

Sie trägt unechte Perlen.
She wears false pearls.

BEQUEM

Dieser Sessel ist bequem.
This armchair is comfortable.

Die Politiker haben eine bequeme
Lösung gefunden.
The politicians have found
an easy solution.
(die Lösung the solution)
(der Politiker the politician)
(der Gast the guest)

UNBEQUEM

Jener Stuhl ist unbequem.
That chair is uncomfortable.

Er war ein unbequemer Gast.

He was an irritating guest.

DEUTLICH

Sie spricht deutlich.
She speaks clearly / distinctly.

Er redet eine deutliche Sprache.

UNDEUTLICH

Er spricht undeutlich.
He speaks indistinctly.

Ich habe nur eine undeutliche
Vorstellung.

He is very outspoken.

I have only a vague idea.

GEWISS

Ich weiß es <u>gewiß</u>.
I am sure of it.

In <u>gewisser</u> Hinsicht haben Sie
recht.
You are right to some extent.

UNGEWISS

Die Lage ist sehr <u>ungewiß</u>.
The situation is very uncertain.

Es ist noch ungewiß, ob sie
kommt.
It is not yet clear whether she will
be coming.

GLÜCKLICH

Paul und Silke sind sehr <u>glücklich</u>.

Paul and Silke are very happy.

<u>Glückliches</u> Neues Jahr!
Happy New Year.

UNGLÜCKLICH

Unsere Nachbarn sind sehr
<u>unglücklich</u>.
Our neighbours are very unhappy.

Sie führen eine <u>unglückliche</u> Ehe.
They have an unhappy marriage.

RUHIG

Das Leben in der Wüste ist <u>ruhig</u>.

In the desert, life is peaceful.

Wir wohnen in einer <u>ruhigen</u>
Gegend.
We live in a quiet area.

UNRUHIG

Das Leben in der Stadt ist
<u>unruhig</u>.
In the city, life is hectic.

Er führt ein <u>unruhiges</u> Leben.

He leads a restless life.

MÖGLICH

Bei Gott ist kein Ding <u>unmöglich</u>.
With God nothing is impossible.

UNMÖGLICH

(Bible) Bei ihm ist alles <u>möglich</u>.
With him everything is possible.

GERN

Ich spiele <u>gern</u> Klavier.
I like to play the piano.

UNGERN

Ich fahre <u>ungern</u> mit dem Zug.
I don't like to travel by train.

WAHRSCHEINLICH

Es wird <u>wahrscheinlich</u> regnen.

UNWAHRSCHEINLICH

Es ist <u>unwahrscheinlich</u>, daß er
kommt.
It will probably rain / it is likely to rain.   He is unlikely to come.

Die Geschichte wirkt nicht sehr
<u>wahrscheinlich</u>.

Das Auto fährt <u>unwahrscheinlich</u>
schnell.

The story does not seem
very plausible.

The car goes incredibly fast.

WORTSCHATZ

außerhalb: (+ genitive) outside (of)
der Besuch: the visit
Besuch haben: to have a visitor(s), to have company
von Zeit zu Zeit: from time to time, now and then
verbringen: to spend (time)
die Ferien: the vacation
die Osterferien: the Easter vacation
die Ostern: Easter
die Weihnachten: Christmas
das Alter: the age
ausgehen: to go out
ausprobieren: to sample, get a taste of
diesmal: this time
spät: late
früh: early
aufstehen: to get up
schlafen: to sleep
die Kleinstadt: the small town, provincial town
wach: awake
wach werden: to wake up
frühstücken: to have breakfast
das Bett: the bed
normalerweise: normally, usually
überraschen: to surprise
ruhig: quiet
die Sendung: the transmission, program (on TV or radio)
die Karte: the card
spielen: to play
Karten spielen: to play cards
das Wochenende: the weekend
sich langweilen: to be bored
glauben: to believe, to think
ich glaube: I think, I guess
solch- : such
das Leben: the life
scheinen: to appear
eintönig: monotonous
das Volksfest: the village festival
die Blume: the flower

der Jahrmarkt: the fair
statt: instead of
nächst- : next
die Buchhandlung: the booksellers, bookshop
das Dorf: the village
das Taschenbuch: paperback book
außerdem: as well as that
öffentlich: public
die Bücherei: lending library
leihen: to borrow
der Gottesdienst: the church service
die Kirche: the church
der Pastor: the pastor, rector, clergyman
der Prediger: the preacher
die Demokratie: the democracy
sich einsetzen: to stand up for, to advocate
stark: strong, strongly
der Spiegel: the mirror
"der Tagesspiegel": a daily newspaper in Berlin
die Einzelheit: the detail
die Veranstaltung: the event
die Oper: the opera
usw. = und so weiter: etc., and so on
die Kneipe: the bar, ale-house
die Studentenkneipe: bar frequented by students
treffen: to meet
halten: to keep, to retain
halten von (+ dative): to have an opinion of, to consider,
                  to think about
was halten Sie davon? what do you think? (of the idea)
bestimmen: to determine, to decide on
vorschlagen: to suggest, to propose
der Kunde: the customer
sich beeilen: to hurry up
sich weigern: to refuse
sich entscheiden: to decide

sich erinnern an: to remember
erinnern an: to remind
sich langweilen: to feel bored, to be bored
langweilen: to bore (someone)
die Art: the sort, the kind
sich interessieren für (+ accusative): to be interested in
interessieren: to interest

das Kleid: the dress
bestellen: to order
holen: to fetch
die Apfelsine: the orange
schälen: to peel
sich ereignen: to happen
empfangen: to receive
der Verkehrsunfall: the traffic accident
leisten: to do, perform
sich (dative) leisten: to afford
sich (dative) gönnen: to allow oneself, to give oneself
sich (dative) merken: to remember, to bear in mind
sich öffnen: to open (by itself)
sich füllen: to fill up
füllen: to fill
sich begegen: to meet
sich umarmen: to embrace
lieben: to love
gehören: to belong to
der Schrank: the closet
der Haifisch: the shark
der Zahn: the tooth
das Material: the material, cloth
der Philosoph: the philosopher

die Chance: the opportunity
verpassen: to let slip, to miss
unübertroffen: unsurpassed, unmatched
die Härte: the hardness
hart: hard
der Stahl: the steel
selten: rare(ly), seldom
vorkommen: to occur, to be met with
der Ratschlag: the piece of advice
die Sängerin: the singer (female)
wollen: to want, to claim, to intend
das Salz: the salt
der Pfeffer: the pepper
reichen: to reach, to hand (something) to someone
eigentlich: really, actually
unbedingt: absolutely, unconditionally
um keinen Preis: at any price
verlaufen: to end, to turn out, to go off
die Ruhe: the quiet, the peace

der Gegensatz: the contrast
umgehen: to deal with, to handle
vorsichtig: careful, prudent
das Messer: the knife
das Leben: the life
schön: lovely, beautiful
breit: broad
eng: narrow
häßlich: ugly, nasty
das Wesen: the being, the native

das Tempo: the pace, the speed
die Situation: the situation
nah: near
weich: soft
die Nuß: the nut
die Bruch: the break, the fracture
kompliziert: complicated
die Fahrkarte: the ticket
einfach: simple
das Interesse: the interest
das Verhältnis: the circumstance, condition
unterhaltsam: entertaining
während (+ genitive): during
hell: light, bright
dunkel: dark
das Nichtstun: idleness, the inactivity
der Fluß: the river
der Schmuck: the jewelry
der Teppich: the carpet
schwach: weak
die Mathematik: the mathematics
die Börse: the stock market
das Argument: the argument, the point
echt: genuine
unecht: false
bequem: comfortable
unbequem: uncomfortable
der Gast: the guest
die Lösung: the solution
der Politiker: the politician
deutlich: clear, distinct
undeutlich: indistinctly
die Vorstellung: the idea, the performance

gewiß: certain
ungewiß: uncertain
die Lage: the situation
die Ahnung: the hunch, presentiment
glücklich: happy
unglücklich: unhappy
der Nachbar: the neighbor
die Ehe: the marriage
ruhig: peaceful, quiet
unruhig: restless, hectic
die Wüste: the desert
die Gegend: the area, district
möglich: possible
unmöglich: impossible
das Ding: the thing, the object
wahrscheinlich: probable, likely
unwahrscheinlich: improbable, unlikely, incredible
wirken: to effect, to produce an impression
veranstalten: to arrange, to organise

ÜBUNGEN

BITTE BEANTWORTEN SIE DIESE FRAGEN, DIE SICH AUF DAS GESPRÄCH AM ANFANG DER LEKTION BEZIEHEN.
Please answer these questions, which relate to the dialog at the beginning of the lesson.

1. Wie heißt Pauls Kusine?

2. Wo wohnt sie?

3. Ist sie älter oder jünger als Paul?

4. Um wieviel Uhr wird sie wach?

5. Warum müssen manche Berliner früh ins Bett?

6. Was macht Silke schon vor Sonnenaufgang?

7. Um wieviel Uhr geht sie ins Bett?

8. Schläft sie sofort ein?

9. Wann geht Paul normalerweise schlafen?

10. Ist das Leben ruhig oder unruhig in der Kleinstadt?

11. Wann wird die Disko veranstaltet? (**veranstalten** to arrange, to organise)

12. Gibt es ein Kino in der Kleinstadt?

13. Wo gibt es eine Buchhandlung?

14. Kann man dort gute Taschenbücher kaufen?

15. Wo kann man Bücher leihen?

16. Ist sonntags Gottesdienst?

17. Ist der Pastor ein guter Prediger?

18. Hat er sich für die Demokratie eingesetzt?

19. Wer hat den "Tagesspiegel" gekauft?

20. Welche Einzelheiten stehen im "Tagesspiegel"?

21. Wollen Sie in eine Studentenkneipe?

22. Was schlägt Silke vor?

LEKTION 18

EINKAUFEN IN EINEM GROßEN WARENHAUS

SHOPPING IN A LARGE DEPARTMENT STORE

ein Verkäufer	**Werden Sie schon bedient?** Are you being attended to?
ein Kunde	**Noch nicht. Ich möchte ein Paar Schuhe anprobieren.** Not yet. I would like to try on a pair of shoes.
der Verkäufer	**Gerne. Welche Schuhe möchten Sie?** With pleasure. Which shoes would you like?
der Kunde	**Diejenigen, die unten im Regal auf der rechten Seite stehen.** The ones which are lower down on the shelf, to the right.

der Verkäufer	**Gut. Welche Schuhgröße haben Sie?** Good. What size of shoe do you take?
der Kunde	**Dreiundvierzig. Ich möchte die Schuhe in braun, bitte.** Size nine. I would like the brown shoes, please.
der Verkäufer	**Braune Schuhe, dreiundvierzig. Ich weiß nicht, ob wir noch welche haben. Ich werde nachschauen.** Brown shoes, size nine. I don't know if we still have any. I will go and look.

Nach kurzer Zeit kehrt der Verkäufer mit leeren Händen zurück.
After a short while the salesman returns empty handed.

der Verkäufer	**Es tut mir leid. Braune Schuhe Größe dreiundvierzig haben wir nicht mehr.** I am sorry. We do not have any brown shoes in size nine left.
der Kunde	**Das gibt's doch nicht! Ich suche diese Art Schuhe schon seit einigen Wochen. Jetzt, wo ich sie in Ihrem Laden finde, haben Sie meine Größe nicht auf Lager!** I don't believe it! I have been looking for this sort of shoe for quite a few weeks. Now, when I find them in your store, you don't have my size in stock!
der Verkäufer	**Ich kann sie Ihnen bestellen, und sie werden morgen da sein. Können Sie morgen nachmittag wieder vorbeikommen?** I can order them for you and they will be here tomorrow. Can you drop by again tomorrow afternoon?
der Kunde	**Morgen, hm .... Um wieviel Uhr schließen Sie?** Tomorrow, hm .... At what time do you close?
der Verkäufer	**Wir haben durchgehend bis sechs Uhr dreißig geöffnet.** We are open continually (without closing) till half past six.
der Kunde	**Einverstanden. Ich komme morgen nachmittag vorbei. Noch etwas: Ich hätte gern eine Krawatte. Wo finde ich die Herrenabteilung?** All right. I (will) drop by tomorrow afternoon. Another thing: I would like a tie. Where do I find the menswear department?

der Verkäufer	Die Herrenabteilung ist einen Stock tiefer, im Erdgeschoß. Dort finden Sie hinsichtlich Herrenbekleidung alles, was Sie brauchen: Krawatten, Hemden, Anzüge, Sakkos, Hosen, Unterwäsche, Socken und so weiter.

The menswear department is one level lower down, on the ground floor (street level). There you will find everything you need as regards menswear: ties, shirts, suits, men's jackets, pants, underwear, socks, etc.

der Kunde	Ich möchte auch gerne einige Reiseandenken an Berlin. Kann ich die in diesem Warenhaus bekommen? Ich brauche welche für meine Freunde im Ausland.

I should also very much like some souvenirs of Berlin. Can I get them in this store? I need some for my friends abroad.

der Verkäufer	Reiseandenken finden Sie auch im Erdgeschoß, gegenüber der Herrenabteilung. Postkarten und dergleichen bekommen Sie in der Schreibwarenabteilung auf der dritten Etage.

You will find souvenirs on the ground floor (first floor), as well, opposite the menswear department. You can get postcards and suchlike in the stationery goods department on the third floor (fourth floor).

der Kunde	Aha! - Meine Frau wird vielleicht morgen mitkommen. Wo ist die Abteilung für Damenbekleidung?

I get it. My wife will perhaps be coming with me tomorrow. Where is the department for ladies' clothing?

der Verkäufer	Wir haben eine ausgezeichnete Auswahl an Damenbekleidung, Damenwäsche usw. Die finden Sie auf der zweiten Etage, einen Stock höher. Ihre Frau wird sich bestimmt freuen.

We have an excellent selection of ladies' clothing, ladies' underwear, etc. You will find this on the second floor (third floor), one level up. Your wife will certainly be delighted.

die Kunde	**Das hört man gerne. Nun, wo ist die Rolltreppe?**
	That's good to hear. Now, where is the escalator?
der Verkäufer	**Die Rolltreppen befinden sich hinter Ihnen.**
	The escalators are to be found behind you.
der Kunde	**Danke schön. Sie waren sehr hilfreich. Also bis morgen. Bitte vergessen Sie meine Schuhe nicht! Braune Schuhe Größe dreiundvierzig.**
	Thank you kindly. You were very helpful. Well, see you tomorrow. Please don't forget my shoes! Brown shoes, in size nine.
der Verkäufer	**Sie können sich auf mich verlassen! Bis morgen!**
	You can rely on me. 'Till tomorrow.
der Kunde	**Auf Wiederschauen!**
	Goodbye!
der Verkäufer	**Auf Wiederschauen!**
	Goodbye!

1. DIE AUSSPRACHE

einkaufen *(eyen-kowff-en)*
Warenhaus *(vahr-enn-howss)*
Verkäufer *(fair-koyff-er)*
Kunde *(koon-deh)*
bedient *(beh-deent)*
welche *(vell-sheh)*
diejenigen *(dee-yeh-nee-ghen)*
unten *(oon-ten)*
Regal *(reh-gahl)*
Seite *(zeye-teh)*
Schuhgröße *(shoo-grerss-seh)*
dreiundvierzig *(dreye-oont-feert-seeg)*
braun *(brown)*
nachschauen *(nakh-showe-en)*
leeren *(leh-eren)*
Händen *(hen-den)*
Laden *(lah-den)*
Größe *(grers-seh)*
Art *(arrt)*
seit *(zeye-t)*
Lager *(lah-ghair)*
bestellen *(beh-shtellen)*

vorbeikommen *(for-beye-kom-men)*

durchgehend *(doorkh-gheh-ent)*
geöffnet *(geh-erff-net)*
Krawatte *(krav-at-teh)*
Herrenabteilung *(herr-en-ap-teye-loong)*
Stock *(shtock)*
tiefer *(teeff-air)*
Erdgeschoß *(aird-geh-shoss)*
hinsichtlich *(heen-zeekht-leekh)*
Herrenbekleidung *(herr-en-beh-kleye-doong)*
Hemden *(hem-den)*
Anzüge *(ann-tsew-geh)*
Sakkos *(zakk-ohz)*
Hosen *(hoh-zen)*
Unterwäsche *(oontair-vesh-eh)*
Socken *(zokk-en)*
hätte *(het-teh)*
Reiseandenken *(reye-zeh-ann-den-ken)*
etliche *(ett-leekh-eh)*
gegenüber *(geh-gen-ew-bair)*
Postkarten *(posst-kahr-ten)*
Schreibwarenabteilung *(shreyeb-vahr-en-ap-teye-loong)*
Etage *(eh-tah-jeh)*
vielleicht *(feel-leye-kht)*
Damenbekleidung *(dah-men-beh-kleye-doong)*
ausgezeichnete *(owss-geh-tzeyekh-net-teh)*
Auswahl *(owss-vahl)*
Damenwäsche *(dah-men-vesh-eh)*
Stock *(shtock)*
hört *(hurt)*
Rolltreppe *(roll-trepp-peh)*
hilfreich *(heelf-reyekh)*
vergessen *(fair-ghess-en)*
bis *(biss)*
verlassen *(fair-lass-en)*
Wiederschauen *(vee-dair-showe-en)*

2. DERJENIGE, DIEJENIGE, DASJENIGE, DIEJENIGEN

masculine	feminine	neuter	plural
derjenige	diejenige	dasjenige	diejenigen

This demonstrative pronoun is used before relative clauses to pick out an item which is subsequently explained in more detail. The first part (der-, die-, das-) is declined exactly as the definite article, with -jenige affixed and declined as an adjective:
Examples:

Welche Schuhe möchten Sie?
Which shoes would you like?

Ich möchte diejenigen, die unten im Regal auf der rechten Seite stehen.
I would like the ones (i.e. the pair) which are lower down on the shelf, on the right.

Welches Kind meinen Sie?
Which child do you mean?

Dasjenige, das blau gekleidet ist.
The one, that is dressed in blue.

Welcher Sessel ist neu?
Which armchair is new?

Derjenige, den meine Frau hat.
The one which my wife has got.

Welche Leute sollen wir unterstützen?
Which people should we support?

Diejenigen, die unsere Hilfe brauchen.
Those who are in need of our help.

Mit welchen Leuten hat er gesprochen?
Which people did he speak with?

Er sprach nur mit denjenigen, die sich gemeldet hatten.
He spoke only with those who had reported in.

3. WELCHER, WELCHE, WELCHES, WELCHE?

masculine	*feminine*	*neuter*	*plural*
welcher?	welche?	welches?	welche?

Welch- is used as an interrogative pronoun to select one item <u>from a number of items</u>.

Examples:

Welchen Mantel möchten Sie?
Which overcoat would you like?

Den braunen.
The brown one.

Welche Krawatte gefällt Ihnen?
Which tie do you like?

Die rote.
The red one.

Welches Buch meinen Sie?
Which book do you mean?

Dasjenige, das auf dem Tisch liegt.
The one which is on the table.

Welche Frau ist die bessere Tänzerin?
Which woman is the better dancer?

Diejenige, die in Blau gekleidet ist.
The one, who is dressed in blue.

Welche Größe haben sie?
What size do you take?

Welch- can be used as an interrogative adjective.

The ending of **welch-** should <u>agree</u> with the gender of the noun in question:

Welch<u>er</u> ist der kürzeste Weg?
Which is the shortest way?

Welch<u>e</u> ist die beste Lösung?
Which is the best solution?

Welch<u>es</u> ist das treffende Wort?
Which is the appropriate word?

Welche sind die schönsten Katzen?
Which are the most beautiful cats?

Although you will occasionally hear the neuter form **welches** for all three genders:

Welches ist der beste Weg?
Welches ist die beste Lösung?
Welches ist das treffende Wort?
Welches sind die schönsten Katzen?

Mit welchem Zug fahren wir?
Which train are we travelling on?

Von welcher Stadt kommen Sie?
Which town do you come from?

Für welches Kleid haben Sie sich entschieden?
Which dress have you decided on?

4. WAS FÜR? - WHAT, WHAT SORT OF?

When asking a question with **was für**, a more general answer is expected.

Was für Möglichkeiten gibt es?
What possibilities are there?

Was für Schuhe haben Sie?
What shoes do you have?

Ich will dir eine Geschichte erzählen.
I will tell you a story.

Was für eine Geschichte ist das?
What story is that?

or,

Was ist das für eine Geschichte?
What sort of story is that?

Eine Geschichte für Kinder.
A children's story.

with a preposition:

Mit was für einem Auto fahren Sie?
What sort of car do you drive?

also:

Was für eine herrliche Aussicht!   (die Aussicht: the view,
What a splendid view!   the prospect)
                                           (herrlich: splendid)

5. WAS - WHAT / WHICH / WHATEVER

Was can be used to mean "what?"

Was ist das?
What is that?

Das ist ein Buch.
That is a book.

It can also be used as a relative pronoun to mean "what,"
"whatever," where the relation is indefinite, e.g. after **alles, einiges,
vieles** (**der, die, das, die,** where it is known), and after the
nominalized superlative.

Da finden Sie alles, was Sie brauchen.
There you will find everything (that) you need.

Er tat alles, was zu tun war, sorgfältig.
(**sorgfältig:** carefully)
He did everything which had to be done carefully.

Das ist das Schönste, was ich je gehört habe.
That is the most beautiful thing (that) I have ever heard.

But:
Diese ist die schönste Geschichte, die ich je gehört habe.
This is the most beautiful story, which I have ever heard.

Note that adjectives are given capital letters when they are used as
nouns:

das Schönste   **das Größte**
The most beautiful (thing)   the biggest (thing)

Er ist der Beste.
He is the best.

Sie ist die Klügste.
She is the most intelligent.

Sie sind die Ärmsten.
They are the poorest.

6. DER KONJUNKTIV - THE SUBJUNCTIVE

So far, we have used sentences to express actions or state facts which happen or have happened in the real world. We have been using the *indicative mood* in the present and the past tenses. A *mood* is a form of a verb used to express the mode or manner of an action or state of being.

The *subjunctive mood* indicates that something is uncertain, dubious or desirable. It is also used to report something that someone said or wrote.

It is used more in German than in English, especially in the written language but also in everyday expressions.

There are <u>two versions,</u> one based on the present tense and the other on the preterite tense introduced in lesson 15.

The *subjunctive based on the present* tense (called **Konjunkiv I** in German) consists of the infinitive stem (the part without -en) with the present tense endings you are familiar with, except in the 'familiar' you form (singular and plural) and the third person singular:

Examples:

kommen	haben	machen	werden:
ich komme	ich habe	ich mache	ich werde
Sie kommen	Sie haben	Sie machen	Sie werden
du komm<u>est</u>	du hab<u>est</u>	du mach<u>est</u>	du werd<u>est</u>
er/sie/es komm<u>e</u>	er/sie/es hab<u>e</u>	er/sie/es mach<u>e</u>	er/sie/es werd<u>e</u>
wir kommen	wir haben	wir machen	wir werden
Sie kommen	Sie haben	Sie machen	Sie werden
ihr komm<u>et</u>	ihr hab<u>et</u>	ihr mach<u>et</u>	ihr werd<u>et</u>
sie kommen	sie haben	sie machen	sie werden

können	sein is an exception:
ich könne	ich sei
Sie können	Sie seien
du könn<u>est</u>	du seiest
er/sie/es könn<u>e</u>	er/sie/es sei
wir können	wir seien
Sie können	Sie seien
ihr könn<u>et</u>	ihr sei<u>et</u>
sie können	sie seien

Examples of its use to report what somebody other than the speaker has said:

(Note that the tense structure in indirect speech in German is different from English.)

Er schrieb, daß seine Schwester wieder gesund sei.
(**gesund:** healthy, well)
He wrote that his sister is / was well again.

Was haben Sie?
What is the matter?

Der Arzt fragte, was er habe.
The doctor asked what was the matter.

Sie sagte uns, sie komme nächste Woche nicht.
She said to us she was not coming next week.

Sie sagte uns, sie könne nächste Woche nicht kommen.
She said to us she could not come next week.

Was machen Sie?
What are you doing?

Sie fragte, was er mache.
She asked what he was doing.

You use the subjunctive with **als ob** (**Konjunkiv I** here):

Er sieht aus, als ob er krank sei.
He looks as though he were sick.

Er tut, als ob er nichts wisse.
He behaves as though he knew nothing.

The **Konjunktiv I** form of the subjunctive can also be used to express a wish:

Es lebe die Königin!
Long live the Queen!

Er ruhe in Frieden!
May he rest in peace!

Möge jeder sein Bestes tun!
May every man do his best!

also in recipes:

Man nehme ein Eßlöffel Zucker und zwei Eier.
Take a table-spoon of sugar and two eggs.

(**der Eßlöffel:** the tablespoon)
(**der Löffel:** the spoon)

It is also used in requests where the speaker wants to be polite:

Bitte seien Sie so gut und helfen Sie mir!
Please be so good and help me.

The <u>subjunctive based on the preterite</u> form of the indicative (called **Konjunktiv II** in German) is formed as follows (the preterite was described in Lesson 15):

The strong verbs take an umlaut where the stem vowel is an a, o or u, except for **sollen** and **wollen.**

Regular weak verbs never take an umlaut; only in the irregular weak verb does the **a** sometimes change to an ä. (e.g. **bringen - brächte**)

kommen	haben	machen	werden:
ich käme	ich hätte	ich machte	ich würde
Sie kämen	Sie hätten	Sie machten	Sie würden
du kämest	du hättest	du machtest	du würdest
er/sie/es käme	er/sie/es hätte	er/sie/es machte	er/sie/es würde
wir kämen	wir hätten	wir machten	wir würden
Sie kämen	Sie hätten	Sie machten	Sie würden
ihr kämet	ihr hättet	ihr machtet	ihr würdet
sie kämen	sie hätten	sie machten	sie würden

können	sein
ich könnte	ich wäre
Sie könnten	Sie wären
du könntest	du wärst
er/sie/es könnte	er/sie/es wäre
wir könnten	wir wären
Sie könnten	Sie wären
ihr könntet	ihr wäret
sie könnten	sie wären

(compare these forms with: **ich kam, ich hatte, ich machte, ich wurde, ich konnte, ich war,** etc., in the preterite tense)

The **Konjunktiv II** form of the subjunctive is used to indicate doubt or unreality:

Das dürfte richtig sein.
That may be correct (I am not sure).

Sie könnten einmal schreiben.
You could write. / You might have written (as a reproach).

It can express a wish, which may or may not be fulfilled:

Wenn er nur hier wäre.
If only he were here.

Wenn doch der Regen endlich aufhörte!
If only it would stop raining.

It is used in conditional sentences, when a thing is assumed which depends on something else:

Wenn sie käme, müßte ich Sie anrufen.
If she were to come, I would have to call you.

Wenn wir Zeit hätten, so kämen wir mit.
If we had time, we would come with (you).

Wenn ich genug Geld hätte, würde ich mir einen neuen Anzug kaufen.
If I had enough money, I would buy myself a new suit.

Note: this is a different way to form the **Konjunktiv II**, by using the subjunctive of **werden** with the infinitive of the verb. This periphrasis of the traditional subjunctive forms is becoming very popular in German.

als ob also takes **Konjunktiv II**, but more often it has **Konjunktiv I**:

Er tut, als ob er nichts hörte.
He behaves as though he heard nothing.

Sie benahm sich, als ob sie nichts davon wüßte.
(**sich benehmen**: to behave)
She behaved, as though she knew nothing about it.

In colloquial expressions:

Wie wäre es mit einem Kartenspiel?
What about a game of cards?

Das wär's?
Is that all? (e.g. in a store)

Das würde ich dir nicht empfehlen.
I would not recommend that to you. / I wouldn't do that if I were you.

Ich hätte gern eine Krawatte.
I would like a tie.

There is a tendency in modern German always to use **Konjunktiv II** instead of **Konjunktiv I** for reported speech:

Sie sagte, sie ginge früh ins Bett. / Sie sagte, sie gehe früh ins Bett.
She said that she goes to bed early.

Although the first form is very common, only the second form is grammatically correct.

There is however a special case when the form of **Konjunktiv II** must be used: if the **Konjunktiv I** cannot be distinguished from the present tense:
Sie sagte, sie gehen früh ins Bett.
She said that they go to bed early.
has to change to: **Sie sagte, sie gingen früh ins Bett.**

To express a condition which can no longer be fulfilled, the **Konjunktiv II** of the past is used. It is formed on the basis of the Pluperfect tense, the participle stays the same, and **haben** and **sein** take the subjunctive form:

Ich wäre gestern spazierengegangen, wenn es nicht geregnet hätte.
I would have gone for a walk yesterday, if it hadn't rained.

Wäre ich an Ihrer Stelle gewesen, hätte ich das nicht gemacht.
If I had been in your place, I would not have done that.

Wenn ich Geld gehabt hätte, hätte ich mir einen neuen Anzug gekauft.
If I had had (the) money, I would have bought myself a new suit.

And also for a missed opportunity:

Sie hätten telephonieren können!
You could have phoned!

Ich hätte vorsichtiger sein müssen.
I should have been more careful.

Wenn er nur nicht hingegangen wäre!
If only he had not gone there.

Das hättest du vorher sagen sollen.
You should have said that earlier.

Note the following expression: This is a polite request
Ich hätte gern Herrn Schmidt gesprochen.
I would like to speak to Mr. Schmidt.

7. SEIT - SINCE, FOR

Examples of the use of **seit** as a preposition:

Ich suche diese Schuhe schon <u>seit</u> langem.
I am looking / I have been looking for these shoes <u>for</u> a long time.

Seit takes the dative case:

Wir sind <u>seit</u> letzter Woche hier.	**<u>seit</u> zwei Jahren.**	**<u>seit</u> einigen Wochen.**
We have been here <u>since</u> last week.	<u>for</u> two years.	<u>for</u> some weeks.

Ich kenne sie <u>seit</u> einem Jahr.
I have known her <u>for</u> a year.

Wir sind <u>schon seit langem</u> nicht mehr in Berlin.
We have not been in Berlin <u>for quite some time</u>.
Er ist erst <u>seit kurzem</u> bei der Firma.
He has only been with the firm <u>for a short time</u>.

Sie wohnen <u>seit einiger Zeit</u> nicht mehr hier.
They have not been living here <u>for some time now</u>.

But: **Wir wohnten zwei Jahre in Berlin.**
We were living in Berlin <u>for</u> two years.

As a conjunction:

Es ist einen Monat her, seit er bei uns war.
It is a month since he was staying with us.

Compare the same sentence with **seit** as a preposition:

Es ist ein Monat seit seinem Besuch bei uns vergangen.
It is a month since his visit (to our place).

8. HOCH / TIEF - HIGH / LOW

Examples:

Wie hoch ist der Baum?
How tall is the tree?

Die Mauer ist drei Meter hoch.
The wall is three metres high.

Wie hoch schätzen Sie unsere Verluste?
How high do you estimate our losses to be?

Mein Großvater hat ein hohes Alter erreicht.
My grandfather has reached an advanced age.

Note: There is a change of stem, when **hoch** is declined.

Der Schnee liegt in höheren Lagen.
The snow lies on higher ground.

Die Herrenabteilung ist einen Stock höher.
The menswear department is one floor further up.

Der Mont Blanc ist der höchste Berg in Europa.
Mont Blanc is the highest mountain in Europe.

Es waren höchstens zwanzig Leute im Saal.
There were at the most twenty people in the hall.

Die Sonne steht tief am Himmel.
The sun stands low in the sky.

Es liegt tiefer Schnee am Boden.
There is deep snow on the ground.

Sie stecken tief in Schulden.
They are deeply in debt.

Der Student arbeitete bis tief in die Nacht hinein.
The student worked deep into the night.

Die Haushaltswarenabteilung ist einen Stock tiefer.
The household goods department is one floor lower down.

Die tiefsten Werte dieses Winters wurden in der vergangen Nacht gemessen.
The lowest (temperature) values of this winter were recorded last night.

Both **hoch** and **tief** can be combined with nouns to make new nouns:

Persien liegt auf einer Hochebene.
Persia lies on a plateau.

Das Tiefland Indiens ist sehr fruchtbar.
The lowlands of India are very fertile.

They can also be made into nouns themselves:

Die Stadt liegt in tausend Meter Höhe.
The town is situated at a height of 1,000 metres.

Die Tiefe des Meeres beträgt oft mehr als tausend Meter. (das Meer the sea, ocean) The depth of the sea often amounts to more than 1,000 metres

Über Island liegt ein Tief/Hoch.
There is a depression/high over Iceland.

WORTSCHATZ

das Einkaufen: the shopping
einkaufen: to purchase, to go shopping
das Warenhaus: the department store
der Verkäufer: the salesman
der Kunde: the customer (male)
die Kundin: the customer (female)
bedienen: to serve
Werden Sie schon bedient?: Are you being attended to?
Sie wünschen?: Can I help you?
wünschen: to wish, to desire
noch nicht: not yet
derjenige, diejenige, dasjenige: that one
diejenigen (plural): those (ones)
das Regal: the shelf, stand
die Regel: the rule, standard
die Seite: the side
die Größe: the size
die Schuhgröße: the shoe size
nachschauen: to go and look
seit: since
der Laden: the store
die Art: the sort, the type
das Lager: the warehouse, the stock
.... auf Lager haben: to have .... in stock
die Lage: the situation

bestellen: to order
die Krawatte: the tie, necktie
die Herrenabteilung: the menswear department
der Stock: the stick, the floor
im ersten Stock: on the first floor (second floor in America)
tief: deep, low
die Herrenbekleidung: menswear, men's clothing
das Hemd: the shirt
der Anzug: the suit
die Hose: the pants
die Unterwäsche: the underwear
die Socke: the sock
das Reiseandenken: the souvenir
etliche: some
die Postkarte: the postcard
die Schreibwarenabteilung: the stationery department
die Etage: the floor (of a building)
vielleicht: perhaps
die Damenbekleidung: ladies' clothing
ausgezeichnet: excellent
die Auswahl: the selection, the choice
Damenwäsche: ladies' underwear
aha: I understand, I get it (colloquial)
die Rolltreppe: the escalator
hinter Ihnen: behind you
hilfreich: helpful
vergessen: to forget
bis: until
verlassen: to leave
sich verlassen auf: to depend on, rely on
verlassen Sie sich darauf!: depend on it!
auf Wiederschauen!: goodbye! (a variant of **auf Wiedersehen!**)
der Sessel: the easy-chair, the armchair
unterstützen: to support, to assist
die Hilfe: the help
die Tänzerin: the dancer (female)
das Blau: the colour blue
sich melden: to report in, to announce ourself
kurz: short
treffend: appropriate
die Lösung: the solution
die Katze: the cat
die Möglichkeit: the possibility
die Geschichte: the story, the history

sich entscheiden: to decide, to make up one's mind
der Zug: the train
die Aussicht: the view, the prospect
herrlich: splendid
was für: what, what sort of
sorgfältig: carefully
arm: poor
erklären: to state, to explain
die Erklärung: the explanation
gesund: healthy
der Arzt: the doctor
krank: ill, poorly
als ob: as though (+ subjunctive)
die Königin: the queen
der König: the king
ruhen: to rest
der Frieden: the peace, the harmony
meinen: to think, to have an opinion
der Eßlöffel: the tablespoon
der Löffel: the spoon
die Gabel: the fork
das Messer: the knife
der Zucker: the sugar
helfen: to help
aufhören: to cease, to come to a stop
anrufen: to call, to ring up
starten: to take off (an aircraft)
der Nebel: the fog, the mist
vorsichtig: careful, prudent
das Kartenspiel: the game of cards
das Schiff: the ship
sinken: to sink
empfehlen: to recommend
genug: enough
die Firma: the firm, commercial company
der Besuch: the visit
die Mauer: the wall
der Verlust: the loss, the damage
das Alter: the age
der Baum: the tree
der Schnee: the snow
die Lage: the situation, the position
der Berg: the mountain
der Saal: the hall

die **Schuld**: the guilt, the debt, the obligation
die **Haushaltswaren**: the household goods
der **Wert**: the value, the worth
messen: to measure
die **Ebene**: the plain
die **Hochebene**: the plateau
das **Tiefland**: the lowlands
die **Höhe**: the height
die **Tiefe**: the depth
das **Tief**: the depression
das **Hoch**: the high
das **Tausend**: the thousand
darüber: about it, about this
glücklich: happy
fruchtbar: fertile, fruitful
eine **Mittagspause einlegen**: to take a lunch break
die **Belegschaft**: the staff (of a company)

ÜBUNG

BITTE BEANTWORTEN SIE DIESE FRAGEN, DIE SICH AUF DAS GESPRÄCH AM ANFANG DER LEKTION BEZIEHEN.
Please answer these questions, which refer to the dialogue at the beginning of the lesson.

1. Wo befand sich der Kunde?

2. Wurde der Kunde schon bedient?

3. Was wünschte der Kunde?

4. Welche Farbe wollte er?

5. Wo auf dem Regal sind die Schuhe?

6. Welche Schuhgröße hatte der Kunde?

7. Die Schuhgröße dreiundvierzig in Europa entspricht der Schuhgröße neun in den Vereinigten Staaten, nicht wahr?

8. Kehrte der Verkäufer mit den Schuhen zurück?

9. Hatte das Warenhaus diese Schuhe noch auf Lager?

10. War der Kunde glücklich darüber? (**darüber**: about it, about this)

11. Seit wann suchte er diese Art Schuhe?

12. Konnte der Verkäufer die Schuhe bestellen?

13. Bis wieviel Uhr ist das Warenhaus geöffnet?

14. Macht die Belegschaft eine Mittagspause?

15. Würde der Kunde morgen vorbeikommen?

16. Würde er vormittags oder nachmittags vorbeikommen?

17. Was hätte der Kunde noch gern gehabt?

18. Wo ist die Herrenabteilung?

19. Welche Abteilung befand sich auf der dritten Etage?

20. Für wen brauchte der Kunde die Reiseandenken?

21. Was konnte das Warenhaus hinsichtlich Herrenbekleidung anbieten?

22. Warum würde sich die Frau des Kunden freuen?

23. Wo könnte er Postkarten kaufen?

24. Wo sind die Rolltreppen?

25. Was meinte der Kunde: War der Verkäufer hilfreich?

EINE FEIER, BEVOR MAN AUSEINANDERGEHT

A CELEBRATION BEFORE PARTING

Herr Schmidt	**Alles Gute zum Geburtstag, Wolfgang!**
	Happy birthday, Wolfgang!
die anderen	**Ja. Alles Gute!**
	Yes, happy birthday!

Sie stoßen mit den Gläsern an und trinken etwas Sekt.
They clink glasses and they drink some champagne.

Frau Schmidt	**Wir wollen auch Paul beglückwünschen.**
	We should also congratulate Paul!
Paul	**Mich? Weswegen? Was habe ich getan?**
	Me? On what account / Why? What have I done?

Herr Schmidt	**Sie haben große Fortschritte in der deutschen Sprache gemacht. Sie sind ein ausgezeichneter Student gewesen. Sie sind auch ein liebenswerter Freund geworden.** You have made great progress in the German language. You have been an excellent student. You have also become a dear friend.
Paul	**Ich weiß nicht, was ich sagen soll. Auf jeden Fall haben Sie viel dazu beigetragen. Sie sind wirklich ein talentierter Lehrer.** I don't know what to say. In any case you have made a major contribution. You sure are a talented teacher.
Frau Schmidt	**Sie machen sich gegenseitig Komplimente! - Vielleicht sollten wir das Thema wechseln? Wollen Sie in Urlaub gehen?** You are paying each other compliments! Perhaps we should change the subject? Are you going away on a vacation?
Paul	**Noch nicht. Ich bleibe vorerst in Berlin. Später will ich eventuell meine Kusine Silke besuchen. Was machen Sie, Frau Schmidt? Fahren Sie in Urlaub?** Not yet, I am staying in Berlin for the present. Later on, I will perhaps visit my cousin Silke. What are you doing Mrs Schmidt? Are you going away on holiday?
Frau Schmidt	**Ja, ich fliege mit meinem Mann nach Österreich. Unsere beiden Tiere, der Hund und die Katze, bleiben in Berlin. Ein befreundetes Ehepaar wird für sie sorgen. Und Sie, Ulrike?** Yes, I am traveling to Austria with my husband. Our two animals, the dog and the cat, are staying in Berlin. A couple we are friendly with will look after them. What about you Ulrike?
Ulrike	**Ich will ein paar Tage bei meinen Eltern in Frohnau verbringen, und dann fahre ich nach Oldenburg, um meine Tante zu besuchen.** I want to spend a few days with my parents in Frohnau and then I will go to Oldenburg to visit my aunt.

Wolfgang	Ich fahre mit dem Zug nach Bremen, und dann verbringe ich zwei Wochen mit ein paar Freunden in Cuxhaven. Einer der Freunde hat einen Onkel, der eine Jacht besitzt. Wir werden nicht nur baden, sondern auch segeln können. In der Tat, Oldenburg ist nicht zu weit, Ulrike. Du könntest uns ja in Cuxhaven besuchen.
	I am traveling by train to Bremen and then I will spend 2 weeks with some friends in Cuxhaven. One of my friends has an uncle who owns a yacht. We will be able not only to go swimming, but also to go sailing. In fact, Oldenburg is not too far, Ulrike. You can surely come and visit us in Cuxhaven.
Ulrike	Ich möchte gern, aber es ist unmöglich. Es ist alles zu kompliziert. Erstens habe ich kein eigenes Auto, und zweitens habe ich nur wenige Tage zur Verfügung.
	I should like to, but it is impossible. It is all too complicated. In the first place I do not possess a car of my own and secondly, I only have a few days available.
Herr Schmidt	Würden Sie ihn besuchen, wenn Sie ein Auto hätten? Wenn Sie wollen, kann ich Ihnen mein Auto zur Verfügung stellen. Das Auto würde ich sowieso in Berlin lassen, und ich weiß, wie vorsichtig Sie fahren.
	Would you visit him if you had a car? If you like, I can let you have my car. I would be leaving the car in Berlin in any case and I know how carefully you drive.
Ulrike	Danke, Sie sind sehr großzügig. Aber ich muß am zwölften August nach Berlin zurückkehren, damit ich mich meiner neuen Wohnung widmen kann, und dann lohnt es sich nicht, ein Auto mitzunehmen.
	You are very generous. But I have to return to Berlin on the 12th of August, so I can give my attention to my new apartment, and then it is not worth taking a car.
Frau Schmidt	Haben Sie endlich eine Wohnung gefunden?
	Have you found an apartment at last?

Ulrike	**Ja. Ich habe monatelang eine eigene Wohnung gesucht und habe neulich eine umgebaute Einzimmerwohnung mit Küche und Bad in einem Altbau gefunden. Die Wohnung ist nicht weit von der Bank entfernt, wo ich arbeite.** Yes. I have been looking for my own apartment for some months. I have recently found a converted one-room apartment with kitchen and bathroom in an old building. The apartment is not far away from the bank where I work.
Wolfgang	**Herzlichen Glückwunsch, Ulrike! Wann lädst du uns ein?** Congratulations, Ulrike! When are you going to invite us?
Ulrike	**Wenn du Lust dazu hättest, Wolfgang, könntest du mir helfen, die Wohnung einzurichten, sobald du von Cuxhaven zurückgekehrt bist.** If you'd like, Wolfgang, you could (come and) help me to arrange it, as soon as you get back from Cuxhaven.
Wolfgang	**Gerne. Das würde mir Spaß machen.** Sure, I'd enjoy doing that.
Paul	**Sie sollen nicht zögern, wenn Sie auch meine Hilfe brauchen.** You shouldn't hesitate if you need my help as well.
Ulrike	**Das ist nett, Paul. Aber wir sind heute abend hier, um Wolfgangs Geburtstag zu feiern. Frau Schmidt hat uns wieder Sekt eingeschenkt. Wolfgang, wir trinken auf dein Wohl! Alles Gute zum einundzwanzigsten Geburtstag! Auf dein Wohl!** That is nice (of you) Paul. But we are here this evening to celebrate Wolfgang's birthday. Mrs. Schmidt has filled up our glasses with champagne. Wolfgang, we drink to your health! Many happy returns of your 21st birthday! Here's to you!
die anderen (einstimmig)	**Auf Ihr Wohl!** Here's to you!

Sie stoßen nochmals mit den Gläsern an und trinken.
They clink glasses again and drink.

1. DIE AUSSPRACHE

Feier *(feye-air)*
auseinandergeht *(owss-eyen-ann-dair-gate)*
Gute *(goo-teh)*
Geburtstag *(geh-boorts-tahg)*
anstoßen *(ann-shtoh-sen)*
beglückwünschen *(beh-glewk-woon-shen)*
weswegen *(vess-veh-ghen)*
Fortschritte *(fort-shrit-teh)*
ausgezeichneter *(owss-geh-tseyekh-net-tair)*
liebenswerter *(lee-benz-vair-tair)*
geworden *(geh-vor-den)*
beigetragen *(beye-geh-trah-ghen)*
wirklich *(veerk-leekh)*
talentierter *(tal-ennt-eer-tair)*
gegenseitig *(gheh-ghen-zeye-teeg)*
Komplimente *(komm-plee-ment-eh)*
Thema *(tay-mah)*
wechseln *(vekh-selln)*
vorerst *(for-airsst)*
später *(shpeh-tair)*
eventuell *(ev-enn-too-ell)*
beiden *(beye-den)*
Hund *(hoont)*
Tiere *(teer-eh)*
befreundetes *(beh-froyn-det-ess)*
sorgen *(zor-ghen)*
verbringen *(fair-breen-ghen)*
Oldenburg *(oll-den-boorg)*
Tante *(tan-teh)*
verbringe *(fair-breen-gheh)*
Cuxhaven *(cooks-hah-fen)*
Jacht *(yakht)*
besitzt *(beh-zeetst)*
baden *(bah-den)*
segeln *(zeh-gheln)*
Tat *(taht)*
könntest *(kunn-test)*
unmöglich *(oon-merg-leekh)*
kompliziert *(komm-plits-eert)*
erstens *(air-stens)*
zweitens *(tsveye-tenz)*
Verfügung *(fair-few-goong)*

würden *(vewr-den)*
hätten *(het-ten)*
sowieso *(zoh-vee-zoh)*
vorsichtig *(for-zeekh-teeg)*
großzügig *(grohs-tsew-gheeg)*
zwölften *(tsvullf-ten)*
widmen *(veed-men)*
endlich *(end-leekh)*
monatelang *(moh-nah-teh-lang)*
eigene *(eye-gheh-neh)*
Küche *(kew-kheh)*
Bad *(baht)*
umgebaute *(oom-gheh-bowt-eh)*
neulich *(noy-leekh)*
Einzimmerwohnung *(eyen-tseem-mair-voh-noong)*
Altbau *(allt-bowe)*
entfernt *(ent-fairnt)*
lädst *(lehdst)*
Lust *(loost)*
einrichten *(eyen-reekh-ten)*
sobald *(zoh-ballt)*
zurückgekehrt *(tsoo-rewk-geh-kehrt)*
gerne *(gair-neh)*
Spaß *(shpass)*
zögern *(tser-gairn)*
Hilfe *(heel-feh)*
Sekt *(zekt)*
Wohl *(vohl)*
einundzwanzigsten *(eyen-oont-tsvan-tseeg-sten)*
eingeschenkt *(eyen-geh-shenkt)*
einstimmig *(eyen-shteem-eeg)*

2. BEIDE - BOTH, TWO

beide can be used as an adjective:

<u>Beide</u> Schwestern sind schön.
<u>Both</u> sisters are good-looking.

Meine <u>beiden</u> Brüder sind auf der Universität.
<u>Both</u> my <u>two</u> brothers are at university.

Die <u>beiden</u> Filme sind uninteressant.
<u>Both</u> the movies / the <u>two</u> movies are of little importance.

To express "either":

Sie können beide Straßen nehmen.
You can take either road.

Beide Wohnungen sind geeignet.
(geeignet: suitable)
Either apartment is suitable.

As a pronoun:

Alle beide sind schön.
Both of them are good-looking.

Solange sie beide leben, werden sie glücklich sein.
As long as they both live, they will be happy.

Without a noun or alle or sim., beide becomes beides:

Welche Lösung ist richtig? Beides ist richtig. Beides ist möglich.
Which solution is correct? Both are correct. Either is possible.
(die Lösung: the solution) (no grammatical reference to Lösungen)

or: **Beide sind richtig. Beide sind möglich.** (referring back to Lösungen)
Beide can be combined with other words:

Eine Lösung steht in beiderseitigem Interesse.
A solution is in the interest of both parties.

Er ist beidemal naß geworden. (naß: wet)
He got wet both times.

3. EIN PAAR - A FEW, SOME

Ich hatte nur ein paar Mark in der Tasche.
I only had a few marks in my pocket.

Ulrike kommt in ein paar Tagen zurück.
Ulrike is coming back in a few days.

Sie bleibt nur ein paar Tage in Oldenburg.
She is only staying in Oldenburg for a few days.

Wolfgang wird die Ferien mit ein paar Freunden verbringen.
Wolfgang will spend the vacation with a few friends.

Er wird Ulrike ein paar Zeilen schreiben.
He will write Ulrike a few lines. To say "a pair" use ein Paar.

Ich möchte ein Paar Schuhe anprobieren.
I would like to try on a pair of shoes.

Sie hat mehrere Paar Schuhe im Schrank.
She has several pairs of shoes in the closet.

Ein Paar Würstchen mit Senf und Brot, bitte!
Two sausages with mustard and bread, please!

As an adverb:

Sie hatte ihm ein paarmal geschrieben.
She had written to him several times.

4. SONST - ELSE, OTHERWISE, BESIDES

Sonst noch etwas?
Anything else? / Is that all? (e.g. in a shop)

Wünschen Sie sonst noch etwas?
Would you like anything else?

Danke, sonst nichts.
Nothing else, thank you.

Kann ich Ihnen sonst behilflich sein?
Can I assist you in any other way?

Sonst noch jemand?
Anyone else? (e.g. on a bus)

Wie geht's sonst?
How are things otherwise?

used as a conjunction:

Wir müssen uns beeilen, sonst kommen wir zu spät an.
We must hurry, otherwise we will arrive late.

Ich hatte meinen Regenschirm mitgenommen, sonst wäre ich naß geworden.
I had taken my umbrella with me, otherwise I should have got wet.

5. NOCH - YET, STILL, ONLY, ANOTHER, JUST

Ich habe das Buch noch nicht gelesen.
I haven't read the book yet.

Wir haben noch viel Arbeit.
We still have a lot of work to do.

Sie hat nur noch 20 Mark.
She only has 20 marks left.

Noch ein Bier, bitte.
<u>Another</u> beer, please.

Geben Sie mir <u>noch</u> ein Kilo Äpfel, bitte.
Give me <u>another</u> kilo of apples, please.

Wird es <u>noch</u> lange dauern?
Will it take <u>much</u> longer?

Wir hatten den Zug gerade <u>noch</u> erreicht.
We only <u>just</u> managed to catch the train.

Möchten Sie <u>noch</u> etwas Kuchen?
Would you like some <u>more</u> cake?

Ist <u>noch</u> etwas übrig?
Is there <u>still</u> something left?

Das wäre <u>noch</u> besser.
That would be <u>even</u> better.

weder ... noch ... means neither ... nor ...

Ich habe <u>weder</u> Zeit <u>noch</u> Lust dazu.
I have <u>neither</u> the time <u>nor</u> the inclination for it.

6. VERBEN

HELFEN - to help - is an irregular strong verb and takes the dative:

Present	*Preterite past*	*Konjunktiv I*	*Konjunktiv II* (almost obsolete)
ich helfe	ich half	ich helfe	ich hülfe
Sie helfen	Sie halfen	Sie helfen	Sie hülfen
du hilfst	du halfst	du helfest	du hülfest
er/sie/es hilft	er/sie/es half	er/sie/es helfe	er/sie/es hülfe
wir helfen	wir halfen	wir helfen	wir hülfen
Sie helfen	Sie halfen	Sie helfen	Sie hülfen
ihr helfet	ihr halfet	ihr helfet	ihr hülfet
sie helfen	sie halfen	sie helfen	sie hülfen

future:	ich werde helfen, etc.
past participle:	geholfen
imperative:	Hilf! Helfen Sie!

Examples:

Sie <u>hilft</u> ihm, den Koffer zu tragen.

She *is helping* him to carry his suitcase.

Er will ihr helfen, die Wohnung einzurichten.
He wants to <u>help</u> her to furnish her apartment.

Sie weiß sich zu helfen.
She knows <u>how to take care of</u> herself.

Ich kann mir nicht helfen.
I cannot <u>help</u> it.

So wahr mir Gott helfe!
So <u>help</u> me God!

Herr Schmidt half seiner Frau beim Geschirrspülen.
Mr Schmidt <u>helped</u> his wife to wash the dishes.

Der Lehrer hatte den Kindern beim Lernen geholfen.
The teacher <u>had been helping</u> the children with their studies.

Die Arznei hat dem Kranken geholfen.
The medicine <u>did</u> the patient <u>good</u>.

Es hilft nichts, ich muß nach Hause.
It can't be helped, I must go home.

7. REPORTED SPEECH

The following examples illustrate how to report speech in German.
Note the need to use the subjunctive in reported speech, even where
it is absent in direct speech.

Present:

Er hilft mir.
He is helping me.

Er sagt, er helfe mir.
He says he is helping me.

Past (note that the past tense has to be transformed !):

Er half mir.
He helped me.

Er hat mir geholfen.
He had helped me.

Er sagte, er habe mir geholfen.
He said he had helped me.

Future:

Er wird mir helfen.
He will help me.

Er sagt, er werde mir helfen.
He says he will help me.

The presence of an auxiliary verb affects the word order as follows:
First **können:**

Present:

Sie kann mir helfen.
She can help me.

Sie sagt, sie könne mir helfen.
She says she can help me.

Past:

Sie konnte mir helfen.
She was able to help me.

Sie hat mir helfen können.
She could have helped me.

Sie sagte, sie habe mir helfen können.
She said she could help me.

Future:

Sie wird mir helfen können.
She will be able to help me.

Sie sagt, sie werde mir helfen können.
She says she will be able to help me.

müssen follows the same pattern:

Present:

Sie muß ihm helfen.
She has to help him.

Sie sagt, sie müsse ihm helfen.
She says she has to help him.

Past:

Sie mußte ihm helfen.
She had to help him.

Sie hat ihm helfen müssen.
She has had to help him.

Sie sagte, sie habe ihm helfen müssen.
She said she had to help him.

Future:

Sie wird ihm helfen müssen.
She will have to help him.

Sie sagt, sie werde ihm helfen müssen.
She says she will have to help him.

8. VERBEN

REDEN - *to speak, to talk, to converse* - is a regular weak verb.

Present	*Imperfect past*	*Konjunktiv I*	*Konjunktiv II*
ich rede	ich redete	ich rede	ich redete
Sie reden	Sie redeten	Sie reden	Sie redeten
du redest	du redetest	du redest	du redetest
er/sie/es redet	er/sie/es redete	er/sie/es rede	er/sie/es redete
wir reden	wir redeten	wir reden	wir redeten
Sie reden	Sie redeten	Sie reden	Sie redeten
ihr redet	ihr redetet	ihr redet	ihr redetet
sie reden	sie redeten	sie reden	sie redeten

future:	ich werde reden, etc.
past participle:	geredet
imperative:	Rede!

Examples:

Sie reden nicht mehr miteinander.
They are no longer on speaking terms.

Wir haben von diesem und jenem geredet.
We chatted about this and that.

Du hast gut reden.
It is easy for you to talk.

Er läßt mit sich reden.
He will listen to reason.

Wir redeten gestern über ihn.
We were talking about him yesterday.

Reden Sie nicht so viel!
Don't talk so much!

Rede wenig, rede wahr, trinke mäßig, zahle bar. (proverb)
Speak little, speak the truth, drink in moderation, pay in cash.

Reden wir von etwas anderem!
Let's talk about something else!

9. VOR - BEFORE, IN FRONT OF

<u>Vor</u> **dem Essen hatten sie eine Flasche Sekt geöffnet.**
<u>Before</u> the meal they had opened a bottle of champagne.

Die Bushaltestelle ist direkt <u>vor</u> **dem Bahnhof.**
The bus stop is right <u>in front of</u> the station.

Kurz <u>vor</u> **dem Dom biegen Sie nach rechts ab.**
You turn to the right just <u>before</u> the cathedral.

Der kürzeste Tag ist kurz vor Weihnachten.
The shortest day is just before Christmas.

Heute <u>vor</u> **vierzehn Tagen kamen wir aus dem Urlaub zurück.**
We came back from vacation two weeks <u>ago</u> today.

Wir waren <u>vor</u> **Ihnen da!**
We were there <u>before</u> you!

Er ist <u>vor</u> **zwei Jahren gestorben.**
He died two years <u>ago</u>.

Sie weinte <u>vor</u> **Freude.**
She wept <u>with</u> joy.

Er murmelte <u>vor sich hin</u>.
He muttered <u>away to himself</u>.

10. NACH AFTER, TO

Morgen fliegen wir <u>nach</u> **Düsseldorf.**
Tomorrow we are flying <u>to</u> Düsseldorf.

Bitte nach Ihnen!
After you!

Nach dem Essen trinken wir einen Likör.
After the meal we will drink a brandy.

Nach Ablauf dieser Frist ist die volle Summe zu zahlen.
After expiry of this period, the whole amount is payable.

Likör ist nicht nach meinem Geschmack.
Brandy is not to my taste.

Ich werde mich nach dem Weg erkundigen.
I will ask for directions

Aller Wahrscheinlichkeit nach ist er jetzt in Südamerika.
In all probability he is in South America by now.

Nach diesem Brief zu urteilen ist er in Kanada.
To judge by this letter he is in Canada.

Nach dem, was Sie sagen, müßte er schon hier sein.
From what you say, he should already be here (by now).

Nach und nach werden wir älter.
We are gradually becoming older.

11. EIGEN (FORTSETZUNG)

eigen is an adjective:

Ulrike wird bald ihre eigenen vier Wände haben.
Ulrike will soon have her own four walls / a home of her own.

Sie hat kein eigenes Auto.
She does not have a car of her own.

Ich habe die Sonnenfinsternis mit eigenen Augen gesehen.
I saw the eclipse of the sun with my own eyes.

Es ist so viel Krach im Saal, daß man sein eigenes Wort nicht versteht.
There is so much noise in the hall that one cannot understand one's own word / cannot hear oneself speak.

Er geht seinen eigenen Weg.
He goes his own way.

So etwas sollten Sie im eigenen Interesse nicht tun.
You should not do that, in your own interest.

Sie fahren auf eigene Gefahr.
You travel at your own risk.

Das kann ich aus eigener Erfahrung sagen.
I can say that from my own experience.

Wir fliegen auf eigene Kosten nach Amerika.
We are flying to America at our own expense.

sich zu eigen machen means "to adopt", "to take on"

Sie haben sich die Ansichten der anderen Partei zu eigen gemacht.
They have adopted the views of the other party.

eigens means especially:

Sie ist eigens nach Oldenburg gekommen, um ihre Tante zu besuchen.
She has come to Oldenburg especially to see her aunt.

The noun derived from **eigen** is **die Eigenschaft,** meaning the characteristic or quality:

Herr Schmidt ist ein Mann mit vielen guten Eigenschaften.
Mr Schmidt is a man with many good qualities.

12. HOW TO RECOGNIZE GENDERS OF NOUNS

There are no real hard and fast rules; these are only indications to help you recognize some of them.

<u>Masculine</u> nouns are generally:

those derived from verbs, without suffix:

der Betrieb:	the company, firm	**der Neid:**	the envy
der Kauf:	the purchase	**der Dampf:**	the steam

some nouns ending in -s:

der Fuchs:	the fox	**der Dachs:**	the badger
der Schnaps:	the strong liquor	**der Fonds:**	the fund

nouns ending in -er, -el, -ig, -ing:

der Teller:	the plate	**der Sprudel:**	the sparkling mineral water
der Essig:	the vinegar	**der Pflänzling:**	the seedling

the seasons, months, days of the week, points of the compass and weather conditions:

der Frühling:	the spring	**der Mai**	May
der Osten:	the east	**der Schnee:**	the snow
der Nebel:	the fog	**der Montag:**	Monday

words of foreign origin ending in -är, -ent, -iker, -ismus, -ist:

der Tourismus:	the tourism	**der Aktionär:**	the shareholder
der Politiker:	the politician	**der Student:**	the student
der Optimist:	the optimist		

(exception: **das Kompliment:** the compliment)

some names of mountains:

der Himalaja:	the Himalayas	**der Harz:**	the Harz mountains

(exception: **die Alpen:** the Alps (plural)

<u>Feminine</u> nouns are usually:

nouns derived from verbs and ending in -t:

die Fahrt:	the journey	**die Sicht:**	the sight
die Macht:	the power, the authority	**die Pflicht:**	the duty

(exception: **das Licht:** the light)

nouns ending in -e:

die Sonne:	the sun	**die Straße:**	the street
die Liebe:	the love	**die Reue:**	the regret

nouns ending in -ei, -in, -heit, -keit, -schaft, -ung:

die Partei:	the (political) party	**die Wirtin:**	the landlady, innkeeper
die Gewohnheit:	the custom, the habit	**die Schönheit:**	the beauty
die Höflichkeit:	the politeness	**die Wirklichkeit:**	the reality
die Leidenschaft:	the passion	**die Eigenschaft:**	the characteristic
die Neigung:	the inclination	**die Leistung:**	the achievement, the performance

nouns ending in -age, -aille, -enz which keep their original French gender:

die Etage:	the floor	die Medaille:	the medal
die Prominenz:	high society		

the names of trees and flowers:

die Eiche:	the oak	die Ulme:	the elm
die Rose:	the rose	die Nelke:	the carnation

the names of rivers ending in -e:

die Themse:	the Thames	die Spree:	the Spree (in Berlin)

<u>Neuter</u> nouns are usually:

nominalizations:

das Wenn und Aber:	the ifs and buts
das Für und Wider:	the for and against

nouns ending in -chen, -lein, -icht, -tum:

das Rädchen:	the little wheel	das Schäfchen:	the little lamb
das Röslein:	the little rose	das Dickicht:	the thicket
das Eigentum:	the property		

(exceptions: **der Reichtum:** the wealth, **der Irrtum:** the mistake)

words of foreign origin ending in -ett, -in, -um:

das Etikett:	the label, ticket	das Benzin:	the gasoline
das Gymnasium:	the high school		

metals and chemical elements:

das Eisen:	the iron	das Gold:	the gold

(exceptions: **der Schwefel:** the sulphur, **die Bronze:** the bronze)

many abstract nouns derived from verbs and ending in -nis:

das Gedächtnis:	the memory	das Geschehnis:	the event, the occurrence, the remembrance
das Verständnis:	the understanding, the comprehension		

(Note: **die Finsternis:** the darkness)

many words beginning with Ge- expressing collections of things:

das Gebirge:	the mountain-range	das Gesetz:	the law
das Geräusch:	the noise, sound	das Gedicht:	the poem

(exceptions: **die Geschichte:** the history, **die Gefahr:** the danger)

infinitives used as nouns:

das Essen:	the meal	das Singen:	the singing
das Zögern:	the hesitation	das Gehen:	the walking

WORTSCHATZ

die Feier: the celebration, the rest
auseinandergehen: to part company, to disperse
herzlich: hearty, cordial
mit den Gläsern anstoßen: to clink glasses
der Geburtstag: the birthday
beglückwünschen: to congratulate
wünschen: to wish, to desire, to want
der Glückwunsch: the congratulation
der Wunsch: the wish, the desire
weswegen: why, for what reason, on what account
der Fortschritt: the progress, the advance
ausgezeichnet: excellent
liebenswert: amicable, charming
reden: to talk, to speak
beitragen: to contribute
wirklich: really
talentiert: talented, gifted
gegenseitig: mutual
das Kompliment: the compliment
das Thema: the theme, the subject
wechseln: to change
vorerst: for the present
eventuell: perhaps, possibly
der Hund: the dog
später: later
die Jacht: the yacht
besitzen: to possess, to own
beider, beide, beides: both, two
das Tier: the animal
befreundet: friendly, on friendly terms
sorgen: to take care of

verbringen: to spend (time)
die Tante: the aunt
baden: to go swimming, to bathe
die Tat: the action, the deed
in der Tat: indeed, in fact
kompliziert: complicated
erstens: in the first place, primarily
zweitens: secondly, in the second place
die Verfügung: the decree, the instruction
zur Verfügung stellen: to make something available
vorsichtig: carefully
sowieso: in any case, anyway
großzügig: generous, liberal
widmen: to dedicate, to devote
endlich: final, ultimate
monatelang: for months
die Küche: the kitchen
das Bad: the bath, the bathroom
eigen: own, of one's own
umgebaut: converted
umbauen: to reconstruct, to rebuild
neulich: recently
die Einzimmerwohnung: the one-room apartment, studio
der Altbau: the old building
der Bau: the building, the construction
entfernt: remote, distant
einladen: to invite
zurückkehren: to return
die Lust: the pleasure, the enjoyment, the delight
Lust haben zu (+ dative): to feel like doing, to have a mind to
die Einrichtung: the arrangement, the furnishing
einrichten: to furnish, to arrange
zurückkehren: to return
der Sekt: the champagne
einschenken: to fill (someone's) glass
zögern: to hesitate
die Hilfe: the help, the assistance
einstimmig: with one voice, unanimous
wohl: well, happy
das Wohl: the well-being, the happiness
auf Ihr Wohl!: your health, here's to you!
die Universität: the university
uninteressant: uninteresting, of little importance
geeignet: suitable

die Lösung: the solution
naß: wet, damp
die Tasche: the bag, pocket
ein paar: a few, some
die Zeile: the line
darauf ankommen: to matter, to make a difference
darauf kommt es an: that's just the point.
es kommt darauf an: it all depends.
das Paar: the pair
der Schrank: the closet, the wardrobe
das Würstchen: the sausage
sonst: otherwise, else, besides
beeilen: to hurry
behilflich sein: to be of assistance
der Kuchen: the cake, the pastry
dauern: to last, to take (time)
übrig: left over, remaining
weder ... noch: neither ... nor
das Geschirr: the dishes
spülen: to rinse, to wash
die Arznei: the medicine, the medication, the drug
das Arzneimittel: the medicine, the medication, the drug
gewinnen: to gain, to obtain, to win
die Rede: the speech
indirekt: indirect
das Hilfsverb: the auxiliary verb
miteinander: with each other
mäßig: in moderation
bar zahlen: to pay in cash
der Dom: the cathedral
vor vierzehn Tagen: a fortnight ago
murmeln: to mutter
die Freude: the joy
weinen: to weep
der Likör: the brandy
die Summe: the sum, the total
die Frist: the period
der Ablauf: the expiration, the issue
sich erkundigen nach (+ dative): to make inquiries (about)
die Wahrscheinlichkeit: the probability
urteilen: to judge
die Wand: the wall
nach und nach: gradually
die Sonnenfinsternis: the eclipse

die **Finsternis:** the darkness
der **Krach:** the noise
das **Interesse:** the interest
die **Gefahr:** the danger
die **Erfahrung:** the experience
die **Kosten** (plural): the costs, expense
das **Genus:** the gender (of nouns)
erkennen: to recognize
der **Betrieb:** the company, the firm
der **Neid:** the envy
der **Kauf:** the purchase
der **Dampf:** the steam
der **Fuchs:** the fox
der **Dachs:** the badger
der **Schnaps:** the strong liquor
der **Fonds:** the fund
der **Teller:** the plate
der **Essig:** the vinegar
der **Sprudel:** the sparkling mineral water
der **Pflänzling:** the seedling
der **Tourismus:** the tourism
der **Student:** the student
der **Politiker:** the politician
der **Aktionär:** the shareholder
der **Optimist:** the optimist
die **Fahrt:** the journey, the ride
die **Sicht:** the sight, the view
die **Pflicht:** the duty
das **Licht:** the light
die **Macht:** the power, the authority
die **Liebe:** the love
die **Reue:** the regret
die **Partei:** the political party
die **Wirtin:** the landlady, the innkeeper
der **Wirt:** the landlord
die **Gewohnheit:** the custom, the habit
die **Schönheit:** the beauty
die **Höflichkeit:** the politeness
die **Eigenschaft:** the characteristic, the quality
die **Wirklichkeit:** the reality
die **Leidenschaft:** the passion
die **Leistung:** the achievement, the performance
die **Neigung:** the inclination, the preference
die **Medaille:** the medal

die **Prominenz:** the high society
die **Eiche:** the oak
die **Ulme:** the elm
die **Rose:** the rose
die **Nelke:** the carnation
das **Röslein:** the little rose
das **Schäfchen:** the little sheep, the lamb
das **Dickicht:** the thicket
das **Eigentum:** the property
das **Etikett:** the label, the ticket
das **Benzin:** the gasoline
das **Gymnasium:** the high school
das **Eisen:** the iron
das **Gold:** the gold
die **Bronze:** the bronze
das **Gedächtnis:** the memory
das **Verständnis:** the understanding, the comprehension
das **Gesetz:** the law
das **Gebirge:** the mountainrange
das **Geräusch:** the noise, the sound
das **Gedicht:** the poem
die **Geschichte:** the history
das **Zögern:** the hesitation
verstehen: to understand
das **Angebot:** the offer
anwesend: present, there
der **Rest:** the remainder
die **Küste:** coast
annehmen: to accept

UBÜNG

BITTE BEANTWORTWORTEN SIE DIESE FRAGEN, DIE SICH AUF DAS GESPRÄCH AM ANFANG DER LEKTION BEZIEHEN.

1. Welche Leute waren bei der Feier anwesend? (anwesend: present, there)

2. Hatte jeder etwas zu essen?

3. Was hatten sie vor dem Essen getrunken?

4. Wer feierte seinen Geburtstag?

5. Warum wollten sie Paul beglückwünschen?

6. Ist Paul ein ausgezeichneter Student gewesen?

7. Ist Paul ein liebenswerter Freund der Schmidts geworden?

8. Was meint Paul: Ist Herr Schmidt ein talentierter Lehrer?

9. Was sagt Frau Schmidt über Paul und Herr Schmidt?

10. Wohin wollen Herr und Frau Schmidt fliegen?

11. Kämen der Hund und die Katze mit?

12. Wer würde für die beiden Tiere sorgen?

13. Wo will Paul seinen Urlaub verbringen?

14. Was will er eventuell später machen?

15. Wo wird Ulrike die ersten paar Tage ihres Urlaubs verbringen?

16. Bei wem will sie den Rest ihres Urlaubs verbringen?
(**der Rest**: the remainder)

17. Wohin will Wolfgang mit dem Zug fahren?

18. Wo will er die anderen zwei Wochen seines Urlaubs verbringen?

19. Was meinen Sie: Ist Cuxhaven an der Küste? (die Küste: the coast)

20. Wer besitzt eine Jacht?

21. Was werden die Freunde in Cuxhaven machen können?

22. War Ulrike mit Wolfgangs Vorschlag einverstanden?

23. Hat sie ein eigenes Auto?

24. Was schlug Herr Schmidt vor?

25. Würde er sein Auto nach Österreich mitnehmen?

26. Warum bleibt das Auto in Berlin?

27. Hat Ulrike Herrn Schmidts Angebot angenommen? (das Angebot: the offer) (annehmen: to accept)

28. Warum wird sie am 12. August nach Berlin zurückkehren müssen? (zurückkehren: to return)

29. Was für eine Wohnung hatte sie gefunden?

30. Wie lange suchte sie eine eigene Wohnung?

31. Ist die Wohnung weit von der Bank entfernt?

32. Will Wolfgang von Ulrike eingeladen werden?

33. Was könnte Wolfgang tun, sobald er von Cuxhaven zurückgekehrt ist?

34. Würde das Wolfgang Spaß machen?

35. Wer sonst hat Ulrike seine Hilfe angeboten?

36. Wer hat den Sekt eingeschenkt?

37. Wer hat auf Wolfgangs Wohl getrunken?

38. Was machten sie mit den Gläsern?

39. Wie alt ist Wolfgang?

40. Wann feiern Sie Ihren Geburtstag?

LEKTION 20

WIEDERHOLUNG DER LEKTIONEN
17, 18 UND 19

LESEN SIE DIE GESPRÄCHE 17, 18 UND 19 LAUT!

Gespräch 17 PAUL HAT BESUCH

Paul: Wie findest du Berlin diesmal?

Silke: Ich finde, in Berlin wird zu spät ins Bett gegangen.

Paul: Das trifft nicht für alle zu! Manche Leute müssen früh aufstehen, damit sie um acht oder gar um sieben Uhr bei der Arbeit sein können. Deshalb müssen sie früh ins Bett. Da wir im Urlaub sind, können wir es uns leisten, etwas später schlafenzugehen.

Silke: In unserer Kleinstadt wird früh aufgestanden. Ich bin um sechs Uhr wach. Ich wasche mich, ich ziehe mich an, und ich frühstücke gemeinsam mit meinen Eltern, alles vor Sonnenaufgang.

Paul: Dafür mußt du ganz früh ins Bett gehen.

Silke: Ja, ich gehe um halb zehn ins Bett und schlafe sofort ein.

Paul: Ich gehe normalerweise um elf Uhr schlafen.

Silke: Das überrascht mich nicht. In Berlin kann man viel mehr tun. Bei uns ist es sehr ruhig. Ich sehe ab und zu mal eine Sendung im Fernsehen oder ich lese ein Buch, manchmal spielen wir Karten. Am Wochenende gibt es eine Disko. Ein Kino gibt leider es nicht mehr. Deshalb langweile ich mich und gehe früh ins Bett.

Paul: Das glaube ich dir! Ich möchte nicht in einer solchen Kleinstadt wohnen. Das Leben dort scheint etwas eintönig zu sein.

Silke: Nicht immer. Im Frühling wird das Volksfest mit vielen Blumen veranstaltet, und im Herbst findet der Jahrmarkt statt. Im nächsten Dorf gibt es eine Buchhandlung. Die ist nicht schlecht. Da kann man gute Taschenbücher kaufen. Außerdem gibt es eine öffentliche Bücherei, wo man Bücher leihen kann. Sonntags ist der Gottesdienst in der Kirche. Unserer Pastor ist ein sehr guter Prediger. Er hat sich stark für die neue Demokratie eingesetzt.

Paul: Wir können diesen Sonntag in die Kirche gehen, wenn du willst. Die Kirche ist nicht weit. Aber was wollen wir heute abend machen? Ich habe den "Tagesspiegel" gekauft. Es stehen nicht nur die ganzen Kinoprogramme drin, sondern auch Einzelheiten über die anderen Veranstaltungen, Oper, Theater usw. Oder wir können in eine Studentenkneipe gehen. Da treffen wir bestimmt einige Bekannte von mir. Was hältst du davon?

Silke: Ich schlage vor, wir gehen erst mal spazieren, dann können wir uns entscheiden.

Gespräch 18 EINKAUFEN IN EINEM GROßEN WARENHAUS

ein Verkäufer: Werden Sie schon bedient?

ein Kunde: Noch nicht. Ich möchte ein Paar Schuhe anprobieren.

der Verkäufer: Gerne. Welche Schuhe möchten Sie?

der Kunde: Diejenigen, die unten im Regal auf der rechten Seite stehen.

der Verkäufer: Gut. Welche Schuhgröße haben Sie?

der Kunde: Dreiundvierzig. Ich möchte die Schuhe in braun, bitte.

der Verkäufer: Braune Schuhe, dreiundvierzig. Ich weiß nicht, ob wir noch welche haben. Ich werde nachschauen.

Nach kurzer Zeit kehrt der Verkäufer mit leeren Händen zurück.

der Verkäufer: Es tut mir leid. Braune Schuhe Größe dreiundvierzig haben wir nicht mehr.

der Kunde: Das gibt's doch nicht! Ich suche diese Art Schuhe schon seit einigen Wochen. Jetzt, wo ich sie in Ihrem Laden finde, haben Sie meine Größe nicht auf Lager!

der Verkäufer: Ich kann sie Ihnen bestellen und sie werden morgen

	da sein. Können Sie morgen nachmittag wieder vorbeikommen?
der Kunde:	Morgen, hm .... Um wieviel Uhr schließen Sie?
der Verkäufer:	Wir haben durchgehend bis sechs Uhr dreißig geöffnet.
der Kunde:	Einverstanden. Ich komme morgen nachmittag vorbei. Noch etwas: Ich hätte gern eine Krawatte. Wo finde ich die Herrenabteilung?
der Verkäufer:	Die Herrenabteilung ist einen Stock tiefer, im Erdgeschoß. Dort finden Sie hinsichtlich Herrenkleidung alles, was Sie brauchen: Krawatten, Hemden, Anzüge, Sakkos, Hosen, Unterwäsche, Socken und so weiter.
der Kunde:	Ich möchte auch gerne einige Reiseandenken an Berlin. Kann ich die in diesem Warenhaus bekommen? Ich brauche welche für meine Freunde im Ausland.
der Verkäufer:	Reiseandenken finden Sie auch im Erdgeschoß, gegnüber der Herrenabteilung. Postkarten und dergleichen bekommen Sie in der Schreibwarenabteilung auf der dritten Etage.
der Kunde:	Aha. - Meine Frau wird vielleicht morgen

mitkommen. Wo ist die Abteilung für Damenkleidung?

der Verkäufer:	Wir haben eine ausgezeichnete Auswahl an Damenkleidung, Damenwäsche u.s.w. Die finden Sie auf der zweiten Etage, einen Stock höher. Ihre Frau wird sich bestimmt freuen.
die Kunde:	Das hört man gerne. Nun, wo ist die Rolltreppe?
der Verkäufer:	Die Rolltreppen befinden sich hinter Ihnen.
der Kunde:	Danke schön. Sie waren sehr hilfreich. Also bis morgen. Bitte vergessen Sie meine Schuhe nicht! Braune Schuhe Größe dreiundvierzig.
der Verkäufer:	Sie können sich auf mich verlassen! Bis morgen!
der Kunde:	Auf Wiederschauen!
der Verkäufer:	Auf Wiederschauen!

Gespräch 19 *EINE FEIER, BEVOR MAN AUSEINANDERGEHT*

Herr Schmidt:	Alles Gute zum Geburtstag, Wolfgang!
die anderen:	Ja. Alles Gute!

Sie stoßen mit den Gläsern an und trinken etwas Sekt.

Frau Schmidt:	Wir müssen auch Paul beglückwünschen.
Paul:	Mich? Weswegen? Was habe ich getan?
Herr Schmidt:	Sie haben große Fortschritte in der deutschen

	Sprache gemacht. Sie sind ein ausgezeichneter Student gewesen. Sie sind auch ein liebenswerter Freund geworden.
Paul:	Ich weiß nicht, was ich sagen soll. Auf jeden Fall haben Sie viel dazu beigetragen. Sie sind wirklich ein talentierter Lehrer.
Frau Schmidt:	Sie machen sich gegenseitig Komplimente! - Vielleicht sollten wir das Thema wechseln? Wollen Sie in Urlaub gehen?
Paul:	Noch nicht. Ich bleibe vorerst in Berlin. Später will

ich eventuell meine Kusine Silke besuchen. Was machen Sie, Frau Schmidt? Fahren Sie in Urlaub?

Frau Schmidt: Ja, ich fliege mit meinem Mann nach Österreich. Unsere beiden Tiere, der Hund und die Katze, bleiben in Berlin. Ein befreundetes Ehepaar wird für sie sorgen. Und Sie, Ulrike?

Ulrike:	Ich werde ein paar Tage bei meinen Eltern in Frohnau verbringen, und dann fahre ich nach Oldenburg, um meine Tante zu besuchen.
Wolfgang:	Ich fahre mit dem Zug nach Bremen, und dann verbringe ich zwei Wochen mit ein paar Freunden in Cuxhaven . Einer der Freunde hat einen Onkel, der eine Jacht besitzt. Wir werden nicht nur baden, sondern auch segeln können. In der Tat, Oldenburg ist nicht zu weit, Ulrike. Du könntest uns ja in Cuxhaven besuchen.
Ulrike:	Ich möchte gern, aber es ist unmöglich. Es ist alles zu kompliziert. Erstens habe ich kein eigenes Auto, und zweitens habe ich nur wenige Tage zur Verfügung.
Herr Schmidt:	Würden Sie ihn besuchen, wenn Sie ein Auto hätten? Wenn Sie wollen, kann ich Ihnen mein Auto zur Verfügung stellen. Das Auto würde ich sowieso in Berlin lassen, und ich weiß, wie vorsichtig Sie fahren.
Ulrike:	Danke, Sie sind sehr großzügig. Aber ich muß am zwölften August nach Berlin zurückkehren, damit ich mich meiner neuen Wohnung widmen kann, und dann lohnt es sich nicht, ein Auto mitzunehmen.
Frau Schmidt:	Haben Sie endlich eine Wohnung gefunden?
Ulrike:	Ja. Ich habe monatelang eine eigene Wohnung gesucht und habe neulich eine umgebaute Einzimmerwohnung mit Küche und Bad in einem Altbau gefunden. Die Wohnung ist nicht weit von der Bank entfernt, wo ich arbeite.
Wolfgang:	Herzlichen Glückwunsch, Ulrike! Wann lädst du uns ein?

Ulrike:	Wenn du Lust dazu hättest, Wolfgang, könntest du mir helfen, die Wohnung einzurichten, sobald du von Cuxhaven zurückgekehrt bist.
Wolfgang:	Gerne. Das würde mir Spaß machen.
Paul:	Sie sollen nicht zögern, wenn Sie auch meine Hilfe brauchen.
Ulrike:	Das ist nett, Paul. - Aber wir sind heute abend hier, um Wolfgangs Geburtstag zu feiern. Frau Schmidt hat uns wieder Sekt eingeschenkt. Wolfgang, wir trinken auf dein Wohl! Alles Gute zum einundzwanzigsten Geburtstag! Auf dein Wohl!
die anderen:	Auf Ihr Wohl!
(einstimmig)	

Sie stoßen nochmals mit den Gläsern an und trinken.

ÜBUNGEN

A. WÄHLEN SIE DAS PASSENDE WORT!

Beispiel: Silke besucht Berlin von Zeit zu ____ .
(Urlaub / Kleinstadt / Zeit)

1. Wir haben etliche Tage am Strand ____ .
(gekommen / verbracht / besucht)

2. Paul und Silke sind im gleichen ____ .
(Wohnung / Familie / Alter)

3. Du bist zu spät gekommen. Ich bin zu ____ gekommen.
(fern / früh / falsch)

4. Ich wasche mich jeden ____ .
(Morgen / Nacht / Bad)

5. Wir gehen mit ____ Freunden ins Kino.
(ein Paar / ein paar / einige)

6. Das Auto fährt ____ schnell.
(unwahrscheinlich / ungern / ungewiß)

7. Wenn Sie ____ haben, trinken Sie ein Glas Bier.
(Flasche / Durst / Wirtin)

8. Silke geht nie spät ____ Bett.(in / im / ins)

9. Paul hat kein Geld in der ____ .(Tasche / Kauf / Kosten)

10. Paul sagt, das Leben in einer Kleinstadt ____ langweilig.
(war / seien / sei)

11. Meine Eltern ____ in Frohnau. (wohnen / besuchen / gehen)

12. Wenn ich ____ bin, schlafe ich. (müde / langweilig / spät)

13. Herr Schmidt ist ____ als Paul. (Lehrer / älter / höher)

14. Wann fahren Sie ____ Lübeck? (zu / nach / bei)

15. Welche Krawatte ____ Sie vor? (bieten / treffen / ziehen)

16. Sie las die Zeitung und rauchte ____. (dabei / dazu / damit)

17. Die Schuhe sind nicht auf ____. (Regal / Regel / Lager)

18. Der Kunde mußte bis zum nächsten Tag ____.
    (warten / kommen / ankommen)

19. Um wieviel Uhr ____ der Laden? (feiert / schließt / kommt)

20. Wenn ich Geld ____, so kaufte ich mir ein Auto.
    (habe / hatte / hätte)

21. Nach dem ____ trinken wir einen Likör.
    (Frühstück / Vergnügen / Essen)

22. Die Herrenabteilung ist im ____. (Erdgeschoß / Etage /
    Etikett)

23. Ich werde ein paar Tage bei meiner Tante ____.
    (besuchen / einrichten / verbringen)

24. Im Sommer geht ____ in Urlaub. (jeder / manche / etliche)

25. Wolfgang ____ seinen Geburtstag. (hatte / verbrachte / feierte)

26. Ulrike wird ihre neue Wohnung ____.
    (eintragen / einrichten / einladen)

27. Paul ist ein ____ Freund geworden.
    (großzügig / willkommen / liebenswerter)

28. Man muß ____ fahren.
    (sorgfältig / großzügig / einstimmig)

29. Solange sie ____ leben, werden sie glücklich sein.
    (eigen / alt / beide)

30. Es kommt ____ an. (daran / darin / darauf)

31. Er ist ____ nach Berlin gekommen, um seinen Onkel zu
    besuchen. (willkommen / herzlich / eigens)

32. Seit einigen Monaten ____ ich eine Wohnung.
    (suche / suchten / suchen)

33. Sie sagte, sie ____ kein Auto. (habe / führt / feiert)

34. Welche Schuhgröße ____ Sie? (haben / nehmen / urteilen)

35. Sie sagt, sie werde ____ helfen müssen. (ihre / ihm / ihn)

36. Er ____ mit sich reden. (hat / läßt / ist)

37. Likör ist nicht ____ meinem Geschmack. (zu / nach / mit)

38. Es war zu starker Nebel, als daß das ____ hätte starten können. (Auto / Benzin / Flugzeug)

39. Eisen ist ____, eine Feder ist leicht. (schwierig / schwer / mäßig)

40. Das ist das ____, was ich je gehört habe. (schönste / Schönste / beste)

41. Ich hätte ____ sein müssen. (gelegentlich / vorsichtiger / persönlich)

42. Der Mont Blanc ist der ____ Berg Europas. (höchste / höhere / hohes)

43. Sie stecken ____ in Schulden. (unten / hoch / tief)

44. Er ____ sich ein Glas Wein. (trank / bestellte / bestimmte)

45. Ich kann mir keinen neuen Mantel ____. (schenken / leisten / mitnehmen)

46. Ich fuhr ____ dem Bus zum Bahnhof. (bei / mit / auf)

47. Ich möchte ein Paar Schuhe ____. (nachschauen / wünschen / anprobieren)

48. Es tut mir ____. Wir haben keine Schuhe. (lieber / leid / leider)

49. Der ____ ist grün. (Altbau / Dom / Rasen)

B. *BITTE BENUTZEN SIE IN DEN FOLGENDEN SÄTZEN DIE KONJUNKTIVFORM DES VERBS!*
Please use the subjunctive form of the verb in the following sentences:

Beispiele: a) Die Freunde haben viel gegessen und getrunken.
Sie sagte, die Freunde hätten viel gegessen und getrunken.

b) Die beiden Eheleute sind ins Stadtzentrum gegangen.
Sie sagt, die beiden Eheleute seien ins Stadtzentrum gegangen. (die Eheleute: husband and wife)

1. Das Flugzeug aus Hamburg ist schon gelandet. Sie sagt, ...

2. Der Kunde kommt aus Saarbrücken. Sie sagt, ...

3. Der Büroangestellte hat die Briefe abgesandt. Sie sagte, ...

4. Den Kindern wurde von dem Lehrer geholfen. Sie sagte, ...

5. Herr und Frau Schmidt mußten eine halbe Stunde warten. Sie sagte, ...

6. Paul hilft Ulrike in ihrer neuen Wohnung. Sie sagt, ...

7. Ulrike bereitet einen gemischten Salat zu. Sie sagt, ...

8. Er fuhr auf eigene Rechnung hin. Sie sagte, ...

9. Wolfgang kann leider nicht helfen. Sie sagt, ...

10. Er hat die Flasche geöffnet. Sie sagte, ...

C. BITTE STELLEN SIE DIE FRAGEN!

Please write out the questions:

Beispiel: Ich bin aus Italien.
Frage: Wo kommen sie her?

1. Das Essen wird um 8 Uhr serviert.

2. Ich bin zwanzig Jahre alt.

3. Das Warenhaus schließt um halb sieben.

4. Es ist zwanzig Minuten vor zehn.

5. Ich werde schon bedient, danke.

6. Wir sind seit gestern in Berlin.

7. Mein neuer Mantel ist dunkelblau. (dunkelblau: dark blue)

8. Heute ist schönes Wetter.

D. SETZEN SIE DAS VERB IN DIE RICHTIGE FORM!

Put the verb into the right form:

present, future, imperfect past, perfect past, present subjunctive, past subjunctive, passive, pluperfect.

Beispiele: Als ich jung war, wohnte ich bei meinen Eltern. (wohnen)
Jetzt essen wir zu Mittag. (essen)
Sie sagt, er müsse ein Jahr in Berlin verbringen.(müssen)

Ulrike <u>hat</u> endlich eine Wohnung <u>gefunden</u>. (finden)

1. Morgen ____ wir eine Stadtrundfahrt ____ . (machen)
   (die Stadtrundfahrt: the guided tour of the city)

2. Ich ____ dieses Paket heute absenden ____ . (sollen)

3. Er sagt, das Flugzeug ____ verspätet. (sein)

4. Gestern ____ Paul mit Silke ____ . (telephonieren)

5. Gestern ____ ich um acht Uhr zu arbeiten ____ . (anfangen)

6. Er ____ nicht Fleisch, sondern Fisch. (essen)

7. Nächste Woche ____ er nach Travemünde ____ . (fahren)

8. Der Gepäckträger sagt, er ____ von der Sache nichts ____ .
   (wissen)

9. Damals ____ ich eine Flasche Wein pro Tag zu trinken.
   (pflegen)

10. Wenn wir Urlaub ____ , so würden wir nach Spanien fahren.
    (haben)

11. Wenn ich schwimmen ____ , so würde ich ins Wasser gehen.
    (können)

12. ____ ich Ihnen einen Kaffee anbieten? (dürfen)

13. Er sagt, der Kellner ____ sehr sympathisch. (wirken)

14. Letztes Jahr ____ wir sehr trockenes Wetter ____ . (haben)

15. Bevor sie nach Berlin ____ , wohnten sie in München.
    (kommen)

16. Er berichtet, das Schiff sei ____ . (sinken)

17. Der Koffer ____ mir. (gehören)

18. Jetzt ____ der Chef seine Sekretärin sprechen. (wollen)

19. Gestern ____ ich mit der S-Bahn nach Frohnau. (fahren)

20. Letzte Woche ____ sie von ihrem Freund begleitet. (werden)

21. Wir ____ ihn diese Woche noch nicht ____ . (sehen)

22. Wir ____ von unseren Freunden zum Essen ____ . (einladen)

23. Gestern ____ es sehr viel ____ . (regnen)

24. Ich wünsche, es ____ schon Freitag. (sein)

25. Es ____ mir leid, die Ware ist nicht auf Lager.(tun)

26. Hier ____ nur Deutsch ____. (passive) (sprechen)

27. Man ____ nie, was passieren kann. (wissen)

28. Ich ____ meine Schlüssel ____. (zurückbekommen)

29. Am letzten Freitag ____ sie pünktlich ____. (ankommen)

30. Bravo! Sie ____ die allerletzte Übung ____. (machen)

BITTE LERNEN SIE DIESE WÖRTER!

die Eheleute: the married couple
bearbeiten: to work through, to process
dunkelblau: dark blue
die Stadtrundfahrt: the guided tour of the city
verspätet: delayed, late
pünktlich: on time, punctual
pro Tag: daily
wirken: to produce an impression, to seem
regnen: to rain
die Ware: the article, the merchandise
erfolgreich: successfully
beenden: to complete, come to an end
allerletzt: last of all
nochmals: (once) again
verehren: to admire, to look up to
der Leser: the reader (masculine)
die Leserin: the reader (feminine)

AUF WIEDERSEHEN

Nachdem alle Anwesenden Sekt getrunken hatten, sagten sie Wolfgang nochmals herzlichen Glückwunsch.

Jetzt sind Sie, verehrter Leser / verehrte Leserin, an der Reihe.

Bravo! Herzlichen Glückwunsch!

Sie haben gut gearbeitet.

Sie haben dieses Buch erfolgreich beendet.

Also, vielen Dank und auf Wiedersehen!

After everyone present had drunk some champagne, they said congratulations to Wolfgang once more.

Now, dear reader, it is your turn.

Bravo. Congratulations!

You have worked well.

You have successfully completed this book.

So, many thanks and goodbye!

This verb list includes all the basic verbs introduced in the text, plus a few other useful ones. They are classified into:

Strong verbs
Irregular weak verbs
Auxiliary verbs

Regular weak verbs are not included.

The infinitive, the third person singular of the present and past indicative, the past participle, and the irregularly formed imperative, familiar form, are all given.

All other forms and tenses can be derived from these forms.

Where the past participle is preceded by **ist** (third person singular of **sein**), the tenses of the verb are conjugated with the appropriate form of **sein**. Where the past participle stands alone, the tenses of that verb are conjugated with the appropriate form of **haben**.

The singular familiar form of the imperative is given only where the stem vowel changes.

Many other verbs can be formed by the addition of a separable or inseparable prefix to the basic verb. These compound verbs are conjugated like the basic verb and are thus not listed.

STRONG VERBS

Infinitive	Present	Preterite	Past Participle	Imperative
befehlen (to command)	**befiehlt**	**befahl**	**befohlen**	**befiehl**
beginnen (to begin)	**beginnt**	**begann**	**begonnen**	
bergen (to conceal)	**birgt**	**barg**	**geborgen**	**birg**
bewegen (to move)	**bewegt**	**bewog**	**bewogen**	
biegen (to bend)	**biegt**	**bog**	**gebogen**	

INFINITIVE	PRESENT	PRETERITE	PAST PARTICIPLE	IMPERATIVE
bieten (to offer)	bietet	bot	geboten	
binden (to bind)	bindet	band	gebunden	
bitten (to beg, to ask)	bittet	bat	gebeten	
bleiben (to remain)	bleibt	blieb	(ist) geblieben	
brechen (to break)	bricht	brach	gebrochen	brich
dringen (to penetrate)	dringt	drang	(ist) gedrungen	
einladen (to invite)	lädt ein	lud ein	eingeladen	
empfehlen (to recommend)	empfiehlt	empfahl	empfohlen	empfiehl
erwerben (to acquire)	erwirbt	erwarb	erworben	erwirb
essen (to eat)	ißt	aß	gegessen	iß
fahren (to drive, ride)	fährt	fuhr	(ist) gefahren	
fallen (to fall)	fällt	fiel	(ist) gefallen	
fangen (to catch)	fängt	fing	gefangen	
finden (to find)	findet	fand	gefunden	
fliegen (to fly)	fliegt	flog	(ist) geflogen	
fliehen (to flee)	flieht	floh	(ist) geflohen	
fließen (to flow)	fließt	floß	(ist) geflossen	

INFINITIVE	PRESENT	PRETERITE	PAST PARTICIPLE	IMPERATIVE
frieren (to freeze)	friert	fror	gefroren	
geben to give)	gibt	gab	gegeben	gib
gedeihen (to thrive)	gedeiht	gedieh	(ist) gediehen	
gehen (to go)	geht	ging	(ist) gegangen	
gelingen (to succeed)	gelingt	gelang	(ist) gelungen	
gelten (to be worth)	gilt	galt	gegolten	gilt
genesen (to recover)	genest	genas	(ist) genesen	
genießen (to enjoy)	genießt	genoß	genossen	
geschehen (to happen)	geschieht	geschah	(ist) geschehen	
gewinnen (to gain, to win)	gewinnt	gewann	gewonnen	
gleichen (to resemble)	gleicht	glich	geglichen	
greifen (to seize)	greift	griff	gegriffen	
halten (to hold)	hält	hielt	gehalten	
hängen (to hang, to be suspended)	hängt	hing	gehangen	
heben (to lift)	hebt	hob	gehoben	
heißen (to be called)	heißt	hieß	geheißen	
helfen (to help)	hilft	half	geholfen	hilf

Infinitive	Present	Preterite	Past Participle	Imperative
klingen (to sound)	klingt	klang	geklungen	
kommen (to come)	kommt	kam	(ist) gekommen	
laden (to load)	lädt	lud	geladen	
lassen (to let)	läßt	ließ	gelassen	
laufen (to run)	läuft	lief	(ist) gelaufen	
leiden (to suffer)	leidet	litt	gelitten	
leihen (to lend)	leiht	lieh	geliehen	
lesen (to read)	liest	las	gelesen	lies
liegen (to lie)	liegt	lag	gelegen	
meiden (to avoid)	meidet	mied	gemieden	
messen (to measure)	mißt	maß	gemessen	miß
mißlingen (to fail)	mißlingt	mißlang	(ist) mißlungen	
nehmen (to take)	nimmt	nahm	genommen	nimm
preisen (to praise)	preist	pries	gepriesen	
raten (to advise)	rät	riet	geraten	
reißen (to tear)	reißt	riß	gerissen	
reiten (to ride)	reitet	ritt	(ist) geritten	

INFINITIVE	PRESENT	PRETERITE	PAST PARTICIPLE	IMPERATIVE
rufen (to call)	**ruft**	**rief**	**gerufen**	
schaffen (to create)	**schafft**	**schuf**	**geschaffen**	
scheiden (to part)	**scheidet**	**schied**	(ist) **geschieden**	
scheinen (to appear, to shine)	**scheint**	**schien**	**geschienen**	
schieben (to push, to shove)	**schiebt**	**schob**	**geschoben**	
schlafen (to sleep)	**schläft**	**schlief**	**geschlafen**	
schlagen (to strike)	**schlägt**	**schlug**	**geschlagen**	
schließen (to shut)	**schließt**	**schloß**	**geschlossen**	
schneiden (to cut)	**schneidet**	**schnitt**	**geschnitten**	
schreiben (to write)	**schreibt**	**schrieb**	**geschrieben**	
schweigen (to be silent)	**schweigt**	**schwieg**	**geschwiegen**	
schwimmen (to swim)	**schwimmt**	**schwamm**	(ist) **geschwommen**	
schwinden (to vanish)	**schwindet**	**schwand**	(ist) **geschwunden**	
sehen (to see)	**sieht**	**sah**	**gesehen**	**sieh**
sein (to be)	**ist**	**war**	(ist) **gewesen**	**sei**
singen (to sing)	**singt**	**sang**	**gesungen**	
sinken (to sink)	**sinkt**	**sank**	(ist) **gesunken**	

INFINITIVE	PRESENT	PRETERITE	PAST PARTICIPLE	IMPERATIVE
sinnen (to think, to reflect)	sinnt	sann	**gesonnen**	
sitzen (to sit)	sitzt	saß	**gesessen**	
sprechen (to speak)	spricht	sprach	**gesprochen**	sprich
springen (to spring)	springt	sprang	(ist) **gesprungen**	
stehen (to stand)	steht	stand	**gestanden**	
stehlen (to steal)	stiehlt	stahl	**gestohlen**	stiehl
steigen (to ascend)	steigt	stieg	(ist) **gestiegen**	
sterben (to die)	stirbt	starb	(ist) **gestorben**	stirb
stoßen (to push)	stößt	stieß	**gestoßen**	
streiten (to argue)	streitet	stritt	**gestritten**	
tragen (to carry)	trägt	trug	**getragen**	
treffen (to hit, to meet)	trifft	traf	**getroffen**	triff
treiben (to drive)	treibt	trieb	**getrieben**	
treten (to step)	tritt	trat	(ist) **getreten**	tritt
trinken (to drink)	trinkt	trank	**getrunken**	
tun (to do)	tut	tat	**getan**	
verderben (to spoil)	verdirbt	verdarb	**verdorben**	verdirb

INFINITIVE	PRESENT	PRETERITE	PAST PARTICIPLE	IMPERATIVE
vergessen (to forget)	vergißt	vergaß	vergessen	vergiß
verlieren (to lose)	verliert	verlor	verloren	
verzeihen (to pardon)	verzeiht	verzieh	verziehen	
wachsen (to grow)	wächst	wuchs	(ist) gewachsen	
waschen (to wash)	wäscht	wusch	gewaschen	
weisen (to show)	weist	wies	gewiesen	
werden (to become)	wird	wurde	(ist) geworden	
wiegen (to weigh)	wiegt	wog	gewogen	
ziehen (to draw, to pull)	zieht	zog	gezogen	
zwingen (to force)	zwingt	zwang	gezwungen	

IRREGULAR WEAK VERBS

brennen (to burn)	brennt	brannte	gebrannt	
bringen (to bring)	bringt	brachte	gebracht	
denken (to think)	denkt	dachte	gedacht	
haben (to have)	hat	hatte	gehabt	
kennen (to know, be acquainted with)	kennt	kannte	gekannt	
nennen (to name, to call)	nennt	nannte	genannt	

INFINITIVE	PRESENT	PRETERITE	PAST PARTICIPLE	IMPERATIVE
rennen (to run)	rennt	rannte	(ist) gerannt	
senden (to send)	sendet	sandte	gesandt	
wenden (to turn)	wendet	wandte	gewandt	
wissen (to know)	weiß	wußte	gewußt	

AUXILARY VERBS

INFINITIVE	PRESENT	PRETERITE	PAST PARTICIPLES	
dürfen (to be allowed, may)	darf	durfte	gedurft	dürfen
können (can, to be able)	kann	konnte	gekonnt	können
mögen (may, to like)	mag	mochte	gemocht	mögen
müssen (must, to have to)	muß	mußte	gemußt	müssen
sollen (shall, ought)	soll	sollte	gesollt	sollen
wollen (will, to want)	will	wollte	gewollt	wollen

The first past participle is used where the auxiliary verb is being used by itself in the past.

The second participle is used where the verb is being used as an auxiliary to another verb in the past.

DIE RICHTIGEN ANTWORTEN

LEKTION 1

A. DER, DIE oder DAS?

1. der Stuhl
2. die Frage
3. der Schreibtisch
4. das Gespräch
5. die Schachtel
6. der Schlüssel
7. das Buch
8. der Herr
9. die Antwort
10. der Kugelschreiber

B. DAS IST oder DAS IST NICHT?

1. Ja, das ist Paul!
2. Nein, das ist nicht Ulrike!
3. Ja, das ist Herr Schmidt!
4. Ja, das ist der Lehrer (teacher)!
5. Nein, das ist nicht Frau Schmidt!

C. WAS IST DAS?

1. a pen: ein Kugelschreiber
2. a box: eine Schachtel
3. a gentleman: ein Herr
4. a book: ein Buch
5. an answer: eine Frage

LEKTION 2

A. BITTE ANWORTEN SIE!

1. Nein, ich komme nicht aus Berlin.
2. Nein, ich komme nicht aus Wien.
3. Nein, ich bin keine Deutsche.
   Nein, ich bin kein Deutscher.

4. Nein, ich arbeite nicht in Hamburg.

5. Ja, ich lerne Deutsch.

6. Nein, ich spreche kein Spanisch
Ja, ich spreche Spanisch.

7. Ich bin X, und ich komme aus Y.

8. Ja, ich bin klug.
Nein, ich bin nicht klug.

B. WÄHLEN SIE DAS PASSENDE WORT!

1. Carmen ist <u>Mexikanerin</u>.

2. Herr Giuseppe Rossini ist kein <u>Engländer</u>.

3. Ist Frau Schmidt eine <u>Deutsche</u>?

4. Sie lesen ein <u>deutsches</u> Buch.

5. Ist sie eine <u>kluge</u> Frau?

6. Berlin ist eine sehr <u>große</u> Stadt.

7. Ist Thomas Schmidt ein <u>kleiner</u> Herr?

8. Ulrike Constanze ist nicht sehr <u>groß</u>.

LEKTION 3

BITTE ANTWORTEN SIE!

1. Sie fliegt nach München.

2. Nein, sie reist morgen.

3. Sie reist morgen nachmittag.

4. Sie fliegt um drei Uhr.

5. Sie hat einen Personalausweis.

6. Ja, sie hat einen Koffer.

7. Es ist ein großer Koffer.

8. Nein, Paul will nicht mit Ulrike fliegen.

9. Ja, sie hat ein Ticket.

10. Das Ticket ist in der Tasche.

11. Sie will nicht mit der U-Bahn zum Flughafen fahren.

ANSWERS TO EXERCISES

12. Sie fährt mit dem Taxi.

13. Sie kommt in einer Woche zurück.

14. Er sagt gute Reise, und auf Wiedersehen.

15. Ja, ich lerne viel Deutsch.

LEKTION 4

A. ZÄHLEN SIE VON EINS BIS ZEHN (AUF DEUTSCH, NATÜRLICH):

eins - zwei - drei - vier - fünf - sechs - sieben - acht - neun - zehn

B. WIEVIEL UHR IST ES?

1. Viertel vor zehn.

2. halb acht

3. fünf Minuten vor eins

4. zwanzig Minuten nach fünf

5. fünfundzwanzig Minuten vor neun/fünf nach halb neun

C. BITTE ANTWORTEN SIE!

1. Frau Schmidt ist zu Hause.

2. Sie telephoniert mit einer Bekannten.

3. Ja, diese Bekannte arbeitet in einem Büro.

4. Ja, sie hat einen Kalender.

5. Der Kalender steht auf dem Schreibtisch.

6. Ja, sie ist mit einigen Bekannten verabredet.

7. Sie ist abends verabredet.

8. Sie ist heute abend verabredet.

9. Ja, die Kollegen sind sehr nette Leute.

10. Sie gehen ins Theater.

11. Das Restaurant ist am Ku-damm.

12. Die Kollegen kommen um halb sieben abends.

A. ZÄHLEN SIE VON EINS BIS ZWANZIG!

eins - zwei - drei - vier - fünf - sechs - sieben - acht - neun
zehn - elf - zwölf - dreizehn - vierzehn - fünfzehn - sechzehn -
siebzehn - achtzehn - neunzehn - zwanzig

B. SCHREIBEN SIE!

23: dreiundzwanzig

25: fünfundzwanzig

30: dreißig

35: fünfunddreißig

40: vierzig

57: siebenundfünfzig

60: sechzig

64: vierundsechzig

70: siebzig

80: achtzig

90: neunzig

99: neunundneunzig

100: hundert

122: hundertzweiundzwanzig

C. BEANTWORTEN SIE DIESE FRAGEN!

1. Ja, der Büroangestellte ist sehr pünktlich.

2. Ja, er hat ein ganze Menge Arbeit.

3. Der Büroangestellte muß Briefe absenden.

4. Es sind hundertfünfundzwanzig Briefe.

5. Ja, er kann die Briefe als Fax senden.

6. Ja, es gibt einen Computer im Büro.

7. Ja, der Büroangestellte hat eine Kundenliste.

8. Er muß die Sekretärin des Chefs rufen.

LEKTION 6

A. BITTE WÄHLEN SIE DEN PASSENDEN ARTIKEL: DER, DIE, DAS ODER DIE (PLURAL):

1.	das	Haus	21. das	Theater
2.	die	Schachtel	22. die	Arbeit
3.	die	Schule	23. der	Chef
4.	der	Lehrer	24. die	Briefe
5.	die	Vorstellungen	25. der	Schreibtisch
6.	der	Mantel	26. die	Städte
7.	die	Röcke	27. der	Freund
8.	die	U-Bahn	28. die	Freundin
9.	das	Taxi	29. der	Wortschatz
10.	die	Uhr	30. der	Kugelschreiber
11.	die	Tage	31. das	Geschäft
12.	die	Woche	32. das	Wort
13.	das	Buch	33. die	Sätze
14.	der	Abend	34. die	Kundenliste
15.	die	Restaurants	35. das	Hundert
16.	der	Freitag	36. der	Reisepaß
17.	die	Leute	37. die	Antwort
18.	der	Fisch	38. der	Kalender
19.	die	Häuser	39. das	Verhältnis
20.	der	Stuhl	40. die	Frauen

B. BITTE ERGÄNZEN SIE DIESE SÄTZE:

1. Ulrike macht eine Reise.

2. Wieviel Uhr ist es?

3. Wir fahren mit dem Taxi.

4. Ulrike geht nach Hause.

5. Ich habe viel zu tun.

6. Wo <u>arbeiten</u> Sie?

7. Ich <u>kann</u> viel tun.

8. Wohin <u>fliegt</u> er?

9. Wann <u>kommen</u> Sie zurück?

10. Ich <u>bin</u> heute abend mit einigen Freunden verabredet.

11. Es <u>handelt</u> sich um Kollegen vom Büro.

12. Thomas Schmidt <u>arbeitet</u> rund um die Uhr.

13. <u>Muß</u> ich Deutsch lernen?

14. Ja, Sie <u>müssen</u> Deutsch lernen.

15. <u>Beantworten</u> Sie diese Fragen!

16. Wir <u>sind</u> nicht aus Hamburg.

17. Wann <u>fährt</u> Ulrike zum Flughafen?

18. Der Büroangestellte <u>hat</u> einen Computer auf dem Tisch.

19. <u>Gibt</u> er heute eine Party?

20. <u>Können</u> Sie diese Fragen beantworten?

C. BITTE WÄHLEN SIE DAS PASSENDE WORT:

1. Welche <u>Staatsangehörigkeit</u> haben Sie?

2. Ich bin keine Japanerin und <u>auch</u> keine Italienerin.

3. Ulrike fliegt <u>nach</u> München.

4. Dieser Herr hat <u>keinen</u> Personalausweis.

5. Wer ist <u>dieser</u> junge Mann?

6. Ich reise immer <u>mit</u> einem großen Koffer.

7. Mein <u>Reisepaß</u> ist in der Tasche.

8. Es gibt <u>viele</u> Fische im Meer.

9. Heute ist <u>nicht</u> Freitag.

10. Die Kollegen sind sehr <u>nette</u> Leute.

11. Es ist fünf <u>vor</u> halb zehn

12. Was ist in <u>der</u> großen Schachtel?

13. Sind dies <u>die</u> Schlüssel des Büros?

14. Der Lehrer gibt <u>den</u> Kindern eine gute Schulbildung.

15. Auf Wiedersehen: Bis <u>demnächst</u>!

LEKTION 7

A. *BITTE BEANTWORTEN SIE DIESE FRAGEN!*

1. Ulrike und Wolfgang sitzen zusammen in einem Café.

2. Ulrike nimmt einen Tee mit Zitrone, zwei Brötchen und Aprikosenmarmelade.

3. Wolfgang bestellt einen Kaffee, Wurst und Brot.

4. Wolfgang hat nichts Besonderes vor.

5. "Die Lupe" ist um die Ecke.

6. Ja, Wolfgang weiß, wann der Film anfängt.

7. Der Film fängt um halb drei an.

8. Es gibt immer etwas Interessantes auf dem Trödelmarkt zu sehen.

9. Wolfgang und Ulrike gehen gleich nach dem Frühstück zum Trödelmarkt.

10. Sie zahlen zusammen.

B. *WIE HEIßEN DIE WOCHENTAGE?*

Sie heißen <u>Montag</u>

<u>Dienstag</u>

<u>Mittwoch</u>

<u>Donnerstag</u>

<u>Freitag</u>

<u>Samstag</u> oder <u>Sonnabend</u>

<u>Sonntag</u>

C. *ERGÄNZEN SIE DIE FOLGENDEN SÄTZE!*

1. Ich möchte <u>eine</u> Scheibe Brot.

2. Ich nehme <u>einen</u> Tee mit Zitrone.

3. Wissen Sie, <u>wann</u> der Film anfängt?

4. Ich _habe_ nichts besonderes vor.

5. Die Rechnung _macht_ elf Mark fünfzig.

D. ERGÄNZEN SIE DIESE SÄTZE MIT DEM GEGENSATZ DER UNTERSTRICHENEN WÖRTER!

1. Ulrike trinkt keinen Kaffee. Sie trinkt _einen Tee_.

2. Das ist nicht richtig! Das ist _falsch_.

3. Die Stadt ist nicht groß. Sie ist _klein_.

4. Herr Schmidt reist wenig, aber er arbeitet _viel_.

5. Das Buch liegt nicht unter dem Schreibtisch. Es liegt _auf_ _dem_ Schreibtisch.

6. Die Tasche ist nicht teuer. Sie ist _billig_.

7. Ist etwas in der Schachtel? Nein, es ist _nichts_ in der Schachtel.

8. Gehen Sie nach Hause? Nein, ich _komme_ ins Büro.

9. Haben Sie einen schlechten Chef? Nein, ich habe einen _guten_ Chef.

10. Das Restaurant öffnet um neun Uhr vormittags und _schließt_ um zehn Uhr abends.

LEKTION 8

A. BITTE BEANTWORTEN SIE DIESE FRAGEN!

1. Herr Schmidt ist in Hannover.

2. Er hat eine Reservierung für eine Nacht.

3. Er spricht mit der Empfangschefin.

4. Er reist morgen vormittag ab.

5. Ja, Thomas Schmidt muß seinen Namen eintragen.

6. Nein, er hat nur einen kleinen Koffer.

7. Zimmer Nummer 27 befindet sich im dritten Stock.

8. Ja, es gibt einen Aufzug im Hotel.

9. Ja, er darf von seinem Zimmer nach auswärts telephonieren.

10. Er muß eine '9' vorab wählen.

11. Sie servieren das Frühstück bis zehn Uhr.

12. Die Empfangschefin sagt: "Guten Aufenthalt".

B. *ERGÄNZEN SIE DIESE SÄTZE MIT DEM RICHTIGEN POSSESSIVUM!*

1. Der Chef sitzt in <u>seinem</u> Büro an <u>seinem</u> Schreibtisch.

2. Haben Sie <u>einen</u> Kugelschreiber und <u>ein</u> Buch?

3. Ulrike trinkt <u>ihren</u> Tee mit Zitrone. Sie hat <u>ihre</u> eigenen Ideen.

4. Wir haben <u>unsere</u> Koffer und Taschen.

5. Ich habe <u>meinen</u> eigenen Computer und <u>mein</u> eigenes Auto.

C. *ERGÄNZEN SIE DIESE SÄTZE:*

1. Die Lektion Nummer 1 ist <u>die erste Lektion</u>.

2. Die Frage Nummer 9 ist <u>die neunte Frage</u>.

3. Das Gespräch Nummer 5 ist <u>das fünfte Gespräch</u>.

4. Der Brief Nummer 4 ist <u>der vierte Brief</u>.

5. Die Antwort Nummer 3 ist <u>die dritte Antwort</u>.

LEKTION 9

A *BITTE BEANTWORTEN SIE DIESE FRAGEN (DEM GESPRÄCH ENTSPRECHEND):*

1. Paul braucht eine Briefmarke für seine Postkarte.

2. Nein, er will keine Postkarte kaufen.

3. Er muß zwei Briefe absenden.

4. Er sendet einen Brief nach England. Er sendet den anderen Brief in die USA.

5. Die Beamtin wiegt die Briefe auf der Waage.

6. Das Paket geht nach Kanada.

7. Mit Luftpost dauert es normalerweise ungefähr eine Woche.

8. Er muß ein Formular ausfüllen.

9. Er muß seinen Namen und die Adresse des Absenders sowie den Namen und die Adresse des Empfängers auf das Formular schreiben.

10. Nein, er muß keine Telephonnummer angeben.

11. Ja, die Beamtin kann seine Handschrift lesen.

12. Er muß den Inhalt sowie dessen ungefähren Wert angeben.

13. Paul klebt die Briefmarken auf das Paket.

14. Ja, Paul hat Kleingeld.

15. Das macht zusammen zweiundzwanzig Mark und neunzig Pfennig.

B. *BITTE SETZEN SIE DIE ENTSPRECHENDEN PRONOMEN EIN!*

1. Er spricht mit ihr.

2. Sie fährt ohne ihn in die Stadt.

3. Sie gehen mit ihm ins Kino.

4. Sie hat zwei Pakete für uns.

5. Er gibt ihr seine Telephonnummer.

6. Es geht zu ihr.

7. Sie sitzt mit ihnen zu Hause.

8. Sie verkauft ihm mehrere Briefmarken.

C. *SETZEN SIE DIE VERBEN IN DIE ZUKUNFT!*

1. Paul wird einige Briefe schreiben.

2. Herr Schmidt wird rund um die Uhr arbeiten.

3. Wir werden heute abend ins Theater gehen.

4. Wolfgang und Ulrike werden zum Trödelmarkt gehen.

5. Wann werden Sie nach München fliegen?

6. Ich werde heute nicht in die Stadt gehen.

7. Ich werde keine Zeit haben.

8. Werden wir deutsch sprechen?

LEKTION 10

A. *BITTE BEANTWORTEN SIE DIE FOLGENDEN FRAGEN (DEM GESPRÄCH ENTSPRECHEND)!*

1. Ja, Paul wird am Wochenende ins Grüne fahren.

2. Paul schätzt die frische Luft.

3. Ja, Paul zieht es vor, in Berlin zu bleiben.

4. Die Landschaft um Berlin ist im Frühling am schönsten.

5. Das Wetter ist schön.

6. Bei Regenwetter zieht Paul seinen Regenmantel an, er nimmt seinen Regenschirm mit und geht spazieren.

7. Paul fährt billiger mit einer Abonnementskarte.

8. Er fährt am billigsten mit dem Bus.

9. Wenn er bei Regenwetter spazierengeht, nimmt Paul seinen Regenschirm mit.

10. Der Wetterbericht sagt Regen fürs Wochenende voraus.

11. Im Winter ist es am kältesten.

12. Wenn es kühl wird, geht Paul trotzdem aus.

13. Ja, ich habe einen Regenmantel zu Hause.
   Nein, ich habe keinen Regenmantel zu Hause.

14. Ja, Paul hat viele Bekannte in Berlin.

15. Es sind vor allem seine Kommilitonen.

16. Diese jungen Leute reden, sie sehen fern, hören Musik oder lesen Zeitschriften.

17. Paul verbringt die Ferien in Berlin und Umgebung.

18. Nein, er verbringt seine Ferien weit entfernt von Berlin.

19. Im Winter fährt er manchmal in die Berge.

20. Im Sommer fliegt er nach Österreich, um einen guten Wein zu trinken.

B. *BENUTZEN SIE "DASS", "WENN" ODER "OB" MIT DEN FOLGENDEN SÄTZEN:*

1. Ich höre, daß Herr Schmitt in die Berge fahren wird.

2. Wolfgang bemerkt, daß Ulrike ihren Pullover auszieht.

3. Wir gehen nicht spazieren, wenn der Wetterbericht Regen für das Wochenende voraussagt.

4. Wir bleiben zu Hause, wenn es kalt wird.

5. Ich weiß nicht, ob Paul mitkommen wird.

6. Wir wissen nicht, ob <u>es ein Konzert im Radio geben wird</u>.

LEKTION 11

1. BITTE BEANTWORTEN SIE DIE FOLGENDEN FRAGEN (DEM GESPRÄCH ENTSPRECHEND)!

1. Ulrike spricht mit Wolfgang.

2. Ja, Wolfgang hat mit Monika gesprochen.

3. Er hat gestern abend mit ihr telephoniert.

4. Ja, Monikas Freund kommt mit.

5. Die Freunde fahren zu viert ins Grüne.

6. Monika und ihr Freund werden den Nachtisch zum Picknick mitbringen.

7. Ulrike bereitet ein gemischten Salat für das Picknick zu.

8. Wolfgang versteht nichts vom Kochen.

9. Er hat zwei Brathähnchen gekauft.

10. Ulrike tut die Brathähnchen in den Korb.

11. Nein, sie haben noch nicht alles.

12. Sie brauchen noch Wein und Brot.

13. Wolfgang will den Wein im Supermarkt kaufen.

14. Ja, er kann auch das Brot im Supermarkt kaufen.

15. Nein, der Supermarkt ist nicht weit von Ulrikes Wohnung.

16. Ja, Wolfgang weiß Bescheid.

17. Er muß schnell hingehen, weil Monika und ihr Freund kommen.

18. Er geht gleich.

19. Sobald Monika und ihr Freund eintreffen, müssen sie losfahren.

20. Ja, ich möchte ein Picknick machen. / Nein, ich möchte kein Picknick machen.

2. ERGÄNZEN SIE DIESE SÄTZE!

1. Paul <u>ist</u> gestern im Regen <u>spazierengegangen</u>.

2. Herr Schmidt <u>ist</u> gestern abend müde nach Hause <u>gekommen</u>.

3. Gestern <u>haben</u> Ulrike und Wolfgang ein Picknick <u>gemacht</u>.

4. Wolfgang <u>hat</u> gestern abend mit Monika <u>telephoniert</u>.

5. Unsere Freunde <u>sind</u> soeben <u>eingetroffen</u>.

6. Ulrike <u>hat</u> einen gemischten Salat <u>zubereitet</u>.

7. Gestern <u>ist</u> Paul bei seinen Kommilitonen <u>gewesen</u>.

8. Wie lange <u>haben</u> Sie auf den Bus <u>gewartet</u>?

9. <u>Hast</u> du gestern abend das Buch <u>gelesen</u>?

10. <u>Haben</u> Sie den Brief <u>abgesandt</u>?

3. BITTE SETZEN SIE DIE GLEICHEN SÄTZE IN DIE ZUKUNFTSFORM!

1. Paul wird morgen im Regen spazierengehen.

2. Herr Schmidt wird morgen abend müde nach Hause kommen.

3. Morgen werden Ulrike und Wolfgang ein Picknick machen.

4. Wolfgang wird morgen mit Monika telephonieren.

5. Unsere Freunde werden sogleich eintreffen.

6. Ulrike wird einen gemischten Salat zubereiten.

7. Morgen wird Paul bei seinen Kommilitonen sein.

8. Wie lange werden Sie auf den Bus warten?

9. Wirst du das Buch morgen lesen?

10.   Werden Sie den Brief absenden?

LEKTION 12

1. WÄHLEN SIE DEN PASSENDEN ARTIKEL: DER, DIE, DAS ODER DIE (PLURAL)!

1.	<u>das</u>	Brot	4.	<u>der</u>	Film
2.	<u>die</u>	Marmelade	5.	<u>die</u>	Kinos
3.	<u>der</u>	Tee	6.	<u>der</u>	Trödelmarkt

7. <u>die</u> Städte	37. <u>der</u> Regenschirm
8. <u>der</u> Mann	38. <u>das</u> Wetter
9. <u>die</u> Reservierung	39. <u>der</u> Supermarkt
10. <u>der</u> Stock	40. <u>die</u> Zeitschriften
11. <u>der</u> Aufzug	41. <u>die</u> Ferien
12. <u>die</u> Beamtin	42. <u>der</u> Herbst
13. <u>das</u> Telephon	43. <u>das</u> Brathähnchen
14. <u>die</u> Sekretärinnen	44. <u>der</u> Käse
15. <u>der</u> Chef	45. <u>der</u> Nachtisch
16. <u>das</u> Zimmer	46. <u>die</u> Uhr
17. <u>das</u> Postamt	47. <u>der</u> Salat
18. <u>die</u> Postkarte	48. <u>der</u> Wein
19. <u>die</u> Vereinigten Staaten	49. <u>die</u> Berge
20. <u>das</u> Paket	50. <u>die</u> Zeit
21. <u>das</u> Flugzeug	51. <u>das</u> Haus
22. <u>die</u> Luftpost	52. <u>das</u> Hotel
23. <u>die</u> Briefmarken	53. <u>das</u> Formular
24. <u>der</u> Empfänger	54. <u>die</u> Waage
25. <u>die</u> Wolke	55. <u>die</u> Woche
26. <u>der</u> Sommer	56. <u>die</u> Landschaft
27. <u>der</u> Inhalt	57. <u>der</u> Regen
28. <u>der</u> Absender	58. <u>das</u> Pferd
29. <u>das</u> Jahr	59. <u>das</u> Büro
30. <u>der</u> Wagen	60. <u>die</u> Freundinnen
31. <u>der</u> Regenmantel	61. <u>die</u> Nacht
32. <u>die</u> Sonne	62. <u>das</u> Kleingeld
33. <u>das</u> Wochenende	63. <u>die</u> Abonnementskarte
34. <u>das</u> Auge	64. <u>das</u> Frühstück
35. <u>der</u> Augenblick	65. <u>der</u> Korb
36. <u>der</u> Bus	66. <u>die</u> Meinungen

67. <u>der</u> Stuhl

68. <u>die</u> Straße

69. <u>die</u> Mühe

70. <u>das</u> Mittagessen

2. SETZEN SIE DIE VERBEN IN DIE GEGENWART!

1. Der Kellner <u>serviert</u> das Frühstück.

2. Bei kaltem Wetter <u>ziehe</u> ich warme Kleidung <u>an</u>.

3 Die Sonne <u>scheint</u> am Himmel.

4. Was <u>machst</u> du da?

5. Ich <u>tue</u> nichts.

6. <u>Erkennen</u> Sie Monika?

7. Ulrike <u>bereitet</u> einen gemischten Salat <u>zu</u>.

8. Paul <u>gibt</u> der Beamtin das Paket.

9. Bei Regenwetter <u>bleibt</u> Herr Schmidt zu Hause.

10. Ich <u>höre</u> sie.

11. <u>Kommen</u> Sie ins Kino <u>mit</u>?/<u>Kommen</u> Sie <u>mit</u> ins Kino?

12. Morgen <u>gehen</u> wir <u>spazieren</u>.

13. Das Flugzeug <u>fliegt</u> nach München.

14. Paul <u>sendet</u> zwei Briefe <u>ab</u>.

15. Wolfgang <u>wartet</u> auf den Bus.

16. <u>Ziehen</u> Sie blau oder grün <u>vor</u>?

17. <u>Darf</u> ich nach auswärts telephonieren?

18. Was <u>müssen</u> wir zahlen?

19. Du <u>sollst</u> nicht hingehen.

3. SETZEN SIE DIE SÄTZE IN B IN DIE ZUKUNFT (NUR 1 BIS 16):

1. Der Kellner <u>wird</u> das Frühstück <u>servieren</u>.

2. Bei kaltem Wetter <u>werde</u> ich warme Kleidung <u>anziehen</u>.

3. Die Sonne <u>wird</u> <u>scheinen</u>.

4. Was <u>wirst</u> du da <u>machen</u>?

5. Ich <u>werde</u> nichts <u>tun</u>.

6. <u>Werden</u> Sie Monika <u>erkennen</u>?

7. Ulrike <u>wird</u> einen gemischten Salat <u>zubereiten</u>.

8. Paul <u>wird</u> der Beamtin das Paket <u>geben</u>.

9. Bei Regenwetter <u>wird</u> Herr Schmidt zu Hause <u>bleiben</u>.

10. Ich <u>werde</u> sie <u>hören</u>.

11. <u>Werden</u> Sie ins Kino <u>mitkommen</u>?

12. Morgen <u>werden</u> wir <u>spazierengehen</u>.

13. Das Flugzeug <u>wird</u> nach München <u>fliegen</u>.

14. Paul <u>wird</u> zwei Briefe <u>absenden</u>.

15. Wolfgang <u>wird</u> auf den Bus <u>warten</u>.

16. <u>Werden</u> Sie blau oder grün <u>vorziehen</u>?

4. WÄHLEN SIE DAS PASSENDE WORT!

1. Ich rufe <u>es</u>.

2. Wie fangen <u>damit</u> an.

3. Sie wartet <u>darauf</u>.

4. Sie sind <u>darin</u>.

5. Haben Sie mit <u>ihr</u> gesprochen?

6. Morgen werden wir <u>sie</u> besuchen.

7. Er hat <u>ihn</u> noch nicht gekauft.

8. Heute habe ich <u>ihm</u> guten Tag gesagt.

9. Ist gestern ein Brief für <u>ihn</u> gekommen?

10. Ich gebe <u>ihnen</u> die Schlüssel.

5. SETZEN SIE DIE SÄTZE IN B IN DIE VERGANGENHEIT! (NUR 1 BIS 16)

1. Der Kellner <u>hat</u> das Frühstück <u>serviert</u>.

2. Bei kaltem Wetter <u>habe</u> ich warme Kleidung <u>angezogen</u>.

3. Die Sonne <u>hat</u> <u>geschienen</u>.

4. Was <u>hast</u> du da <u>gemacht</u>?

5. Ich <u>habe</u> nichts <u>getan</u>.

6. <u>Haben</u> Sie Monika <u>erkannt</u>?

7. Ulrike hat einen gemischten Salat zubereitet.

8. Paul hat der Beamtin das Paket gegeben.

9. Bei Regenwetter ist Herr Schmidt zu Hause geblieben.

10. Ich habe sie gehört.

11. Sind Sie ins Kino mitgekommen?

12. Gestern sind wir spazierengegangen.

13. Das Flugzeug ist nach München geflogen.

14. Paul hat zwei Briefe abgesandt.

15. Wolfgang hat auf den Bus gewartet.

16. Haben Sie blau oder grün vorgezogen?

6. ANTWORTEN SIE IN DER ZUKUNFT!

1. Nein, ich werde morgen mit der Empfangschefin sprechen.

2. Nein, der Kellner wird das Frühstück morgen servieren.

3. Nein, der junge Mann wird die Briefe morgen absenden.

4. Nein, wir werden morgen gutes Wetter haben.

5. Nein, Herr Schmidt wird morgen nach Hannover fahren.

LEKTION 13

A. BEANTWORTEN SIE DIE FOLGENDEN FRAGEN (DEM GESPRÄCH ENTSPRECHEND)!

1. Der Tourist will zum Schloß Charlottenburg gehen.

2. Er hat mit dem Gemüsehändler gesprochen.

3. Der Tourist ist zu Fuß.

4. Er muß nach links und dann etwa zweihundert Meter bis zum Sophie-Charlotte-Platz gehen und dann rechts in die Schloßstraße hinein.

5. Ja, das Schloß ist von der Schloßstraße zu sehen.

6. Nein, der Tourist hat die Erklärung des Gemüsehändlers nicht ganz verstanden.

7. Ja, er versteht die zweite Erklärung.

8. Er wird ungefähr fünfundzwanzig Minuten brauchen.

9. Nein, es lohnt sich nicht, mit dem Bus dorthin zu fahren.

10. Ja, man kann das Schloß heute besichtigen.

11. Er sollte das Ägyptische Museum nicht vergessen.

12. Er kann die Büste der Nofretete sehen.

13. Ja, das Ägyptische Museum ist nah beim Schloß.

14. Ja, er wird auf jeden Fall den Rat des Gemüsehändlers befolgen.

15. Ja, ich bin schon in Berlin gewesen. / Nein, ich bin noch nicht in Berlin gewesen.

B. BITTE ERGÄNZEN SIE DIE FOLGENDEN SÄTZE MIT DER VERGANGENHEITSFORM DER VERBEN!

1. Monika hat ihren Freund ins Kino begleitet.

2. Ich habe einen Salat für vier Personen zubereitet.

3. Der Tourist hat den Gemüsehändler nach dem Weg gefragt.

4. Wir sind mit dem Taxi zum Bahnhof gefahren.

5. Wir sind um 7 Uhr morgens angekommen.

6. Wir haben nach zwanzig Minuten das Museum erreicht.

7. Wo werden Sie sein?

8. Paul hat den Namen des Absenders geschrieben.

9. Ich habe es Ihnen schon gesagt.

10. Ich habe das Buch noch nicht gelesen.

11. Das Wetter ist schön geworden.

12. Wir haben uns gut verstanden.

13. Haben Sie sich satt gegessen?

14. Der Tourist hat den Rat des Gemüsehändlers befolgt.

15. Das Museum hat den ganzen Tag aufgehabt.

C. JETZT SETZEN SIE DIE VERBEN IN DIESEN SÄTZEN IN DIE ZUKUNFTSFORM!

1. Monika <u>wird</u> ihren Freund ins Kino <u>begleiten</u>.

2. Ich <u>werde</u> einen Salat für vier Personen <u>zubereiten</u>.

3. Der Tourist <u>wird</u> den Gemüsehändler nach dem Weg <u>fragen</u>.

4. Wir <u>werden</u> mit dem Taxi zum Bahnhof <u>fahren</u>.

5. Wir <u>werden</u> um 7 Uhr morgens <u>ankommen</u>.

6. Wir <u>werden</u> in zwanzig Minuten das Museum <u>erreichen</u>.

7. Wo <u>werden</u> Sie <u>sein</u>?

8. Paul <u>wird</u> den Namen des Absenders <u>schreiben</u>.

9. Ich <u>werde</u> es Ihnen schon <u>sagen</u>.

10. Ich <u>werde</u> das Buch noch nicht <u>lesen</u>.

11. Das Wetter <u>wird</u> schön <u>werden</u>.

12. Wir <u>werden</u> uns gut <u>verstehen</u>.

13. <u>Werden</u> Sie sich satt <u>essen</u>?

14. Der Tourist <u>wird</u> den Rat des Gemüsehändlers <u>befolgen</u>.

15. Das Museum <u>wird</u> den ganzen Tag <u>aufhaben</u>.

LEKTION 14

BITTE BEANTWORTEN SIE DIE FOLGENDEN FRAGEN (ENTSPRECHEND DEM GESPRÄCH AM ANFANG DER LEKTION)!

1. Herr und Frau Schmidt haben Wolfgang und Ulrike eingeladen.

2. Der Kaffee wird von Frau Schmidt serviert.

3. Ja, Ulrike möchte noch Kaffee.

4. Ulrike trinkt ihren Kaffee ohne Zucker.

5. Herr Schmidt trinkt nie Kaffee.

6. Ja, er hat Angst vor dem Koffein.

7. Er trinkt lieber Tee.

8. Ja, Herr Schmidt hat noch Verwandschaft in Österreich.

9. Herrn Schmidts Onkel wohnt in Vorarlberg.

10. Der Onkel ist sechzig Jahre alt.

11. Herrn Schmidts Schwester ist verheiratet.

12. Sie hat drei Kinder.

13. Ihr Sohn ist zwölf Jahre alt, die eine Tochter ist acht, und die andere ist fünf Jahre alt.

14. Der Bruder wohnt in Wien.

15. Nein, Ulrike wohnt nicht mit Wolfgang zusammen.

16. In dem Haus in Frohnau wohnen Ulrikes Eltern, sowie ihr Großvater und ihre Großmutter. Ulrikes Eltern und Großeltern wohnen in dem Haus in Frohnau.

17. Sie fährt jeden Tag mit der S-Bahn.

18. Nein, sie sucht eine Einzimmerwohnung näher am Zentrum.

19. Nein, es muß nicht unbedingt eine Neubauwohnung sein. Eine Altbauwohnung geht auch.

20. Sie liest sonntags die Kleinanzeigen.

21. Nein, sie hat noch nichts gefunden.

22. Nein, sie hat es nicht eilig.

23. Die Wohnung muß näher am Zentrum sein.

24. Ja, Wohnungen in Berlin sind seit der Wiedervereinigung teurer geworden.

25. Ulrikes Vetter und ihre Kusine wohnen im Norden von Berlin.

26. Nein, Wolfgang wohnt nicht bei seinen Eltern.

27. Er wohnt in einer Einzimmerwohnung in Berlin-Schöneberg.

28. Seine Eltern wohnen in Bremen.

29. Nein, er fährt mit dem Intercity-Zug hin.

30. Nein, die S-Bahn fährt bei weitem nicht so schnell wie der Intercity-Zug.

BITTE BEANTWORTEN SIE DIESE FRAGEN, DIE SICH AUF DAS
GESPRÄCH AM ANFANG DER LEKTION BEZIEHEN:

1. Die zwei Reisenden sind in einem Bahnhof.

2. Der Reisende sucht seinen Koffer.

3. Nein, die Reisende hat den Koffer nicht gesehen.

4. Nein, er hat nicht seinen Regenschirm verloren, sondern seinen Koffer.

5. Ja, er hat seinen Koffer verloren.

6. Der Koffer vor der Treppe war nicht sein Koffer.

7. Sein Koffer ist nicht so groß wie dieser. / Sein Koffer ist kleiner.

8. Sein Koffer ist blau.

9. In seinem Koffer hatte er seine ganzen Kleider mitsamt seinen persönlichen Sachen.

10. Nein, er hatte seinen Koffer keinem Freund gegeben. Er hat seinen Koffer verloren.

11. Er fuhr mit dem Bus zum Bahnhof.

12. Ja, er hatte seinen Koffer in der Hand, als er das Haus verließ.

13. Ja, sein Koffer war noch vorhanden, als er im Bahnhof ankam. Er hatte seinen Koffer noch in der Hand, als er ankam.

14. Er hat in der Wechselstube Schlange gestanden.

15. Er hat seinen Koffer neben sich auf den Boden gestellt.

16. Ja, er wollte wahrscheinlich Geld wechseln.

17. Er war am Bahnsteig, als er sich an seinen Koffer erinnerte.

18. Das Fundbüro befindet sich am anderen Ende des Bahnhofs.

19. Ja, sein Koffer hat Räder.

20. Er hat seinen Koffer auf dem Gepäckkarren des Gepäcktragers gefunden.

21. Ja, der Gepäckträger hat viel Gepäck auf dem Karren.

22. Der Gepäckträger hat den Koffer bei der Wechselstube gesehen.

23. Ja, der Gepäckträger hat sich geirrt.

24. Ja, der Name des Reisenden steht auf dem Koffer.

25. Ja, die Reisende ist nett.

LEKTION 16

1 BITTE ERGÄNZEN SIE DIESE SÄTZE MIT DEM PASSENDEN WORT:

1. Dieser <u>Mann</u> ist ein Gemüsehändler.

2. Können Sie <u>mir</u> bitte diesen Satz erklären?

3. Ich <u>habe</u> nicht ganz verstanden.

4. Das Schloß <u>ist</u> heute geöffnet.

5. Ich werde auf <u>jeden</u> Fall Ihren Rat befolgen.

6. Wohin <u>führt</u> diese Straße?

7. Das Theater ist nur <u>abends</u> geöffnet.

8. Ich habe heute <u>nichts</u> Besonderes getan.

9. Wir sind gekommen, <u>damit</u> wir alle ins Restaurant gehen können.

10. Monika <u>wird</u> von ihrem Freund begleitet.

11. Das Museum ist nicht <u>weit</u>.

12. Ist der Wein <u>rot</u> oder weiß?

13. Darf ich Ihnen noch einen Kaffee <u>anbieten</u>?

14. Wollen Sie <u>zusammen</u> oder getrennt zahlen?

15. Der Tourist hat einige <u>Bücher</u> über Berlin gelesen.

16. Wolfgang ist nicht mit Ulrike <u>verheiratet</u>.

17. Ich trinke <u>kein</u> Bier.

18. Ulrike trinkt ihren Kaffee <u>ohne</u> Zucker.

19. Mein Onkel ist sechzig Jahre <u>alt</u>.

20. Der Bruder von Herrn Schmidt <u>wohnt</u> in Wien.

21. Ulrike wohnt im <u>Norden</u> von Berlin.

22. Ich werde <u>mit</u> dem Taxi zum Flughafen fahren.

23. Ich lese die <u>Zeitung</u> jeden Tag.

24. Ulrike wohnt <u>bei</u> ihren Eltern.

25. Wolfgang und Ulrike werden ein Picknick <u>machen</u>.

26. Wolfgang <u>fährt</u> mit dem Intercity-Zug.

27. Haben Sie <u>zufällig</u> einen kleinen Koffer gesehen?

28. Er <u>konnte</u> nicht schwimmen.

29. Wir <u>sind</u> in Berlin gewesen.

30. Wo <u>befindet</u> sich das Fundbüro?

31. Der Reisende mußte <u>Schlange</u> stehen.

32. Die Gepäckstücke <u>gehören</u> der Reisegruppe.

33. Der Gepäckträger <u>nahm</u> sie alle mit.

34. Wollten Sie <u>mich</u> sprechen?

35. Ich hatte den Koffer in <u>der</u> Hand.

36. Wir <u>brauchen</u> bei schlechtem Wetter nicht spazierenzugehen.

37. <u>Entschuldigen</u> Sie! Ich habe mich geirrt.

38. In dem Zug <u>erinnerte</u> ich mich an meinen Koffer.

39. <u>Wo</u> haben sie diesen Koffer gefunden?

40. Diese Schüssel gehören <u>mir</u> nicht.

41. Er wurde <u>nach</u> seinem Vater genannt.

42. Ulrike ist älter <u>als</u> Paul.

43. Das Schloß ist heute <u>geöffnet</u>.

44. Der Besuch <u>lohnt</u> sich.

45. Frau Schmidt <u>serviert</u> Kaffee.

46. Ich trinke <u>lieber</u> Tee.

47. Meine <u>Kusinen</u> sind die Töchter meiner Onkels.

48. Ich telephoniere oft mit ihnen.

49. Was haben Sie <u>zu</u> Mittag gegessen?

50. Das Gehen <u>fällt</u> meinem Großvater schwer.

51. Ich <u>habe</u> Hunger.

52. Sie hat nicht Bier getrunken, <u>sondern</u> Wein.

53. Der Schreibtisch, an dem er sitzt, ist <u>aus</u> Holz.

54. Das Buch, <u>das</u> auf dem Tisch liegt, gehört mir.

55. Mein Freund und <u>dessen</u> Frau wohnen nebenan.

56. Ich werde so früh <u>wie</u> möglich kommen.

57. <u>Solange</u> es regnet, können wir kein Tennis spielen.

58. Wohin <u>führt</u> diese Straße, bitte?

59. Ich <u>möchte</u> eine Flasche Wein, bitte.

60. Ulrike geht <u>zu</u> Fuß.

2. ERGÄNZEN SIE DIESE SÄTZE MIT DEM PRÄTERITUM:

1. Gestern <u>hatten</u> wir viel Arbeit.

2. Wolfgang <u>fuhr</u> in die Stadt.

3. Gestern <u>gingen</u> wir ins Kino.

4. Was <u>sagten</u> Sie?

5. Paul <u>brachte</u> seinen Regenschirm <u>mit</u>.

6. Ulrike <u>bereitete</u> einen gemischten Salat <u>zu</u>.

7. Clara <u>sprach</u> mit Heidi am Telephon.

8. Der Büroangestellte <u>sandte</u> die Briefe <u>ab</u>.

9. Paul <u>stellte</u> sein Paket auf dem Tisch.

10. Der Reisende <u>verlor</u> seinen Koffer.

11. Die Reisende <u>war</u> sehr nett.

12. Er <u>bekam</u> seinen Koffer <u>zurück</u>.

13. Frau Schmidt <u>bot</u> Ulrike einen Kaffee <u>an</u>.

14. Ich <u>las</u> ein Buch über Kanada.

15. Ich <u>wartete</u> auf den Bus.

16. Ich <u>wußte</u> nichts von der Sache.

17. Ulrike <u>tat</u> die Brathähnchen in den Korb.

18. Wir <u>aßen</u> ein gutes Essen.

19. Wir <u>setzten</u> uns zu Tisch.

20. Er <u>genoß</u> sein Bier.

21. Sie (plural) <u>verließen</u> das Zimmer.

22. Der Chef <u>rief</u> seine Sekretärin.

23. Die Reise <u>entsprach</u> meinen Erwartungen.

24. Er <u>fand</u> seinen Koffer auf dem Karren.

25. Ulrike <u>flog</u> mit der Lufthansa nach München.

26. Sie <u>schrieb</u> mir einen schönen Brief.

27. Herr Schmidt <u>trug</u> sich ins Register <u>ein</u>.

28. Vor einigen Jahren <u>besuchten</u> wir London.

29. Die Reisende <u>erinnerte</u> ihn an seinen Koffer.

30. Es <u>fing an</u> zu regnen.

31. Sie <u>begann</u> zu singen.

32. Das Museum <u>schloß</u> um 17 Uhr.

33. Sie <u>gab</u> ihm eine Flasche Wein.

34. Wir <u>sahen</u> keine Wolke am Himmel.

35. Ich <u>lernte</u> viel Deutsch.

3. WÄHLEN SIE DAS PASSENDE WORT!

1. Kennen Sie den Herrn, <u>der</u> das Zimmer soeben verlassen hat?

2. Kennen Sie den Mann, <u>dem</u> dieses Buch gehört?

3. <u>Das</u> ist leichter gesagt als getan.

4. Ich stellte fest, <u>daß</u> ich meinen Koffer nicht mehr hatte.

5. Wie heißt der junge Mann, <u>den</u> wir heute gesehen haben?

6. Haben Sie sich mit der Frau getroffen, <u>die</u> das Auto kaufen möchte?

7. Der Kellner brachte den Kaffee, <u>den</u> wir bestellt hatten.

8. Hast du die Schlüssel gesehen, <u>die</u> auf dem Tisch waren?

9. Ich habe gehört, <u>daß</u> in München viel gebaut wird.

10. Der Reisende, <u>der</u> seinen Koffer verloren hat, heißt Werner.

11. Sie ist die Sekretärin, <u>die</u> immer so nett ist.

12. Die Reisenden nahmen den ersten Autobus, <u>den</u> sie sahen.

13. Das Kino, in <u>dem</u> wir gestern den Film sahen, ist heute geschlossen.

14. Der Mantel, <u>den</u> ich gestern gekauft habe, ist verlorengegangen.

15. Die Übungen, <u>die</u> wir heute gemacht haben, sind nützlich.

4. GEBEN SIE AUF DIE FOLGENDEN FRAGEN EINE NEGATIVE ANTWORT!

1. Nein, ich mußte am Bahnhof nicht lange warten.

2. Nein, ich konnte gestern die Berge nicht sehen.

3. Nein, ich werde heute nicht die Zeitung lesen.

4. Nein, ich wollte heute nicht ins Kino mitkommen.

5. Nein, ich habe heute nicht mit meiner Mutter telephoniert.

5. GEBEN SIE AUF DIESE FRAGEN EINE POSITIVE ANTWORT!

1. Doch, Ulrike hat ihren Kaffee getrunken.

2. Doch, ich komme heute ins Büro.

3. Doch, sie wurde von ihrem Freund begleitet.

4. Doch, der Reisende hat seinen Koffer zurückbekommen.

5. Doch, ich kann diese Fragen beantworten.

6. ANTWORTEN SIE MIT VOLLSTÄNDIGEN SÄTZEN!

1. Ja, das Flugzeug ist schneller als der Zug.

2. Ja, der Winter in Deutschland ist kälter als der Herbst.

3. Nein, die S-Bahn fährt nicht so schnell wie der Intercity-Zug.

4. Bei schönen Wetter ist der Himmel blau.

5. Ja, ich nehme einen Koffer mit, wenn ich eine Reise mache.
   Nein, ich nehme keinen Koffer mit, wenn ich eine Reise mache.

6. Ja, der Lehrer hilft mir beim Lernen.
   Nein, der Lehrer hilft mir nicht beim Lernen.

7. Nein, ich habe keinen kleinen blauen Koffer gesehen.
   Ja, ich habe einen kleinen blauen Koffer gesehen.

8. Ja, ich will bei Regenwetter meinen Regenmantel anziehen.

Nein, ich will bei Regenwetter meinen Regenmantel nicht anziehen.

9. Ja, es gibt einen Trödelmarkt in meiner Stadt.
   Nein, es gibt keinen Trödelmarkt in meiner Stadt.

10. Ja, ich will Deutschland besuchen.
    Nein, ich will Deutschland nicht besuchen.

LEKTION 17

BITTE BEANTWORTEN SIE DIESE FRAGEN, DIE SICH AUF DAS GESPRÄCH AM ANFANG DER LEKTION BEZIEHEN:

1. Pauls Kusine heißt Silke.

2. Sie wohnt in einer Kleinstadt außerhalb Berlins.

3. Sie und Paul sind im gleichen Alter.

4. Sie wird um sechs Uhr wach.

5. Manche Berliner müssen früh ins Bett, weil sie früh aufstehen müssen.

6. Silke wäscht sich, sie zieht sich an, und sie frühstückt gemeinsam mit ihren Eltern, alles vor Sonnenaufgang.

7. Sie geht um halb zehn ins Bett.

8. Ja, sie schläft sofort ein.

9. Paul geht normalerweise um elf Uhr schlafen.

10. Das Leben in der Kleinstadt ist ruhig.

11. Die Disko wird am Wochenende veranstaltet.

12. Nein, es gibt kein Kino in der Kleinstadt.

13. Es gibt eine Buchhandlung im nächsten Dorf.

14. Ja, man kann dort gute Taschenbücher kaufen.

15. Man kann Bücher von der öffentlichen Bücherei leihen.

16. Ja, sonntags ist Gottesdienst.

17. Ja, der Pastor ist ein guter Prediger.

18. Ja, er hat sich stark für die neue Demokratie eingesetzt.

19. Paul hat den "Tagesspiegel" gekauft.

20. Im "Tagespiegel" stehen Einzelheiten über das Kinoprogramm und die anderen Veranstaltungen, Oper, Theater, usw.

21. Nein, ich will nicht in eine Studentenkneipe.
Ja, ich will in eine Studentenkneipe.

22. Silke schlägt vor, erst mal spazierenzugehen; dann können sie sich entscheiden.
Silke schlägt vor, erst mal spazieren zugehen; dann können sie sich entscheiden.

LEKTION 18

BITTE BEANTWORTEN SIE DIESE FRAGEN, DIE SICH AUF DAS GESPRÄCH AM ANFANG DER LEKTION BEZIEHEN:

1. Der Kunde befand sich in der Schuhabteilung eines großen Warenhauses.

2. Nein, der Kunde wurde noch nicht bedient.

3. Der Kunde wünschte ein Paar Schuhe anzuprobieren.

4. Der Kunde wollte braune Schuhe haben.

5. Die Schuhe sind unten im Regal auf der rechten Seite.

6. Der Kunde hatte Größe dreiundvierzig.

7. Das ist richtig, die Schuhgröße dreiundvierzig in Europa entspricht der Schuhgröße neun in den Vereinigten Staaten.

8. Nein, der Verkäufer kehrte mit leeren Händen zurück.

9. Nein, das Warenhaus hatte diese Schuhe nicht auf Lager.

10. Der Kunde war gar nicht glücklich darüber.

11. Er suchte diese Art Schuhe schon seit einigen Wochen.

12. Ja, der Verkäufer konnte die Schuhe bestellen.

13. Das Warenhaus ist durchgehend bis sechs Uhr dreißig geöffnet.

14. Nein, die Belegschaft macht keine Mittagspause.

15. Ja, der Kunde würde morgen vorbeikommen.

16. Er würde nachmittags vorbeikommen.

17. Der Kunde hätte auch gern eine Krawatte gehabt.

ANSWERS TO EXERCISES

18. Die Herrenabteilung ist einen Stock tiefer, im Erdgeschoß.

19. Die Schreibwarenabteilung befindet sich auf der dritten Etage.

20. Der Kunde brauchte die Reiseandenken für seine Freunde im Ausland.

21. Das Warenhaus konnte Krawatten, Hemde, Anzüge, Sakkos, Hosen, Unterwäsche, Socken usw. anbieten.

22. Die Frau des Kunden würde sich freuen, weil das Warenhaus eine ausgezeichnete Auswahl an Damenkleidung, Damenwäsche usw. hat.

23. Er könnte Postkarten in der Schreibwarenabteilung kaufen.

24. Die Rolltreppen sind hinter dem Kunden.

25. Ja, der Verkäufer war sehr hilfreich.

LEKTION 19

BITTE BEANTWORTWORTEN SIE DIESE FRAGEN, DIE SICH AUF DAS GESPRÄCH AM ANFANG DER LEKTION BEZIEHEN:

1. Paul, Ulrike, Wolfgang, Herr und Frau Schmidt waren bei der Feier anwesend.

2. Ja, jeder hatte etwas zu essen.

3. Sie hatten Sekt vor dem Essen getrunken.

4. Wolfgang feierte seinen Geburtstag.

5. Sie wollten Paul beglückwünschen, weil er große Fortschritte in der deutschen Sprache gemacht hatte.

6. Ja, Paul ist ein ausgezeichneter Student gewesen.

7. Ja, Paul ist ein liebenswerter Freund der Schmidts geworden.

8. Paul meint, daß Herr Schmidt ein talentierter Lehrer sei.

9. Frau Schmidt sagte, daß Paul und Herr Schmidt sich gegenseitig Komplimente machten.

10. Herr und Frau Schmidt wollen nach Österreich fliegen.

11. Nein, der Hund und die Katze kämen nicht mit.

12. Ein befreundetes Ehepaar würde für die beiden Tiere sorgen.

13. Paul will vorerst in Berlin bleiben.

14. Später will er eventuell seine Kusine Silke besuchen.

15. Ulrike will die ersten paar Tage bei ihren Eltern in Frohnau verbringen.

16. Den Rest ihres Urlaubs wird Ulrike bei ihrer Tante in Oldenburg verbringen.

17. Wolfgang will mit dem Zug nach Bremen fahren.

18. Er wird die anderen zwei Wochen seines Urlaubs in Cuxhaven verbringen.

19. Ja, Cuxhaven ist an der Küste.

20. Der Onkel von Wolfgangs Freund besitzt eine Jacht.

21. Die Freunde werden nicht nur baden, sondern auch segeln können.

22. Nein, Ulrike war mit Wolfgangs Vorschlag nicht einverstanden.

23. Nein, sie hat kein eigenes Auto.

24. Herr Schmidt schlug vor, Ulrike sein Auto zur Verfügung zu stellen.

25. Nein, er würde sein Auto nicht nach Österreich mitnehmen.

26. Das Auto bleibt in Berlin, weil die Schmidts nach Österreich fliegen.

27. Nein, Ulrike hat Herrn Schmidts Angebot nicht angenommen.

28. Sie muß am zwölften August nach Berlin zurückkehren, damit sie sich ihrer neuen Wohnung widmen kann.

29. Sie hatte eine umgebaute Einzimmerwohnung mit Küche und Bad in einem Altbau gefunden.

30. Sie hat monatelang eine eigene Wohnung gesucht.

31. Nein, die Wohnung ist nicht weit von der Bank entfernt.

32. Ja, Wolfgang will von Ulrike eingeladen werden.

33. Wolfgang könnte Ulrike helfen, die Wohnung einzurichten.

34. Ja, das würde Wolfgang Spaß machen.

35. Paul hat Ulrike seine Hilfe angeboten.

36. Frau Schmidt hat den Sekt eingeschenkt.

37. Alle Anwesenden haben auf Wolfgangs Wohl getrunken.

38. Sie stießen mit den Gläsern an.

39. Wolfgang ist einundzwanzig Jahre alt.

40. Ich feiere meinen Geburtstag am (siebten Mai).

LEKTION 20

A. WÄHLEN SIE DAS PASSENDE WORT!

1. Wir haben etliche Tage am Strand verbracht.

2. Paul und Silke sind im gleichen Alter.

3. Du bist zu spät gekommen. Ich bin zu früh gekommen.

4. Ich wasche mich jeden Morgen.

5. Wir gehen mit ein paar Freunden ins Kino.

6. Das Auto fährt unwahrscheinlich schnell.

7. Wenn Sie Durst haben, trinken Sie ein Glas Bier.

8. Silke geht nie spät ins Bett.

9. Paul hat kein Geld in der Tasche.

10. Paul sagt, das Leben in einer Kleinstadt sei langweilig.

11. Meine Eltern wohnen in Frohnau.

12. Wenn ich müde bin, schlafe ich.

13. Herr Schmidt ist älter als Paul.

14. Wann fahren Sie nach Lübeck?

15. Welche Krawatte ziehen Sie vor?

16. Sie las die Zeitung und rauchte dabei.

17. Die Schuhe sind nicht auf Lager.

18. Der Kunde mußte bis zum nächsten Tag warten.

19. Um wieviel Uhr schließt der Laden?

20. Wenn ich Geld hätte, so kaufte ich mir ein Auto.

21. Nach dem Essen trinken wir einen Likör.

22. Die Herrenabteilung ist im Erdgeschoß.

23. Ich werde ein paar Tage bei meiner Tante verbringen.

24. Im Sommer geht jeder in Urlaub.

25. Wolfgang feierte seinen Geburtstag.

26. Ulrike wird ihre neue Wohnung <u>einrichten</u>.

27. Paul ist ein <u>liebenswerter</u> Freund geworden.

28. Man muß <u>vorsichtig</u> fahren.

29. Solange sie <u>beide</u> leben, werden sie glücklich sein.

30. Es kommt <u>darauf</u> an.

31. Er ist <u>eigens</u> nach Berlin gekommen, um seinen Onkel zu besuchen.

32. Seit einigen Monaten <u>suche</u> ich eine Wohnung.

33. Sie sagte, sie <u>habe</u> kein Auto.

34. Welche Schuhgröße <u>haben</u> Sie?

35. Sie sagt, sie werde <u>ihm</u> helfen müssen.

36. Er <u>läßt</u> mit sich reden.

37. Likör ist nicht <u>nach</u> meinem Geschmack.

38. Es war zu starker Nebel, als daß das <u>Flugzeug</u> hätte starten können.

39. Eisen ist <u>schwer</u>, eine Feder ist leicht.

40. Das ist das <u>Schönste</u>, was ich je gehört habe.

41. Ich hätte <u>vorsichtiger</u> sein müssen.

42. Der Mont Blanc ist der <u>höchste</u> Berg Europas.

43. Sie stecken <u>tief</u> in Schulden.

44. Er <u>bestellte</u> sich ein Glas Wein.

45. Ich kann mir keinen neuen Mantel <u>leisten</u>.

46. Ich fuhr <u>mit</u> dem Bus zum Bahnhof.

47. Ich möchte ein Paar Schuhe <u>anprobieren</u>.

48. Es tut mir <u>leid</u>. Wir haben keine Schuhe.

49. Der <u>Rasen</u> ist grün.

B. BITTE BENUTZEN SIE IN DEN FOLGENDEN SÄTZEN DIE KONJUNKTIVFORM DES VERBS!

1. Sie sagt, das Flugzeug aus Hamburg sei schon gelandet.

2. Sie sagt, der Kunde komme aus Saarbrücken.

3. Sie sagte, der Büroangestellte habe die Briefe abgesandt.

4. Sie sagte, den Kinden werde von dem Lehrer geholfen.

5. Sie sagte, Herr und Frau Schmidt hätten eine halbe Stunde warten müssen.

6. Sie sagt, Paul helfe Ulrike in ihrer neuen Wohnung.

7. Sie sagt, Ulrike bereite einen gemischten Salat zu.

8. Sie sagte, er fahre auf eigene Rechnung hin.

9. Sie sagt, Wolfgang könne leider nicht helfen.

10. Sie sagte, er habe die Flasche geöffnet.

C. BITTE STELLEN SIE DIE FRAGEN!

1. Um wieviel Uhr wird das Essen serviert?

2. Wie alt sind Sie?

3. Um wieviel Uhr schließt das Warenhaus?

4. Wieviel Uhr ist es?

5. Werden Sie (schon) bedient?

6. Seit wann sind Sie in Berlin?

7. Welche Farbe hat Ihr neuer Mantel?

8. Wie ist das Wetter heute?

D. SETZEN SIE DAS VERB IN DIE RICHTIGE FORM!

1. Morgen werden wir eine Stadtrundfahrt machen.

2. Ich hätte dieses Paket heute absenden sollen.

3. Er sagt, das Flugzeug sei verspätet.

4. Gestern hat Paul mit Silke telephoniert.

5. Gestern fing ich um acht Uhr zu arbeiten an.

6. Er ißt nicht Fleisch, sondern Fisch.

7. Nächste Woche wird er nach Travemünde fahren.

8. Der Gepäckträger sagt, er habe von der Sache nichts gewußt.

9. Damals pflegte ich eine Flasche Wein pro Tag zu trinken.

10. Wenn wir Urlaub hätten, so würden wir nach Spanien fahren.

11. Wenn ich schwimmen <u>könnte</u>, so würde ich ins Wasser gehen.

12. <u>Darf</u> ich Ihnen einen Kaffee anbieten?

13. Er sagt, der Kellner <u>wirke</u> sehr sympathisch.

14. Letztes Jahr <u>haben</u> wir sehr trockenes Wetter <u>gehabt</u>.

15. Bevor sie nach Berlin <u>kamen</u>, wohnten sie in München.

16. Er berichtet, das Schiff sei <u>gesunken</u>.

17. Der Koffer <u>gehört</u> mir.

18. Jetzt <u>will</u> der Chef seine Sekretärin sprechen.

19. Gestern <u>fuhr</u> ich mit der S-Bahn nach Frohnau.

20. Letzte Woche <u>wurde</u> sie von ihrem Freund begleitet.

21. Wir <u>haben</u> ihn diese Woche noch nicht <u>gesehen</u>.

22. Wir <u>werden</u> von unseren Freunden zum Essen <u>eingeladen</u>.

23. Gestern <u>hat</u> es sehr viel <u>geregnet</u>.

24. Ich wünsche, es <u>wäre</u> schon Freitag.

25. Es <u>tut</u> mir leid, die Ware ist nicht auf Lager.

26. Hier <u>wird</u> nur Deutsch <u>gesprochen</u>.

27. Man <u>weiß</u> nie, was passieren kann.

28. Ich <u>bekam</u> meine Schlüssel <u>zurück</u>.
    Ich <u>habe</u> meine Schlüssel <u>zurückbekommen</u>.

29. Am letzten Freitag <u>sind</u> sie pünktlich <u>angekommen</u>.

30. Bravo! Sie <u>haben</u> die allerletzte Übung <u>gemacht</u>.

der Abend: the evening
guten Abend: hello / good evening
abends: in the evening, p.m.
abfahren: to leave, to set out
abgesehen davon: quite apart from that
abhängen von (+ dative): to depend on, to rest with
der Ablauf: the expiration, the issue
das Abonnement: subscription
die Abonnementskarte: season ticket
abreisen: to depart
absenden: to send off
der Absender: the sender, consigner
abwarten: to wait for, await
abziehen: to take off, to withdraw
ach so!: Ah, O.K.! Oh, I see!
acht: eight
achten: to respect, to hold in high regard
achtzehn: eighteen
achtzig: eighty
addieren: to add
die Adresse: the address
ägyptisch: Egyptian
aha: I understand, I get it (colloquial)
die Ahnung: the hunch, presentiment
der Aktionär: the shareholder
alle: all
alles: everything
allmählich: gradually
als ob: as though (+ subjunctive)
Also, los!: so, let's go!
alt: old
der Altbau: the old building
die Altbauwohnung: the apartment in an old building
das Alter: the age
der Amerikaner / die Amerikanerin: the American man / woman
amerikanisch: American
die Ampel: the traffic lights
an: on, at (+ dative); onto (+ accusative)
anbieten: to offer, tender
ander-: other, different

andere: other, another (plural)

anders: otherwise, a change, different

der Anfang: the beginning

anfangen: to begin

anfhören: to cease, to come to a stop

angeben: to state, specify / to boast

das Angebot: the offer

angehen: to concern, regard

was mich angeht: as far as I am concerned

angehören: to belong to

die Angel: the fishing tackle, the fishing rod.

die Angelegenheit: the matter, affair

angenehm: pleasant

angesehen: reputable

der Angestellte: salaried employee, white collar worker

die Angst: the fear, anxiety

ankommen: to arrive

annehmen: to accept

es kommt darauf an: it all depends.

anrufen: to call, to ring up

anschauen: to look at

anschließend: subsequently, after that, adjacent to

ansehen: to look at, consider

die Antwort: the answer

antworten auf (+ accusative): to answer, reply

anwesend: present, there

anziehen: to put on, to attract

sich anziehen: to get dressed

der Anzug: the suit

der Apfel: the apple

die Apfelsine: the orange

die Aprikose: apricot

arbeiten: to work

der Arbeiter / die Arbeiterin: the worker

das Argument: the argument, the point

arm: poor

die Armbanduhr: wristwatch

die Art: the sort, the type

die Arznei: the medicine, the medication, the drug

das Arzneimittel: the medicine, the medication, the drug

der Arzt: the doctor

auch: also, too, even

auf: (+ accusative) on, onto, in, into, at; (+ dative) on, upon, in, at

der Aufenthalt: stay, sojourn.

guten Aufenthalt: enjoy your stay!
aufgeben: to abandon, to give up
aufhaben: to be open
aufhören: to cease, come to an end
aufstehen: to get up
der Aufzug: elevator, lift
das Auge: the eye
der Augenblick: the moment, instant
einen Augenblick!: wait a moment!
aus (+ dative): out of, from, of, through
ausblasen: to blow out
ausbrechen: to break out
auseinandergehen: to part company, to disperse
ausfüllen: to fill out, fill in
ausgeben: to spend (money)
ausgehen: to go out
ausgezeichnet: excellent
auslachen (+ accusative): to laugh at
das Ausland: foreign countries outside one's own country, abroad
ausprobieren: to sample, get a taste of
sich ausruhen: to have a rest
aussehen: to look, appear
außerdem: as well as that, besides, moreover
außerhalb (+ genitive): outside (of)
die Aussicht: the view, the prospect
die Aussprache: the pronunciation
die Auswahl: the selection, the choice
auswärts: out of doors, away from home
ausziehen: to take off, to remove
das Auto: the automobile, motor-vehicle
das Bad: the bath, the bathroom
baden: to bathe, to go swimming
der Bahnhof: the station (for railway)
der Bahnsteig: platform (in a railway station)
bald: soon, before long
die Bank: the bank
bar zahlen: to pay in cash
der Bau: the building, the construction
bauen: to build
der Baum: the tree
beantworten: to answer, to reply to
sich bedanken: to express one's thanks, to ask someone to accept
one's thanks
bedenken: to consider

bedienen: to serve
Werden Sie bedient?: Are you being attended to?
sich beeilen: to hurry up
beeilen: to hurry
der Befehl: the command, the order
sich befinden: to find oneself (in a place), to be located, to be
er befindet sich in Hannover: he is in Hanover
befinden: to consider, deem
sich befinden: to be, to be located
es befindet sich: there is
befolgen: to follow (something)
befreundet: friendly, on friendly terms
sich begeben (auf): to set out, start (on a journey)
sich begegen: to meet
beginnen: to begin, to start, to commence
beglückwünschen: to congratulate
behalten: to keep, to retain
behandeln: to treat
behilflich sein (+ dative): to be of assistance to
bei (+dative): near, by, at
bei weitem: by far
bei weitem nicht so schnell: by no means as fast
bei weitem schneller: faster by far
beide: both (for countable nouns)
beider, beide, beides: both, two
beides: both (for uncountable nouns)
das Beispiel: the example
beitragen: to contribute
der Bekannte: the (male) acquaintance, someone you know
die Bekannte: the (female) acquaintance, someone you know
bekommen: to get
die Belegschaft: the staff (of a company)
das Benzin: the petrol
bequem: comfortable
der Berg: the mountain
das Bergsteigen: mountain climbing
der Bericht: the report
Bescheid sagen: to let (someone) know
Bescheid wissen über (+ accusative): to know all about, to be
informed
der Bescheid: the answer, reply, information
beschreiben: to describe
besichtigen: to look round, to examine, to visit (a place)
besitzen: to own, to possess

besonders: especially
besser: better
bestellen: to order
was bestellen Sie?: what are you ordering?
bestimmen: to determine, to decide on
bestimmt: certainly, surely, definitely
Besuch haben: to have a visitor(s), to have company
der Besuch: the visit
besuchen: to visit
betonen: to emphasise
der Betrieb: the company, the firm
das Bett: the bed
bevor: before, prior to
bewohnen: to occupy, to inhabit
sich beziehen auf (+ accusative): to relate to
billig: cheap
bis demnächst: 'till the next time / see you soon
bis: until
bitten: to ask, to request
bitte kommen Sie her: please come here!
bitte schön: don't mention it, you're welcome
bitte sehr!: here you are!
bitte: please
das Blau: the colour blue
blau: blue (adjective)
bleiben: to stay, remain
der Blick: the glance
der Blödsinn: the silliness, the nonsense
die Blume: the flower
der Boden: the ground, the floor
die Börse: the stock market
das Brathähnchen: the roast chicken
brauchen: to need, require, have need of
bravo: bravo, well done
brechen: to break
breit: broad
der Brief: the letter
die Briefmarke: the postage stamp
die Brieftasche: wallet, bill-fold
die Bronze: the bronze
das Brot: the bread
das Brötchen: the bread roll
die Bruch: the break, the fracture
der Bruder: the brother**

der Brunnen: the well, the spring

das Buch: the book

die Bücherei: lending library

die Buchhandlung: the booksellers, bookstore

der Büroangestellte: the office worker, employee

das Bürogebäude: the office building

die Büste: the bust

das Café: the cafe

die Chance: the opportunity

der Chef: the boss

der Computer: the computer

da haben Sie viel Arbeit: you have a lot of work there

da: there

dabei: close to it; by it; on the point of, present, in the process of

der Dachs: the badger

dadurch: through it

dafür: for it, in favour of, in return for

dagegen: against it

die Dame: the lady

die Damenbekleidung: ladies' clothing

die Damenwäsche: ladies' underwear

damit: with it, so that

der Dampf: the steam

daneben: next to it, besides

danken: to thank

danke schön: thank you kindly

danke: thank you, no thank you (depending on the context)

dann: then, thereupon

daran: at it; on it

darauf ankommen: to matter, to make a difference

darauf kommt es an: that's just the point.

darauf: on it

darf ich Ihnen x vorstellen: may I introduce x to you / I want you to meet x.

darf ich Sie um Ihren Namen bitten?: may I ask your name please?

darf ich....?: may I .....?

darin: in it

darüber: about it, about this

das heißt: that is to say, that means, i.e.

das ist nett (von dir / von Ihnen): that is nice of you

das kann ja passieren: these things do happen, this sort of thing can happen

das kann nicht sein!: it can't be!

das sieht gut aus: that looks good

das: it, that
daß: that (conjunctive)
dauern: to continue, to last, take (time)
davon: from it, about it
davor: in front of it
dazu: to it; to that end; to that purpose
dein: your (familiar 'you')
demnächst: soon, shortly, in the near future
die Demokratie: the democracy
denken: to think
denn: then, else (adverb)
deren: whose (plural), of whom (feminine and plural)
derjenige, diejenige, dasjenige: that one
deshalb: therefore, for that reason
dessen: whose, of whom, of which (masculine and neuter)
deutlich: clear, distinct
das Deutsch: the German language
deutsch: German (adjective)
der Deutsche / die Deutsche: the German man / woman
dich: you (familiar)
das Dickicht: the thicket
diejenigen (plural): those (ones)
der Dienstag: Tuesday
dies: this
dieser / diese / dieses: this
diesmal: this time
das Ding: the thing, the object
doch: after all, however, still
doch: yes, I do (in reply to negative questions)
der Dom: the cathedral
der Donnerstag: Thursday
das Dorf: the village
dort: there
dort drüben: over there
dorthin: to there (away from the speaker)
drei: three
dreißig: thirty
dreizehn: thirteen
drin = darin: inside
zu dritt: three of them, three of us
du weißt Bescheid?: do you know about it ? / you do know where it is?
dumm: stupid
dunkel: dark

durch (+ accusative): through, thru
dürfen: to be allowed to, to be permittted to
der Durst: the thirst
eben: (adjective) even, level, plain; (adverb) exactly, precisely, quite
die Ebene: the plain
ebensogut: just as well
ebensoviel: just as much
ebensowenig: just as little
echt: genuine
die Ecke: the corner
egal: equal, the same
die Ehe: the marriage
die Eiche: the oak
eigen: own, of one's own
die Eigenschaft: the characteristic, the quality
eigentlich: really, actually
das Eigentum: the property
(sich) eilen: to make haste, hurry
es eilt nicht: there is no hurry
eilig: hurried, urgent
Eilt!: urgent, immediate
der Eilzug: the express train
der Eindruck: the impression
einfach: simple
einige: some, several, a few
das Einkaufen: the shopping
einkaufen: to purchase, to go shopping
einladen: to invite
einrichten: to furnish, to arrange
die Einrichtung: the arrangement, the furnishing
eins: one
einschenken: to fill (someone's) glass
einschlafen: to get to sleep, to fall asleep
sich einsetzen: to stand up for, to advocate
einsetzen: to insert
einstimmig: with one voice, unanimous
eintönig: monononous
sich eintragen: to enter one's name
eintreffen: to arrive, to turn up, to appear
einverstanden sein: to agree to
einverstanden!: agreed! alright!
der Einwohner: the inhabitant
die Einzelheit: the detail
einzeln: single, solitary

einziehen: to enter, to move in
die Einzimmerwohnung: the one-room apartment, studio
das Eisen: the iron
elf: eleven
die Eltern (plural): the parents
empfangen: to receive
der Empfänger: the recipient, addressee
die Empfangschefin: the lady on the hotel reception desk, reception
clerk
empfehlen: to recommend
Ende gut, alles gut: all's well that end's well
das Ende: the end
endlich: final, ultimate
eng: narrow
der Engländer / die Engländerin: the English man / woman
entfernt: remote, distant
entgegengesetzt: opposite
entleihen: to borrow
sich entscheiden: to decide, to make up one's mind
sich entschließen: to decide
entschuldigen: to excuse, pardon
entschuldigen Sie!: excuse me, I beg your pardon
Entschuldigung!: I beg your pardon
die Entschuldigung: the excuse, the apology
entsprechen: to correspond to, to meet, to fulfill (+ dative)
entsprechend: corresponding, suitable, appropriate
entstehen: to arise
entweder ... oder: either ... or
er: he
sich ereignen: to happen
die Erfahrung: the experience
erforschen: to explore, investigate
erinnern an (+ accusative): to remind
sich erinnern: to remember
erkennen: to recognise
erklären: to state, to explain
die Erklärung: the explanation
sich erkundigen nach (+ dative): to make enquiries (about)
erreichen: to reach, to come to
erst: first, at first
zum ersten Mal: for the first time
erstens: in the first place, primarily
erwarten: to expect
die Erwartung: expectation

es: it
das Essen: the meal, eating
essen: to eat
der Essig: the vinegar
der Eßlöffel: the tablespoon
die Etage: the floor (of a building)
das Etikett: the label, the ticket
etliche: some
etwa: about, approximately
etwas: something
etwas anderes: something else
eventuell: perhaps, possibly
fahren: to drive, to go in a vehicle
die Fahrkarte: the ticket
die Fahrt: the journey, the ride
der Fall: the case
auf jeden Fall: in any case, at all events, whatever happens
falls: in case, if
falsch: wrong, false
die Familie: the family
fangen: to catch
die Farbe: the colour
fehlen: to be missing, lacking
das Fax: the fax, the facsimile transmission
als / per Fax: by fax
die Feier: the celebration
das Fenster: the window
die Ferien (plural): the holidays
das Fernsehen: the television
fernsehen: to watch television
fertig: ready, finished
festhalten an (+ dative): to stick to, to cling to
feststellen: to notice, to ascertain
der Film: the movie
finden: to find
die Finsternis: the darkness
die Firma: the firm, commercial company
der Fisch: the fish
die Flasche: the bottle
der Fleisch: the meat
fliegen: to fly, to go by plane
der Flughafen: the airport
das Flugzeug: the aeroplane, plane
der Fluß: the river

folgend: following, subsequent
der Fonds: the fund
das Formular: the form
Sie müssen dieses Formular ausfüllen: you must fill out this form
der Fortschritt: the progress, the advance
die Fortsetzung: the continuation
die Frage: the question
die Frage beantworten: to answer the question
fragen: to ask
der Franzose / die Französin: the French man / woman
die Frau: the woman, the lady, the wife
Frau Schmidt: Miss Schmidt / Ms Schmidt or Mrs Schmidt
frei: free, vacant
der Freitag: Friday
die Freude: the joy
sich freuen: to be glad, to be pleased
ich freue mich: I am glad
freut mich sehr: pleased to meet you.
der Freund: close friend (male)
die Freundin: close friend (female)
der Frieden: the peace, the harmony
frisch: fresh
die Frist: the period
fruchtbar: fertile, fruitful
früh: early
zu früh: early (in arriving)
früher: previously, formerly
das Frühjahr: the spring (more formal context)
der Frühling: the spring
das Frühlingswetter: the spring weather
das Frühstück: the breakfast
frühstücken: to have breakfast
das Frühstückszimmer: the breakfast room
der Fuchs: the fox
sich füllen: to fill up
füllen: to fill (something)
das Fundbüro: the lost and found office, lost property office
fünf: five
fünfundzwanzig: twenty five
fünfzehn: fifteen
fünfzig: fifty
der Fuß: the foot
zu Fuß: on foot
die Gabel: the fork

ganz bestimmt: quite definitely
ganz und gar nicht: not at all
ganz: quite
die Gardine: the curtain
die Gasse: lane, narrow street
der Gast: the guest
geben: to give (something to someone), to hand over
es gibt (+ accusative)**:** there is / there are
das Gebäude: the building
das Gebirge: the mountain-range
gebraucht: used
der Geburtstag: the birthday
das Gedächtnis: the memory
das Gedicht: the poem
gehen: to go; to go on foot, to walk
ich gehe schnell mal hin: I'll just go there quickly
geht das?: is that all right?
geeignet: suitable
die Gefahr: the danger
gefallen: to please
es gefällt mir: I like it
gegen (+ accusative)**:** towards, against
die Gegend: the area, district
der Gegensatz: the contrast
gegenseitig: mutual
das Gegenteil: contrary, reverse, opposite
im Gegenteil: on the contrary, quite the reverse
gegenüber: opposite, over the way
das Gehen: the going, walking
gehören (+ dative)**:** to belong to
gelangen an (+ accusative)**, zu, nach** (+ dative)**:** to arrive at, to get to, to attain
gelb: yellow
gelingen (+ dative)**:** to be successful
gemischt: mixed
das Gemüse: the vegetable
der Gemüsehändler: the greengrocer
der Genitiv: the genitive
genießen: to enjoy, partake of
genug: enough
das Genus: the gender (of nouns)
geöffnet: open (from **öffnen:** to open)
das Gepäck: the luggage
der Gepäckkarren: the luggage trolley

das Gepäckstück: the item of luggage
der Gepäckträger: the porter
gerade: just, precisely (adverb); straight (adjective)
geradeaus: straight on
das Geräusch: the noise, the sound
gern haben: to like (something, somebody)
das Geschäft: the business
geschehen: to happen
die Geschichte: the story, the history
das Geschirr: the crockery, the dishes
geschlossen: closed (from schließen: to close)
das Gesetz: the law
das Gespräch: the conversation
gestehen: to confess
gestern: yesterday
gesund: healthy
getrennt: separately
das Gewicht: the weight
gewinnen: to gain, to obtain, to win
gewiß: certain
die Gewohnheit: the custom, the habit
das Glas: the glass
glauben: to believe, to think
ich glaube: I think, I guess
gleich: like, some, identical (adjective)
gleich: immediately, at once (adverb)
glücklich: happy
der Glückwunsch: the congratulation
das Gold: the gold
golden: golden
der Gottesdienst: the church service
das Gras: the grass
gratulieren: to congratulate
grau: grey
groß: big, large (adjective)
großartig!: great! tremendous!
die Größe: the size
die Großeltern: the grandparents
die Großmutter: the grandmother
der Großvater: the grandfather
großzügig: generous, liberal
grün: green (adjective)
das Grüne: the green, greenery
ins Grüne fahren: to drive out into the countryside

die Gruppe: the group
Grüß Gott: hello / good day (in Bavaria, Austria, Switzerland)
gültig: valid, rated
gut: good, well
es ist ja nochmal alles gut gegangen: everything turned out well after all
gute Reise!: have a good trip!
das Gymnasium: the high school
Haben Sie das klein?: Do you have the right money? / Do you have this in small change?
das Haben: the credit
haben: to have
der Haifisch: the shark
halb: half
Hallo!: hey!
halten: to keep, to retain, to hold
halten von (+ dative): to have an opinion of, to consider, to think about
was halten Sie davon?: what do you think? (of the idea)
die Hand: the hand
handeln: to act, to proceed
es handelt sich um ... (+ accusative): it is a matter of / we are talking about .....
die Handschrift: the handwriting
hart: hard
die Härte: the hardness
häßlich: ugly, nasty
die Hauptstraße: the main road
das Haus: the house
zu Hause: at home
die Haushaltswaren: the household goods
heiß: hot
heißen: to name, to be called
er heißt Paul: his name is Paul
was heißt x auf Deutsch?: what is x in German?
helfen (+ dative): to help
hell: light, bright
das Hemd: the shirt
her: a word indicating a direction or movement towards the speaker
der Herbst: the fall
hereinkommen: to come in (towards the speaker)
herkommen: to come (towards the speaker)
der Herr: the gentleman
die Herrenabteilung: the menswear department

die Herrenbekleidung: menswear, men's clothing
herrlich: splendid
die Herrschaften: ladies and gentlemen, lady and gentleman
herunternehmen: to take down
herzlich: hearty, cordial
herzlich danken: to thank wholeheartedly
heute abend: this evening
heute: today
hier: here
hier ist: here is
hier und da: here and there
hierher: here (towards the speaker)
die Hilfe: the help, the assistance
hilfreich: helpful
das Hilfsverb: the auxiliary verb
hin: a word indicating a direction or movement away from the speaker
hingehen: to go to (somewhere away from the speaker)
die Hinsicht: the regard, respect, instance
hinter: behind, at the back of
die Hochebene: the plateau
die Hochzeit: the wedding
hoffentlich: it is to be hoped, I hope, we hope so
die Höflichkeit: the politeness
die Höhe: the height
holen: to fetch
der Holländer / die Holländerin: the Dutch man / woman
hören: to hear
die Hose: the trousers, pants
der Hund: the dog
das Hundert: the hundred
hundert: a hundred
hundertfünfundzwanzig: a hundred and twenty five
der Hunger: the hunger
die Idee: the idea
ihn: him
Ihnen: to you
Ihr: your (polite)
ihr: her, their; you (familiar plural)
immer: always
immerhin: after all, for all that
in der Tat: indeed, in fact
in Ordnung!: all right! O.K.!
in: in (with dative); into (with accusative)

indirekt: indirect
der Inhalt: the contents (plural)
das Inland: inside of one's own country, home country
interessant: interesting
das Interesse: the interest
sich interessieren für (+ accusative): to be interested in
interessieren: to interest
sich irren: to make a mistake
irrtümlich: by mistake
der Italiener / die Italienerin: the Italian man / woman
ja: yes
ja, gern!: yes, please!
die Jacht: the yacht
die Jacke: the jacket
das Jahr: the year
die Jahreszeit: the season
der Jahrmarkt: the fair
der Japaner / die Japanerin: the Japanese man / woman
japanisch: Japanese
jawohl: yes, indeed!
je: each
jeder, jede, jedes: each, every
jemand: someone, somebody
jener / jene / jenes: that
jenes: that
jung: young
der Junge: the boy
der junge Mann: the young man
der Kaffee: the coffee
der Kalender: the calender
kalt: cold (round about freezing point or below)
der Kanadier / die Kanadierin: the Canadian man / woman
der Kanarienvogel: the canary
der Karren: the trolley
die Karte: the card, the map
Karten spielen: to play cards
das Kartenspiel: the game of cards
der Käse: the cheese
die Katastrophe: the disaster, the catastrophe
der Katze: the cat
der Kauf: the purchase
kaufen: to buy
keineswegs: by no means
der Kellner: the waiter

kennen: to know (somebody, some place)
die Kerze: the candle
das Kilo: the kilogram (2.2 lbs)
der Kilometer: the kilometer (5/8 of a mile)
das Kind: the child
die Kirche: the church
das Klavier: the piano
kleben: to stick
das Kleid: the dress
die Kleider: the clothes (plural)
klein: small, little (adjective)
die Kleinanzeigen (feminine plural): the classified advertisements,
small ads
das Kleingeld: the small change, coins
die Kleinstadt: the small town, provincial town
klug: intelligent
die Kneipe: the bar, ale-house
kochen: to cook
das Kochen: the cooking
das Koffein: caffeine
koffeinfrei: decaffeinated
der Koffer: the suitcase
der Kollege: the colleague, work-mate (male)
die Kollegin: the colleague, work-mate (female)
kommen: to come
der Kommilitone: the fellow-student
das Kompliment: the compliment
kompliziert: complicated
der König: the king
die Königin: the queen
können: can, to be able
das Konzert: the concert, recital
der Korb: the basket
die Kosten (plural): the costs, expense
der Krach: the noise
das Kraftfahrzeug: the motor vehicle
krank: sick
die Krawatte: the tie, necktie
der Krieg: the war
der Krug: the jug
der Ku-damm: the Ku(rfürsten)damm (street in Berlin)
die Küche: the kitchen
der Kuchen: the cake, the pastry
der Kugelschreiber: the ball-pen

kühl: cool
der Kunde: the customer (male)
die Kundenliste: the customer list
die Kundin: the customer (female)
die Kunst: the art
kurz: short
die Kusine: the cousin (female)
die Küste: coast
der Laden: the store
laden: to load
die Lage: the situation, the position
das Lager: the warehouse, the stock
.... auf Lager haben: to have .... in stock
das Land: the country
landen: to land
die Landschaft: the countryside
lang: long (in distance)
die Länge: length
lange: for a long time
langweilen: to bore (someone)
sich langweilen: to feel bored, to be bored
lassen: to let; make, leave, allow, tolerate
lassen Sie mal sehen: let me see
die Last: the load, the burden
das Leben: the life
leer: empty
der Lehrer / die Lehrerin: the teacher
leicht: light, mild
es tut mir leid: I am sorry
die Leidenschaft: the passion
leisten: to do, perform
die Leistung: the achievement, the performance
eine Lektion: a lesson
lernen: to learn (also means: to study at school)
lesen: to read
die Leute (plural): people
das Licht: the light
die Liebe: the love
lieben: to love
liebenswert: amicable, charming
der Likör: the brandy, the liqueur
links: left
die Liste: the list
der Löffel: the spoon

sich lohnen: to be worthwhile
lohnen: to reward
losfahren: to go off, to leave (in a vehicle)
Sie müssen aber bald los!: you will soon have to be going.
die Lösung: the solution
die Luft: the air
die Luftpost: airmail
die Lupe: the magnifying glass (also, a movie house in Berlin)
die Lust: the pleasure, the enjoyment, the delight
Lust haben zu (+ dative): to feel like doing, to have a mind to
machen: to make, to do, to effect
mach schnell!: be quick!
mache ich!: I will do it, O.K.
die Macht: the power, the authority
das Mädchen: the girl
man: one, we, they (people in general)
manche: some, many a
manchmal: sometimes
der Mangel: the fault, shortcoming
der Mann: the man, husband
der Mantel: the coat
die Marke: the stamp, the coupon, the brand (of goods)
der Markt: the market
die Marmelade: jam
mäßig: in moderation
das Material: the material, cloth
die Mathematik: the mathematics
die Mauer: the wall
die Medaille: the medal
das Meer: the sea, ocean
mehrere: several, sundry
die Mehrzahl: the plural
mein: my
meinen: to think, to have an opinion, to mean
die Meinung: the opinion
sich melden: to report in, to announce oneself
die Menge: the quantity
eine ganze Menge: a whole lot
sich merken: to remember, to bear in mind
messen: to measure
das Messer: the knife
der / das Meter: the meter
mich: me
die Miete: the rent

der Mieter: the tenant
die Milch: the milk
mischen: to mix
mißachten: to disregard
mit (+ dative) verabredet sein: to have arranged to meet x / to have
an appointment with x
mit den Gläsern anstoßen: to clink glasses
mit Hilfe (+ genitive): with the aid of
mit: with (with dative)
miteinander: with each other
mitkommen: to come along, to come with
mitnehmen: to take (something) with
mitsamt (+ dative): together with
das Mittagessen: the lunch
mittags: after midday (between 1.00pm and 3.00pm)
die Mittagspause: the lunch break
eine Mittagspause einlegen: to take a lunch break
mittel: moderate, medium (usually used in its comparative form
mitteler)
mitten in (+ dative): in the midst of, in the centre of
der Mittwoch: Wednesday
möglich: possible
die Möglichkeit: the possibility
möglichst: the utmost, everything possible
momentan: at the moment, for the present
der Monat: the month
monatelang: for months
der Montag: Monday
morgen nachmittag: tomorrow afternoon
am Morgen: in the morning
der Morgen: the morning
guten Morgen: hello / good morning
morgen: tomorrow
morgens: before work starts (e.g. before 9.00am), in the morning
müde: tired
die Mühe: trouble, effort
München: Munich
murmeln: to mutter
das Museum: the museum
die Musik: the music
müssen: must, to have to
die Mutter: the mother
nach Hause gehen: to go home
nach und nach: gradually

nach: after (+ dative)
der Nachbar: the neighbour
nachdem: after
am Nachmittag: in the afternoon
der Nachmittag: the afternoon
nachmittags: in the afternoon, p.m.
nachschauen: to go and look
nachsehen: to have a look, to inspect, examine
ich sehe nach: I am having a look
die Nachsicht: the consideration
nächst: next, nearest (it always has an ending)
am nächsten Tag: the next day
die Nacht: the night
der Nachtisch: the dessert
nachts: by night
nah: near
die Nahrung: the nourishment
der Name: the name
naß: wet, damp
natürlich: naturally, of course
der Nebel: the fog, the mist
neben: next to, near
nebenan: nearby, next door, close by
der Neffe: the nephew
nehmen: to take, help oneself to
der Neid: the envy
die Neigung: the inclination, the preference
nein: no
die Nelke: the carnation
nennen: to name
nett: nice, kind
die Neubauwohnung: the apartment in a new building
neulich: recently
neun: nine
neunzehn: nineteen
neunzig: ninety
nicht: not
die Nichte: the niece
der Nichtraucher: the non-smoker
nichts: nothing
Nichts für ungut!: Don't take it amiss! So sorry!
nichts besonderes: nothing special
das Nichtstun: idleness, the inactivity
nie: never

niemand: nobody
noch etwas?: anything else?
noch nicht: not yet
noch: yet, still
nominieren: to nominate
der Norden: the north
im Norden (von): to the North (of)
normalerweise: normally, as a rule, usually
nötig: necessary
die Nummer: the number, issue
nur Mut!: take courage / never say die!
die Nuß: the nut
ob: whether
oder: or
öffentlich: public
öffnen: to open (something)
sich öffnen: to open (by itself)
ohne (+ accusative): without
der Onkel: the uncle
die Oper: the opera
der Optimist: the optimist
die Orangenmarmelade: marmalade
die Ordnung: order, system
der Osten: the east
die Osterferien: the Easter holidays
der Ostern: Easter
der Österreicher / die Österreicherin: the Austrian man / woman
österreichisch: Austrian
das Paar: the pair
ein paar: a few, some
das Paket: the parcel
die Partei: the political party
passieren: to happen
der Pastor: the pastor, rector, clergyman
die Pause: interval, break
pensionieren: to pension off
die Person: the person, individual
der Personalausweis: the identity card
persönlich: personal
der Pfeffer: the pepper
das Pferd: the horse
die Pflanze: the plant
der Pflänzling: the seedling
pflegen: to be accustomed to, to be in the habit of

die Pflicht: the duty
der Philosoph: the philosopher
photographieren: to photograph
das Picknick: the picnic
der Platz: the place, space, seat, square
der Politiker: the politician
die Post: the post, mail
das Postamt: the post office
die Postkarte: the postcard
die Präposition: the preposition
der Prediger: the preacher
der Preis: the price
die Preislage: price bracket, price range
der mittleren Preislage: in the medium price range / moderately
    priced
die Prominenz: the high society
der Pullover: the pullover
pünktlich: punctual, on time
das Rad: the wheel, the bicycle
radfahren: to cycle, to ride a bicycle
radeln: to cycle, to ride a bicycle
das Radio: the radio
der Rasen: the lawn
der Rat: advice, suggestion
der Ratschlag: the piece of advice
das Rauchen: the smoking
rauchen: to smoke
der Raucher: the smoker
das Raucherabteil: the smoking compartment
rechnen: to calculate
die Rechnung: the bill
Sie haben recht: you are right
rechts: right
die Rede: the speech
reden: to talk, to speak
reduzieren: to reduce
das Regal: the shelf, stand
die Regel: the rule, standard
regelmäßig: regular
der Regen: the rain
der Regenmantel: the raincoat
der Regenschirm: the umbrella
das Regenwetter: the rainy weather
das Register: the register

regnen: to rain
reichen: to reach, to hand (something) to someone
eine Reise machen: to go on a trip
die Reise: the journey, trip
das Reiseandenken: the souvenir
die Reisegruppe: the travel group
die Reisende: the traveler (female)
der Reisende: the traveler (male)
der Reisepaß: the passport
reservieren: to reserve
die Reservierung: the reservation
der Rest: the remainder
das Restaurant: the restaurant
die Reue: the regret
richtig: right, correct
die Richtung: the direction
der Rock: the skirt
die Rolltreppe: the escalator
die Rose: the rose
das Röslein: the little rose
rot: red
der Rotwein: the red wine
rufen: to call
die Ruhe: the quiet, the peace
ruhen: to rest
ruhig: peaceful, quiet
rund um: all around, about
rund: round
der Russe / die Russin: the Russian man / woman
russisch: Russian (adjective)
die S-Bahn: town railway, local railway (in Berlin)
der Saal: the hall
die Sache: the thing, the affair
sagen: to say
der Salat: the salad
das Salz: the salt
der Samstag: Saturday
sämtliche: all of the, the entire number of
der Sänger: the singer (male)
die Sängerin: the singer (female)
satt: satisfied, satieted, full
satt werden: to be replete, eat one's fill
die Schachtel: the box
eine Schachtel: a box

schade: it is a pity / what a pity
das Schäfchen: the little sheep, the lamb
schälen: to peel
der Schalter: the counter, window, office
der Schatz: the treasure; sweetheart, honey
schätzen: to appreciate
die Scheibe: the slice
scheinen: to appear, to shine
scheinen: to shine
das Schiff: the ship
schlafen: to sleep
Schlange stehen: to stand in a queue, to queue
schlecht: bad, badly
schließen: to close, shut, end
das Schloß: the palace
der Schluß: the close, the conclusion
zum Schluß kommen: to reach a conclusion
der Schlüssel: the key
der Schmuck: the jewellry
der Schnaps: the strong liquor
der Schnee: the snow
schnell: fast, quick
der Schnurrbart: the moustache
schon: already, all right (or just for emphasis)
schön: beautiful, nice, lovely
schönen Dank: thank you very much
die Schönheit: the beauty
der Schrank: the closet, the wardrobe
das Schreiben: the writing, the letter
der Schreibtisch: the desk
die Schreibwarenabteilung: the stationery department
der Schuh: the shoe
die Schuhgröße: the shoe size
die Schulbildung: the education, received in school
die Schuld: the guilt, the debt, the obligation, the fault
schuldig: owing, guilty
die Schule: the school
in die Schule gehen: to go to school
der Schüler: the school-boy
die Schülerin: the school-girl
schwach: weak
schwarz: black
der Schwarzweißfilm: the black and white movie
schwer: heavy, difficult

schwerfallen (+ dative): to have difficulty with
die Schwester: the sister
die Schwierigkeit: the difficulty
schwimmen: to swim
sechs: six
sechzehn: sixteen
sechzig: sixty
sehen: to see
sehr: very
sehr gut: very well, very good
sehr schlecht: very bad, very badly
das Sein: the existence
sein: his
sein: to be, to exist
seit (+ dative): since
die Seite: side, page
die Sekretärin: the secretary
der Sekt: the champagne
selbstverständlich: of course, obvious
selten: rare(ly), seldom
senden: to send, to transmit
die Sendung: the transmission, programme (on TV or radio)
servieren: to serve, wait at table
der Sessel: the easy-chair, the armchair
sich setzen: to sit down
setzen: to place, put
sich (dative) **gönnen:** to allow oneself, to give oneself
sich (dative) **leisten:** to afford
sicherlich: surely, certainly, undoubtedly
die Sicht: the sight, the view
sie: she, they
Sie: you (singular and plural, formal address)
sie meldet sich nicht: she is not answering her phone
sie will: she wants to / she is going to
sieben: seven
siebzehn: seventeen
siebzig: seventy
silbern: silver
sinken: to sink
die Situation: the situation
sitzen: to sit, be sitting
so ... wie ...: as ... as ...
so gut wie ...: next to, virtually, practically
sobald: as soon as, the moment....

die Socke: the sock
soeben: just now
sofern: so far as, inasmuch, provided that
sofort: immediately
der Sohn: the son
solang(e): as long as, while
solch-: such
das Soll: the debit
sollen: shall, ought to, to have to
somit: thus, consequently
der Sommer: the summer
sondern: but (after a negative statement)
die Sonne: the sun
die Sonnenfinsternis: the eclipse
der Sonntag: Sunday
sonntags: on Sundays
sonst noch: apart from that, as well
sonst: otherwise, else, besides
sorgen: to take care of
sorgfältig: carefully
sowie: as well as
sowieso: in any case, anyway
der Spanier / die Spanierin: the Spanish man / woman
spanisch: Spanish
der Spaß: the good time, joke, fun
spät: late
zu spät: late (in arriving)
später: later
spazierengehen: to go for a walk
der Spiegel: the mirror
spielen: to play
die Sprache: the language
sprechen: to speak
der Sprudel: the sparkling mineral water
spülen: to rinse, to wash
die Staatsangehörigkeit: the nationality
die Stadt: the town
das Stadtzentrum: the city center
im Stadtzentrum: down town
der Stahl: the steel
der Stamm: the stem, the trunk
stammen: to come from, hail from (a place)
stark: strong, strongly
starten: to take off (an aircraft)

die Station: the station (for subway)
statt (+ genitive): instead of
statt zu (+ infinitive): instead of
stehenlassen: to leave standing, forget
sterben: to die
stimmen: to be correct
es stimmt: it's just right, it is exact
der Stock: the story, floor
im ersten Stock: on the first floor (second floor in America)
in welchem Stock?: on which floor?
stoßen: to push, to shove
der Strand: the beach
die Straße: the street, the road
der Student: the student
die Studentenkneipe: bar frequented by students
studieren: to study (at university)
das Studium: studies (plural)
die Stufe: the step
der Stuhl: the chair
sich umarmen: to embrace
suchen: to search
der Süden: the south
die Summe: the sum, the total
der Supermarkt: the supermarket
der Tag: the day
guten Tag: hello / good day
die Tageskarte: day ticket
"der Tagesspiegel": a daily newspaper in Berlin
talentiert: talented, gifted
die Tante: the aunt
tanzen: to dance
der Tänzer: the dancer (male)
die Tänzerin: the dancer (female)
tapfer: brave, courageous
die Tasche: the bag, pocket
das Taschenbuch: paperback book
die Tasse: the cup
die Tat: the action, the deed
tätig sein: to work, have a job
die Tatsache: the fact
das Tausend: the thousand
das Taxi: the taxi, the cab
technisch: technical
der Tee: the tea

der Teil: the part
zum Teil: partly
teilen: to divide (something)
sich teilen: to separate, part
das Telefax / Fax: the fax
das Telephon (also spelt Telefon): the telephone
ans Telephon gehen: to go and answer the phone
am Telephon: on the phone
telephonieren: to telephone
die Telephonnummer: the telephone number
der Teller: the plate
das Tempo: the pace, the speed
der Teppich: the carpet
teuer: expensive
teurer: more expensive
das Theater: the theater
ins Theater gehen: to go to the theater
der Theaterkarte: the theater ticket
das Thema: the theme, the subject
das Ticket: (plane) ticket
tief: deep, low
das Tief: the depression
die Tiefe: the depth
das Tiefland: the lowlands
das Tier: the animal
der Tisch: the table
die Tochter: the daughter
der Tourismus: the tourism
tragen: to carry
treffen: to meet (someone)
sich treffen: to meet
treffend: appropriate
das Treibhaus: the greenhouse
trennen: to divide, separate (as a definite action)
sich trennen: to part company
die Treppe: the steps (plural)
das Trinken: the drinking (here: of alcohol)
trinken: to drink
der Trödelmarkt: the flea market, antiques market
trotz (+ genitive and dative): in spite of, despite
trotzdem: nevertheless, all the same
tun: to do, to perform, to place
die Tür: the door
die U-Bahn: the subway, underground railway

über etwas Bescheid wissen: to know about something
überhaupt nichts: nothing at all
überqueren: to cross over, transverse
überraschen: to surprise
übersehen: to overlook, to miss; to survey
übrig: left over, remaining
die Übung: the exercise
die Uhr: the time, hour, clock, timepiece
die Ulme: the elm
um die Ecke: around the corner
um drei Uhr: at three o'clock
um keinen Preis: at any price
um wieviel Uhr?: at what time?
um (+ accusative): around
umbauen: to reconstruct, to rebuild
umgebaut: converted
die Umgebung: the surroundings, the environment
umgehen: to deal with, to handle
unbedingt: absolutely, unconditionally, without fail, in all circumstances
unbequem: uncomfortable
und: and
undeutlich: indistinctly
unecht: false
unerforscht: unexplored
ungefähr: roughly, approximately
ungewiß: uncertain
unglücklich: unhappy
uninteressant: uninteresting, of little importance
die Universität: the university
unmöglich: impossible
unregelmäßig: irregular
unruhig: restless, hectic
uns: us
unter: under
unterhalten: to entertain
sich unterhalten: to converse, to enjoy oneself, to have a good time
wir unterhalten uns gut: we have a good time
unterhaltsam: entertaining
unterstützen: to support, to assist
die Unterwäsche: the underwear
unübertroffen: unsurpassed, unmatched
unverheiratet: unmarried, single
unwahrscheinlich: improbable, unlikely, incredible

der Urlaub: the leave, vacation
urteilen: to judge
die USA: the USA
usw. = und so weiter: etc., and so on
der Vater: the father
veranstalten: to arrange, to organise
die Veranstaltung: the event
verbringen: to spend time
verehren: to admire, to look up to
die Vereinigten Staaten (von Amerika): the United States (of America)
die Verfügung: the decree, the instruction
zur Verfügung stellen: to make something available
vergeben: to forgive, to give away
vergessen: to forget
das Vergnügen: the pleasure, the enjoyment
das Verhältnis: the circumstance, condition
verheiratet: married
verkaufen: to sell
der Verkäufer: the salesman
das Verkehrsmittel: means of transport, public transport
der Verkehrsunfall: the traffic accident
verlassen: to leave
sich verlassen auf (+ accusative): to depend on, rely on
verlassen Sie sich darauf!: depend on it!
verlaufen: to end, to turn out, to go off
verlieren: to lose
verlorengehen: to get lost
der Verlust: the loss, the damage
verpassen: to let slip, to miss
verreisen: to travel away
das Versprechen: the promise
sich verständlich machen: to make oneself understood
verständlich: comprehensible
das Verständnis: the understanding, the comprehension
verstehen: to understand
versuchen: to try, to attempt
die Verwandtschaft: relations, family
die Verzeihung: the pardon
um Verzeihung bitten: to ask someone's pardon
Verzeihung!: I'm sorry, excuse me
der Vetter: the cousin (male)
viel: a lot, much
viel Arbeit: a lot of work

viel Vergnügen!: enjoy yourself / yourselves
viele: many
viele Bücher: a lot of books
vielen Dank: many thanks / thank you very much
ich habe viel zu tun: I have a lot (of work) to do
vielleicht: perhaps, maybe
vier: four
zu viert: four of them, four of us
vierzehn: fourteen
vierzig: forty
das Volksfest: the village festival
völlig: completely
von (+ dative): from
vor (+ dative): before, in front of
vor vierzehn Tagen: a fortnight ago
vorab: first of all, beforehand
Vorarlberg: the Vorarlberg region of Austria (used without the
      article)
voraussagen: to forecast
vorerst: for the present
vorhanden: available
vorkommen: to occur, to be met with
der Vormittag: the morning
vormittags: in the morning, a.m., before lunch (e.g. before 1.00pm)
der Vorschlag: the proposal
vorschlagen: to suggest, to propose
vorsichtig: careful, prudent, cautious
vorstellen: to introduce
die Vorstellung: the idea, the performance, the introduction
vorziehen: to prefer
die Waage: the balance, scales
wach: awake
wach werden: to wake up
der Wagen: the wagon
wählen: to choose, to dial (a telephone number)
während (+ genitive): during
wahr: true, genuine
..., nicht wahr?: is that not so? / isn't it? / I assume
die Wahrscheinlichkeit: the probability
wahrscheinlich: probable, likely
die Wand: the wall
wann: when
das Warenhaus: the department store
warm: warm

die Warnung: the warning
warten: to wait
warum: why
warum nicht?: why not?
was: what
was für: what, what sort of
sich waschen: to wash (oneself)
waschen: to wash
das Wasser: the water
wechseln: to change, to exchange
die Wechselstube: the currency exchange office
weder ... noch: neither ... nor
der Weg: the way, the path, the lane
weich: soft
sich weigern: to refuse, to be unwilling
der Weihnachten: Christmas
weil: because
der Wein: the wine
weinen: to weep
weiß: white
weit: far
weit entfernt: far away
weiter: further, additional, more (adjective)
welch-: which, that
wenig: a little
wenn: if, when, whenever
wer: who
der Wert: the value, the worth
das Wesen: the being, the native
der Westen: the west
weswegen: why, for what reason, on what account
das Wetter: the weather
der Wetterbericht: the weather report
wichtig: important, weighty
widmen: to dedicate, to devote
auf Wiederhören!: goodbye (said on the telephone)
auf Wiedersehen: goodbye / 'till we see each other again
auf Wiederschauen!: goodbye! (a variant of **auf Wiedersehen!**)
die Wiedervereinigung: unification
wie: as, like
wie?: how ? (in questions), in what way?
Wie lange wird das dauern?: how long will it take?
wie geht es Ihnen?: how are you?
wie geht es?: how goes it? / how are things?

wiegen: to weigh
Wien: Vienna
wieso denn?: what do you mean?
wieviel?: how much?
Wieviel Uhr ist es?: What time is it?
wieviel bin ich Ihnen schuldig?: how much do I owe you?
wieviel macht das alles zusammen?: how much does that all come
to? / how much does it all cost?
wieviel Uhr ist es?: what time is it?
wie viele: how many?
der Winter: the winter
wir: we
wirken: to effect, to produce an impression
wirklich: really
die Wirklichkeit: the reality
der Wirt: the landlord
die Wirtin: the landlady, the innkeeper
das Wissen: knowledge
wissen: to know (something)
wo: where
wo gehen sie hin?: where are they going to?
wo kommen Sie her?: where do you come from?
wo: where
woher?: where from?
wohin?: where to?
die Woche: the week
in einer Woche: in a week
das Wochenende: the weekend
zum Wochenende: at the weekend
das Wohl: the well-being, the happiness
wohl: well, happy
auf Ihr Wohl!: your health, here's to you!
zum Wohl!: good health!
wohnen: to live (in a place)
die Wohnung: the home
das Wohnzimmer: the living room
die Wolke: the cloud
wollen: to want, to claim, to intend, to desire, to be going to
wollen Sie sich bitte eintragen?: would you please enter your name
in the register?
wollen Sie...?: do you want to / are you going to....?
wollten Sie mich sprechen?: did you want to speak to me?
das Wort: the word
wozu: what for?

wunderbar: wonderful, great

der Wunsch: the wish, the desire

wünschen: to wish, to desire, to want

Sie wünschen?: Can I help you?

die Wurst: the (sliced) sausage

das Würstchen: the sausage

die Wüste: the desert

die Zahl: the number

zählen: to count

der Zahn: the tooth

zehn: ten

zeigen: to show

die Zeile: the line

die Zeit: the time

von Zeit zu Zeit: from time to time, now and then

zur Zeit: at present, at the moment

die Zeitschrift: the journal, the magazine

die Zeitung: the newspaper

zerbrechen: to smash

ziehen: to pull

ziemlich: fairly, tolerable

die Zigarette: the cigarette

das Zimmer: the room

die Zitrone: the lemon

das Zögern: the hesitation

zögern: to hesitate

zu (+ dative): to, towards, up to; at, in on; in addition to

zubereiten: to prepare

der Zucker: the sugar

zuerst: first of all

zufällig: by chance, as it happens

zufälligerweise: by chance

der Zug: the train, traction, pull

zurück: back, backwards

zurückbekommen: to get back, recover

zurückkehren: to return, come back

zurücksenden: to send back

zusammen: together, jointly

zusammengesetzt (aus): composed of, consisting (of)

zusammenrechnen: to add up, reckon up

zusammensetzen: to put together, to assemble

zuzahlen: to pay extra

zuziehen: to draw together, to consult

zwanzig: twenty

..., und zwar ...: ..., to be more precise ...
zweitens: secondly, in the second place
zwölf: twelve